自动变速器原理与检修

（第 2 版）

主　编　赵振宁　李东兵
副主编　徐　雷　齐方伟
主　审　李春明

北京理工大学出版社
BEIJING INSTITUTE OF TECHNOLOGY PRESS

内 容 提 要

　　自动变速器在汽车中仅次于发动机的主要关键部件，是机、电、液一体化的典型产品。本书对目前轿车上出现的各种形式的变速器作了全面介绍，具体分析了各种变速器的优点及其使用范围，探讨了轿车变速器的发展趋势。内容包括液力变速器的组成、作用、使用和注意事项；变矩器结构与工作原理；油泵结构与工作原理；齿轮变速器结构与工作原理；"人机"控制系统；阀体；自动变速器检查与故障诊断；典型变速器故障；自动变速器电路图。

　　本书为高职高专汽车类规划教材，可供汽车领域培训和进修的工程技术人员参考阅读，也可作为大众、丰田、奔驰汽车维修培训教材使用。

图书在版编目（CIP）数据

　　自动变速器原理与检修/赵振宁，李东兵主编．—2版．—北京：北京理工大学出版社，2020．8重印

　　ISBN 978 – 7 – 5640 – 8670 – 1

　　Ⅰ.①自…　Ⅱ.①赵…②李…　Ⅲ.①汽车 – 自动变速装置 – 理论 – 高等学校 – 教材②汽车 – 自动变速装置 – 车辆修理 – 高等学校 – 教材　Ⅳ.①U463.212②U472.41

　　中国版本图书馆CIP数据核字（2013）第308754号

出版发行／北京理工大学出版社有限责任公司

社　　　址／北京市海淀区中关村南大街5号

邮　　　编／100081

电　　　话／（010）68914775（总编室）

　　　　　　82562903（教材售后服务热线）

　　　　　　68948351（其他图书服务热线）

网　　　址／http：//www.bitpress.com.cn

经　　　销／全国各地新华书店

印　　　刷／唐山富达印务有限公司

开　　　本／787毫米×1092毫米　1/16

印　　　张／16.5　　　　　　　　　　　　　　　　责任编辑／张慧峰

字　　　数／383千字　　　　　　　　　　　　　　文案编辑／张慧峰

版　　　次／2020年8月第2版　第10次印刷　　　　责任校对／周瑞红

定　　　价／43.00元　　　　　　　　　　　　　　责任印制／马振武

编委会名单

主　编：舒　华

编　委：（按姓氏笔画排序）

王　鹏　安相璧　张　宪　张　煜

张文双　李良洪　李春明　杨智勇

沈中杰　侯建生　南金瑞　姚国平

赵振宁　阎连新　焦建民　董宏国

编 写 说 明

汽车作为人类文明发展的标志，从 1886 年发明至今，已有 100 多年的历史。近几年，我国的汽车生产量和销售量都迅速增大，全国汽车拥有量大幅度上升。世界知名汽车企业进入国内汽车市场，促进了国内汽车技术的进步。汽车保有量的急剧增加，汽车技术又不断更新，使得汽车运用与维修行业的车源、车种、服务对象以及维修作业形式都已发生了新的变化，使得技能型、应用型人才非常紧缺。

根据"职业院校开展汽车运用与维修专业领域技能型紧缺人才培养培训工程"的通知精神，并配合高等职业院校关于紧缺人才培养计划的实施，北京理工大学出版社组织了一批多年工作在教学一线的优秀教师，根据他们多年的教学和实践经验，再结合高等职业院校汽车运用与维修专业的教学大纲要求，编写了本套教材。

本套教材既有专业基础课，又有专业技术课。在专业技术课中又分几个专门化方向组织编写，分别是：汽车电工专门化方向，检测技术专门化方向，汽车机修专门化方向，大型运输车维修技术专门化方向，车身修复技术专门化方向，技术服务与贸易专门化方向，汽车保险与理赔专门化方向。

本套教材是按照"高等职业教育汽车运用与维修专业领域技能型紧缺人才培养指导方案"要求而编写的。在内容的编排上根据汽车专业教育教学改革的要求，注重职业教育的特点，按技能型、应用型人才培养的模式进行设计构思。本套教材编写中，坚持以就业为导向，以服务市场为基础，以能力为本位，以培养学生的职业技能和就业能力为宗旨；合理控制理论知识，丰富实例，注重实用性，突出新技术、新工艺、新知识和新方法。

本套教材适合培养汽车维修、检测、管理、评估、保险、销售等方面的高技术应用型人才的院校使用。

本套教材经中国汽车工程学会汽车工程图书出版专家委员会评审，并做了适量的修改，内容更具体、实用。本套教材由汽车工程图书出版专家委员会推荐出版。

汽车工程图书出版专家委员会

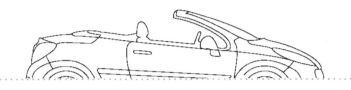

前 言
PREFACE

　　自动变速器在汽车中是仅次于发动机的关键部件，是机、电、液一体化的典型产品。电喷系统是汽车上的电控系统，包括传感器、电脑、执行器。自动变速器系统除包括传感器、电脑、执行器外，还包括汽车上最复杂的机械传动和液压系统。所以各高校、职业类学校的学生往往学完自动变速器后因不能把机、电、液三者有机联系起来，只是分立学习自动变速器的几个部件，最终不知道自动变速器到底是怎样的一个装置。

　　本书第一章对目前轿车上出现的各种形式的变速器作了全面介绍，具体分析了各种变速器的优缺点及其使用范围，探讨了轿车变速器的发展趋势。第二章介绍液力自动变速器的组成和作用，使用和注意事项。第三章讲述了变矩器的结构和工作原理及检测更换。第四章介绍了油泵和油泵的检修。第五章介绍国内外广泛使用的辛普森式、拉维娜尔赫式、改进辛普森式及类拉维娜尔赫式等四类自动变速器的各挡机械传动过程。第六章"人机"控制系统介绍液压控制部分和电子控制部分。电子控制部分包括基本组成和主要控制功能，输入传感器、控制器和输出执行机构，详细地介绍了典型的轿车电子控制系统。第七章典型变速器的01M 和 A140E 油路图分析。第八章自诊断和故障。第九章典型变速器故障。修定版增加了第十章单离合和双离合机械式变速器。大家只要学懂了 MT 和 AT 两种，其他自动变速器不攻自破。

　　本书由长春汽车工业高等专科学校赵振宁、李东兵两位老师和吉林科技职业技术学院徐雷、齐方伟老师共同编写。李东兵编写了第一、二、三章，赵振宁编写了第六、七、八、九、十章，徐雷编写了第五、十一章，齐方伟编写了第四章。

　　对本书感觉内容较深时，可参考主编在 chinaautotech. com 汽车技术视频网对不同种变速器讲解的视频，希望对大家有所帮助。本书中提出的观点、方法和理论有的是作者个人的看法。由于编者水平所限，错误和不足在所难免，敬请批评和指正。本书经长春汽车工业高等专科学校校长李春明主审，在此表示感谢。

编　者

前言

自动变速器修理漫画

　　漫画中体现了国内自动变速器修理人员在修理自动变速器时的紧张，拆检时总是不允许别人参与，同时自己也非常小心，生怕打乱了部件顺序。

　　不过相信随着自动变速器车辆增多，修理业务增多，修理人员对自动变速器会有更好的了解。自动变速器不是什么神秘的东西，只要我们如其他工作一样，经常动手接触和认真学习，掌握它的工作原理和检修也是较容易的。

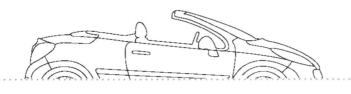

目 录
CONTENTS

目录

第一章

自动变速器概述

自动变速器包括有级变速器和无级变速器两种。日常生活中除了 MT（Manual Transmission，即手动变速器）外，其他如 AT（Automatic Transmission，即液力自动变速器）；AMT（Automatic Mechanical Transmission，即机械式自动变速器。要注意 DCT——Dual Clutch Transmission，即双离合变速器，也叫 DSG——Direct Shift Gearbox，即直接换挡变速器，本质上也是 AMT 的一种）；CVT（Continuously Variable Transmission，即无级变速器）三种都是自动变速器。

有级变速器即通常所说的有挡变速器，例如，某手动变速器有 5 个前进挡，那么变速器就有 5 个级。每次加挡时发动机会因负荷过大突然转速下降，所以只能靠司机控制慢抬离合器，把负荷慢慢加到发动机上。换挡后随着车速的升高，发动机转速也升高，气缸内推活塞的力变小，或理解为有劲使不上，发动机动力不能得以充分发挥。为了发挥发动机的有用功率，司机就得通过加挡来压制发动机转速的提高和降低发动机噪声。此种换挡过程由于需踩离合器，所以有动力中断。

对于无级变速器，在发动机高转速时，气缸内燃料燃烧下推活塞能量变小时，电控系统把传动比逐渐由大变小，压制发动机转速在经济转速范围内，发动机动力得以充分发挥，同时降低了噪声，且没有换挡过程中的动力中断，其结果是为变速器省油。

在这三种自动变速器中只有 AT 技术使用范围最广，技术也最复杂，其他在原理上只要稍懂变速器即可以看懂。关于 AT 的概述将在第二章中讲到。本章概述包括：AMT、DCT、CVT，不包括 AT。

一、自动机械式自动变速系统 AMT

简单地说，AMT 和手动变速器 MT 相比，换挡时不需用脚去踩离合器踏板，而由电脑根据传感器信号控制离合器分离，再由电脑控制手动箱盖子上的拨叉轴做轴向移动，完成换挡后，电脑再控制慢抬离合器，完成自动换挡。

AMT 系统的优点：取消了液力变矩器，可减少维修和加工费用；取消了油冷却，减轻了质量，提高了可靠性；无论驾驶员水平如何，都可实现完美换挡；"辅助坡路起步"功能可避免在坡路起车倒溜；"保持"功能允许驾驶员控制换挡点。

AMT 和手动变速器的区别主要是 AMT 在变速器和换挡手柄之间取消了机械连接，变速器完全实现电控。这种方式较传统的换挡手柄的机械传动方式提供了更多的换挡手柄的设计方式。

AMT 的主要缺点是换挡舒适性不好，并且在换挡过程中产生动力中断，使得在换挡过程中加速性能不好，特别是在驾驶员要求急加速的情况下更明显。而且当前市场上的 AMT 没有失效安全保护模式，系统失效将导致车辆不能行驶。AMT 与 AT 相比，AMT 系统的价格稍微便宜，但增加的元件使变速器实现自动化要增加 10% 的质量。

德国 ZF（采矣孚）公司和萨克斯公司共同开发了 ZF – AS（Automatic Shifting，AS）机械式自动变速器。该自动变速器的大量生产始于 1997 年，首先在依维柯车上装配。2000 年在欧洲推出 12 挡和 16 挡的 AMT 使用在重型载货汽车上，并在电控柴油发动机长途旅行客车上也推出 ZF – AS 变速器。

由于离合器是自动的，因此取消了离合器踏板。换挡是在电控系统的控制下自动实现，所以原来手动变速器人为控制离合器、选挡轴和换挡轴的 3 个动作由电控系统完成模拟。为了满足一部分购车人员要求有手动感觉的需求，可以通过换挡手柄在控制面板上向加减号移动来控制手动换挡，也可通过在转向盘上安装带加减号的加减挡按钮来控制手动换挡，实际变速器所处挡位可由仪表显示出来。

离合器的动作要与发动机电子节气门开度动作及换挡操纵动作协调配合，控制系统对这种配合的要求很高。只有实现离合器的最佳接合规律，才能保证汽车正常平稳的起步和换挡过程的平顺，减少对传动系统零部件的冲击，延长这些部件的使用寿命和提高乘坐的舒适性。

在起步换挡过程中，离合器操纵不仅受车辆载荷、坡度、发动机转速、车速及挡位等因素的影响，也受驾驶员的人为因素和一些偶然因素的影响。因此，离合器的最佳接合规律不仅是以人机工程学来模拟优秀驾驶员的操纵动作和感觉，而且应该做得更好。

下面分析离合器接合的主要影响因素。从离合器分离到接合为止，其行程大致可分 3 个阶段。

（1）第一阶段：从离合器分离到稍有接合时无转矩传递。

（2）第二阶段：从离合器稍接合到完全接合转矩传递急速增长，动作速度受节气门控制。

（3）第三阶段：完全接合恒转矩传递，动作速度不受节气门控制。

在踩下油门踏板准备起动发动机时，离合器不接合，而需发动机达到一定转速（即发动机在该节气门开度下最大转矩对应的转速，这是个不能再提高的转速）以后才平稳接合，以防止熄火。

第一阶段无转矩传递，故接合速度较快，可实现快速起步或减少换挡时功率中断的时间。以上 3 个过程正是模仿了人抬离合器的 3 个动作过程：快抬消除离合器的自由间隙；慢抬使离合器平稳接合；平稳接合后，快抬防止继续打滑，损失动力。

第二阶段速度较慢，以获得平稳起步或换挡，提高乘坐舒适性和减少传动系冲击载荷；但过慢的速度又会造成滑磨时间长，影响离合器寿命，故需控制在一定时间内完成。此时油门踏板的操纵位置用于控制离合器的接合速度。在离合器接合的开始阶段，离合器的接合速度与油门开度成正比。离合器接合的速度分缓慢、正常和急速等不同程度，主要根据油门踏板的踏入量来控制。中、高车速范围时的离合器控制，除受节气门大小的影响外，还与节气门开度的变化率有关。

第三阶段速度也较快，以使压紧力尽快达到最大值，并保留分离轴承与分离叉之间的间隙。离合器接合后，因发动机与变速器输入轴已接近同步，接合速度不需再受节气门控制。

目标转速控制：离合器接合时，发动机转速会出现变化，接合的速度越快，发动机转速的波动量越大。为防止发动机输出转矩小于离合器从动轴阻力产生的转矩，使发动机转速下降过多而引起车身振动，甚至发动机熄火，电控系统的电脑需先计算发动机的目标转速，如果发现该节气门开度下的实际转速小于目标转速，则离合器分离，停止接合。

车速信号控制：由于变速器输出转矩的大小与挡位即传动比成正比，低挡传动比大，后备牵引力就大，从而使汽车的加速度也大，传动系统可能产生的动载荷也越大。因此，从提高离合器接合平顺性、乘坐舒适性及减小动载考虑，应放慢离合器接合速度，故低挡时换挡时间长。此外，由于车速间接地反映了外界的负荷大小，在同一节气门开度下行驶时，车速越高说明外部阻力越小，所以离合器接合速度可以加快。

道路坡度和汽车载荷控制：道路坡度和汽车载荷会引起发动机转速及输出转矩的明显变化。为了降低动载荷与提高接合的平稳性，电脑根据节气门开度和车速信号，共同确定道路坡度和汽车载荷，离合器的接合速度被适当放慢。

根据影响离合器接合的因素对离合器提出的基本要求，由各种节气门开度、发动机转速、道路坡度、传动比、车重及车速等条件下确定离合器最佳接合规律。

离合器的执行机构有液动和气动两种。如果从使用性能来看，液动控制要优于气动控制，但对已有气压系统的汽车而言，使用气动方案可降低成本。

为方便理解液压系统示意图，先要了解液压系统的符号意义，如图 1-1 所示。此阀是 2 位 3 通电磁阀，即不通电时可以向斜下方进油，通电后滑阀克服弹簧左移向上回油。

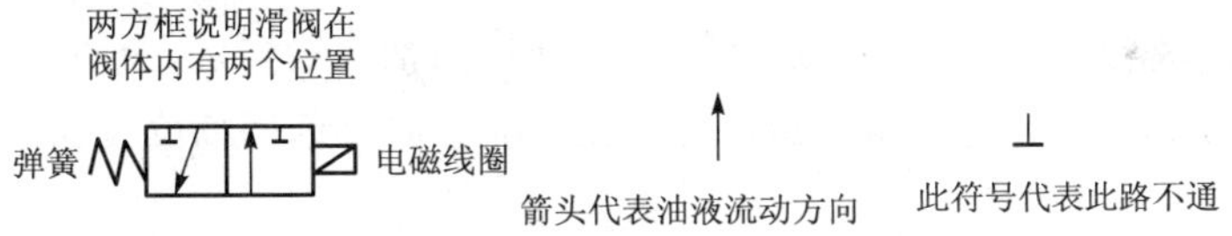

两方框说明滑阀在
阀体内有两个位置

弹簧 电磁线圈

箭头代表油液流动方向   此符号代表此路不通

图 1-1　液压系统的符号意义

典型 AMT 的液压系统如图 1-2 所示。操纵离合器动作的是一个单作用液压缸，系统由电磁阀 Y1、Y2、Y3、Y4 控制，这些阀有直径各不相同的节流孔，以满足不同接合速度的要求。系统的工作模式有以下 4 种。

（1）离合器分离：电磁阀 Y1 接通，Y2、Y3 和 Y4 断电，压力油进入液压缸，离合器分离，用于防止发动机熄火及换挡。

（2）保持分离：Y1、Y2、Y3 和 Y4 均断电，缸内液压油被封闭，活塞不动，离合器保持分离。

（3）车辆起步、换挡：接合 Y1 断电，Y2、Y3 和 Y4 由驱动电磁阀的脉冲电流的脉冲幅值控制，分别或同时接通，脉冲越宽，活塞运动速度越快。系统根据行程传感器的信号，对执行机构的实际运动进行修正，使离合器按最佳接合规律动作，配合车辆起步、换挡。

（4）保持接合离合器接合后，除 Y2 外所有电磁阀全部断电，汽车进入正常行驶。

当电磁阀接通后，压力油进入液压缸左腔，推动活塞右移，使离合器分离；行程传感器将离合器的位置信号随时提供给微型计算机，以使微型计算机能根据工况对电磁阀进行控制，达到离合器适时分离或接合的目的。

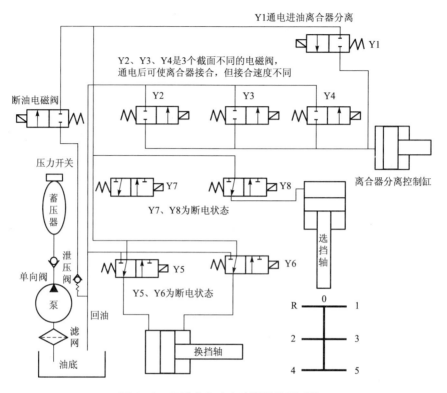

图1-2　机械式自动变速器的液压系统

注意：为保证离合器工作位置、选挡轴位置和换挡轴位置精确，3个元件的位置需要行程传感器反馈信号。传感器对于离合器是滑动变阻器，对于选挡轴位置和换挡轴位置为霍尔位置传感器。

当关闭整车电源开关后，电磁阀电流也被切断，离合器接合。如此时变速器还挂着挡，而发动机尚未完全停止运转，则会因离合器的接合产生很大的冲击，甚至有可能使车向前窜动。为保证安全，防止这种危险情况发生，离合器卸压阀Y2可采用常开型，并设置延迟电源电路，使其在电源切断后2~3 s内仍让离合器保持分离状态。

AMT是一个集机、电、液控制技术于一体的高新技术，是商用车和大型客车实现自动变速的最佳途径。目前国内外的AMT技术已经成熟，并已经开始在豪华商用车和豪华长途大型客车上应用。

二、双离合器式自动变速器系统DCT或DSG

2007年国内正在应用一种双离合器式自动变速器（Dual Clutch Transmission，DCT），也叫DSG（Direct Shift Gearbox，直接换挡变速器）。它综合了AMT的优势和AT动力换挡的优点，具有很好的换挡品质和车辆动力性、经济性，所以非常适合于目前手动变速器占主导地位的国家。

DSG（Direct Shift Gearbox）直接换挡变速器有两组多片式湿式离合器，前进挡、倒挡每个挡位都有同步器操作模式，也可以实现手自动一体。

双离合器式自动变速器是基于手动变速器发展而来的，其工作原理是通过将变速器挡位按奇、偶数分开布置，分别与两个离合器连接，通过离合器的交替切换完成换挡过程，以实现动力换挡。大众六速迈腾 02E DSG 变速器外形如图 1-3 所示。

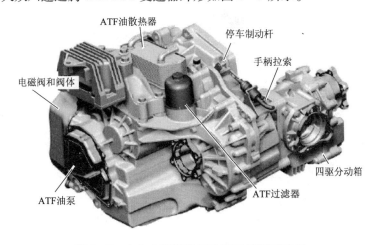

图 1-3　大众六速迈腾 02E DSG 变速器外形

由于目前存在的各种自动变速器各具优缺点，因此对其评价也各不相同。液力自动变速器（AT）具有起步平稳、柔和，以及换挡迅速、无冲击等优点。除其装有的液力变矩器可以改善车辆性能外，还主要归功于它实现了动力换挡，即换挡过程中不切断动力传递，只是通过离合器（或制动器）间的切换完成，换挡时间极短，换挡品质与车辆性能好。

图 1-4 所示为某种布置形式的 DCT 工作原理图，其主要组成部分有 K1、K2 两个湿式离合器，以及按奇、偶数挡位分别布置的变速器齿轮组。

在图 1-4 中，1、3、5 挡、R 挡与离合器 K1 连接在一起，2、4、6 挡连接在离合器 K2 上。当车辆以某一个挡位运行时，下一个即将进入运行的挡位可以始终处于啮合状态；当达到下一个挡位的换挡点时，只需将正处于接合状态的离合器分离，将处于分离状态的离合器接合，即切换两个离合器的工作状态，就可以完成换挡动作。由于在两个离合器的切换过程中，只会使发动机动力传递出现一个减弱的过程，而不需要完全

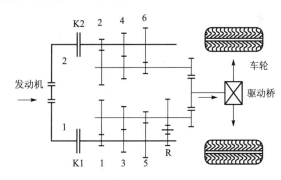

图 1-4　大众六速迈腾 02E DSG 的工作原理图

切断动力传递，因此，DCT 实现的是动力换挡，其换挡过程与 AT 的换挡过程基本类似。图 1-5 所示为大众六速 DSG 内部组成元件。图 1-6 所示为大众六速 DSG 内部传动机构。

DCT 主要包括带扭转减振器的湿式离合器系统、按 DCT 工作原理配置的变速器、换挡系统及相应的控制系统。

由于在 DCT 中没有使用液力变矩器吸收系统振动，所以需要采用扭转减振器来吸收系统的扭转振动。在 DCT 系统中，可以采用普通的单级或多级扭转减振器，其安装位置在发动机飞轮与 DCT 动力输入部件之间，因此需要将飞轮的转动惯量与 DCT 动力输入件的惯量

综合匹配，并确定系统的扭转刚度来设计扭转减振器。

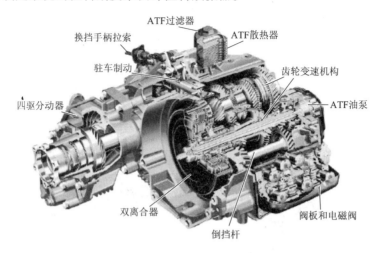

图1-5 大众迈腾02E六速DSG内部组成元件

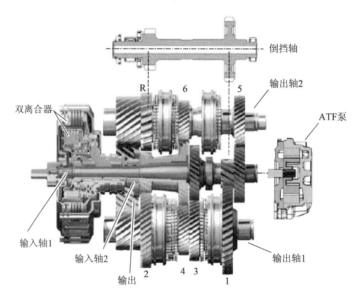

图1-6 大众迈腾六速DSG内部传动机构

1、2、3、4、5、6、R—传动齿轮

但是，为了使整车实现更高的舒适性，可以将扭转减振系统设计为带有双质量飞轮式的扭转减振器，这样可以非常有效地控制汽车动力传动系统的扭转振动及噪声。

DCT的液压控制系统主要负责接受电控系统的控制指令，对离合器和变速器的换挡机构进行操纵。液压控制系统主要包括双离合器控制部分、换挡机构控制部分和冷却部分。

在DCT中，既可以采用干式离合器，也可以采用湿式离合器。双离合器控制部分是通过对离合器油缸充入和释放液压油来实现离合器的分离和接合的。离合器油缸通过直接使用电磁阀或采用电磁阀做先导阀进行动作控制，并且也可以使用线性电磁阀对离合器接合实现压力控制，这对实现动力传动系统的扭矩控制有利。

在DCT中，必须实现换挡过程的自动化，这就要增加自动换挡机构来完成换挡任务，

图1-7所示为大众迈腾六速 DSG 换挡机构。通常使用一个拨叉轴、两个油缸来控制，如图 1-8 所示为大众迈腾六速 DSG 换挡拨叉控制。拨叉控制每个挡有一个同步器，其控制过程与 AMT 类同。

图1-7　大众迈腾六速 DSG 换挡机构

　　为了保证换挡时拨叉到达指定位置，拨叉位置应受到精确控制。图1-9 所示为大众迈腾六速 DSG 换挡拨叉位置精确度控制。行程传感器把拨叉位置传给电脑确定拨叉是否到位。

　　在 DCT 中，对离合器进行滑差控制将必然产生滑磨热量，使油液温度升高。如果热量不能及时排出去，将使离合器的性能和寿命受到影响，因此要对其提供冷却油路进行散热。

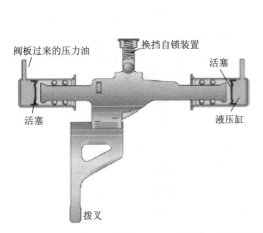

图1-8　大众迈腾六速 DSG 换挡拨叉控制

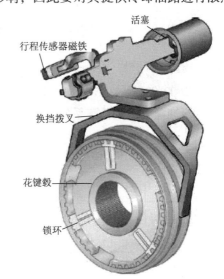

图1-9　大众迈腾六速 DSG 换挡拨叉位置精确度控制

三、湿式复合带（链）无级自动变速器系统 CVT

　　无级变速器（Continuously Variable Transmission，CVT）一直是人们的理想目标。通过改变双锥体上传动带或传动链半径的方法，可以很容易地实现主动锥盘和从动锥盘半径的增大和减小，实现低速挡至高速挡的过渡。但因接触部分压力太高而难于实用化，对于带传动只能用在小排量的家庭用车上，链传动可以用到稍大排量的轿车上。

CVT 由电控系统部分，液压部分，液力变矩器（也可用双质量飞轮代替），双行星轮换向行星排、前进挡离合器、倒挡制动器（有些书上错写为倒挡离合器）组成的换向机构，主从双锥体、钢带或钢链组成的无级变速机构等组成。

CVT 变速器的关键部件是由传动链轮或鱼骨架钢带（图 1 - 10）实现的无级变速器。它可允许变速比在最小和最大变速比之间无级调节，能提供一个合适的传动比，这个传动比压制发动机总是工作在最佳经济转速范围内，进而使汽车动力性或燃油经济性最优化。无级变速器由两个带锥面的盘体的主链轮装置和副链轮装置。以及工作于两个锥形链轮组之间 V 形槽内的专用传动链（带）组成。传动链是动力传动装置。链轮装置是由发动机通过辅助减速齿轮驱动，发动机转矩通过传动链传递到链轮装置，并由此传给主减速器。每个链轮装置中的一个链轮可沿轴向移动，调整传动链的跨度尺寸和改变传动比。两组链轮装置必须同时进行调整，保证传动链始终处于张紧状态和有足够的盘接触传动压力。

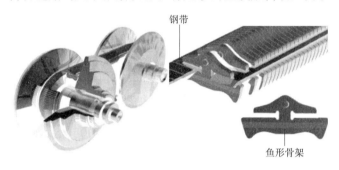

钢带

鱼形骨架

图 1 - 10　CVT 变速器的鱼形骨架传动钢带

1. 钢链式传动带

国内 2002 年开始在 AUDI A6 2.8L 装备的 01J 链传动无级变速器，可以称为迄今为止最先进的无级变速器。其他车系如本田的飞度和菲亚特的西也纳采用多层钢带的带传动动，由于仍然使用变矩器作为发动机和变速器之间的动力传递装置，所以功率损失较大，图 1 - 11 所示为 01J 变速器示意图。

行星齿轮换向机构采用一个双行星轮行星排，主要作用是实现前进挡和倒挡的转换。前进挡时，前进挡离合器 K（德语 Klutch）接合，行星架输直接出动力，双行星轮行星排不改变传动比。倒挡时，制动器 B（Brake）制动内齿圈，太阳轮输入顺时针，内行星轮逆针，外行星轮顺时针，由于内齿圈不动，行星架逆时针转动，倒挡双行星轮行星排改变传动比，传动比为，从动行星架虚拟齿数比上主动太阳轮齿数，为减速。

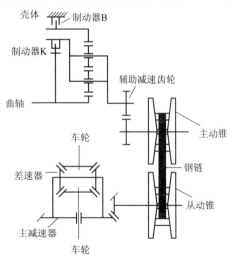

壳体　制动器B

制动器K

辅助减速齿轮

曲轴

车轮

主动锥

差速器　钢链

从动锥

主减速器

车轮

图 1 - 11　01J 变速器示意图

知识点滴：行星架虚拟齿数 = 内齿圈齿数 - 太

阳轮齿数，第五章中有证明。

制动器 B 和离合器 K 均采用湿式摩擦片，工作时要有相应的制动器缸和离合器缸控制。

01J 变速器没有用变矩器作为发动机和变速器之间的动力传递，而采用双质量飞轮作为传力装置和减振装置。图中的倒挡制动器接合时为倒挡，前进挡离合器接合为前进挡，两者都不接合时为空挡或驻车挡。油泵轴带动油泵泵油，电控单元（在阀体后部）和人右手共同控制阀体（液控单元），从而控制前进挡离合器、倒挡制动器工作及双锥体半径的大小。图 1-12 为主从双锥体及传动钢链，图 1-13 为 01J 变速器的结构图。

知识点滴：无级变速器若仍采用变矩器作为发动机和变速器之间的传动装置，则整个变速器称为液力无级变速器，是费油的。若采用双质量飞轮作中间传动装置，则称无级变速器，发动机较省油。

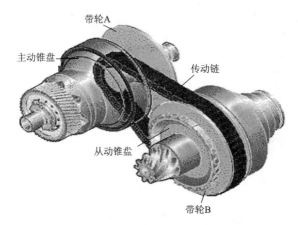

图 1-12　主从双锥体及传动钢链

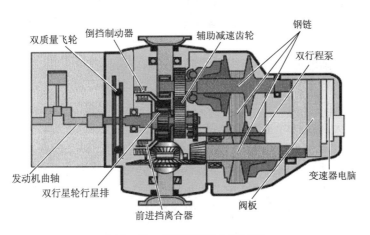

图 1-13　01J 变速器的结构图

2. 加副变速器的 CVT

目前 AT 液力自动变速器已发展到 8 挡甚至 9 挡，CVT 限于传统 CVT 的工作原理，通过加大带轮直径实现大速比，不仅带来变速器体积增大，更会带来机械效率下降。近来加装副变器的新一代 CVT 变速器（如图 1-14）开始出现。

因此新一代CVT引入行星齿轮以及离合器，不仅将带轮直径减小，同时还将变速器速比扩大到7.3∶1。如图1-15所示新型CVT和传统AT变速器速比范围对比。在变速器输出轴之前增加一组带离合器的副变速机构，这种一体式行星齿轮结构在AT变速器内很常见，具有1.0和1.821两种速比。而传统的CVT部分同时进行了体积削减，通过将带轮直径减小，将速比范围缩小到4∶1，最终实现了变速器总体积的小型化。工作状态下，在带轮部分提供4.0~1.0范围内速比的同时，副变速机构也能从1.821按需求切换到1.0，这样两组变速机构速比相乘，就形成了7.3∶1的大速比范围的CVT变速器。

图1-14　新一代CVT变速器　　　　图1-15　新型CVT和传统AT变速器速比范围对比

在低速起步时，副变速器处于1挡，速比1.821，发动机动力通过液力变矩器传递给CVT变速器，车速均匀上升。液力变矩器转速逐渐与发动机转速同步，并最终锁止行程等速传动。

车辆行驶速度逐渐增加，CVT带轮从低速位逐渐变为高速位，此时变速器可提供7.3~1.0的总速比范围；当车速需要继续提升时，副变速器机构进入2挡，副变速器速比从1.821降至1.0，通过离合器进行柔性切换，理论上这一过程类似AT变速器的升挡过程，但是由于速比跨度过大，换挡冲击在所难免，这也是AT变速器无法完全消除冲击的原因所在。而在新一代CVT结构中，得益于CVT速比任意调整的优势，副变速器机构的换挡过程中，CVT带轮部分也会随之调整，使这一调整过程中的总速比输出不变。

通过两组传统变速机构的组合应用，速比相乘，实现了7.3∶1的超大范围速比，更重要的是变速器不仅降低了带轮压盘的压力，提高了机械效率，而且总体积缩小。

四、干式复合带式无级自动变速器系统

金属带式无级变速器（CVT）不仅可改善汽车的燃油经济性，而且极大地改善了发动机的排放，正在越来越多地被国内外汽车厂商开发和利用。但现在所采用的CVT，其传动装置除机械传动外，额外的液压控制系统也要消耗相应的能量。因为在润滑油的作用下锥盘和传送带之间的摩擦因数很低，需要一个高的压力去挤压传送带，而这种由液压泵产生的高压力必然带来较大的机械损失，这是当前无级变速器的一个缺点。针对这种缺点，韩国大宇开发

采用树脂和铝合金等构成的干式复合带式无级变速器，带轮半径的连续变速控制，使用直流电动机（即速比电机）而不是液压控制系统，它不但可以使传送带的压力降至最小，而且还可以无液压传送力矩。干式复合带式无级变速器是一种高效率的无级变速器，但目前所开发的干式复合带式无级变速器只能用于小输出转矩的车辆上。

第二章
液力自动变速器概述

　　一般人们所说的自动变速器都是指液力自动变速器，液力是指由液压油施力使执行元件动作，控制齿轮变速机构来完成变速，无论"电控"还是"液控"都叫液力自动变速器。它是由液力变矩器和齿轮式自动变速器组合起来的，在自动变速器里变矩器和齿轮式自动变速器为一个整体，即自动变速器。

　　新型汽车所装用的自动变速器绝大多数都是这种自动变速器。它与传统的手动齿轮式变速器相比，不但结构和工作原理要复杂得多，而且使用方法也有很大的不同。

✦ 第一节　自动变速器的组成

　　自动变速器主要由液力变矩器、油泵、齿轮变速机构、人机控制系统、阀板 5 个部分组成。图 2 - 1 为丰田 A750E 自动变速器的组成。

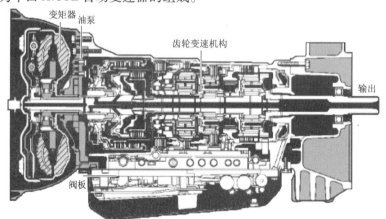

图 2 - 1　丰田 A750E 自动变速器的组成

　　丰田 A750E 变速器应用于凌志 LX470，配置发动机为 2UZ - FE 或 1GR - FE。

　　（1）液力变矩器：见第三章。液力变矩器位于自动变速器的最前端，它安装在发动机的飞轮上，其作用与采用手动变速器汽车中的离合器相似。它利用液力传递的原理，将发动机的动力传给自动变速器的输入轴。此外，它还能实现无级变速，并具有一定的低车速增扭功能。泵轮速度不变时而涡转速随车速逐渐上升，理解为传动比连续，或称为无级。

　　知识点滴：决定是否是有级变速器还是无级变速器是齿轮变速器是否能实现无级。变矩器减速增扭是减速时体现变矩器的变扭工况，不能与无级变速器混为一谈。

（2）油泵：见第四章。油泵通常安装在液力变矩器之后，由飞轮通过液力变矩器壳后伸出的轴套直接驱动。油泵为液力变矩器和换挡执行机构的工作提供一定压力的液压油。油泵的驱动也可以通过一根油泵轴前端插在变矩器内部变矩器前壳的花键里，后端连油泵内转子形成间接驱动，一般用于原装老款三挡液控的大众变速器（例如我国早期进口的电喷捷达）和起亚车系及通用、福特前驱变速器上；奔驰车系在四挡液控变速器上除了采用变矩器驱动的主油泵之外，又在输出轴上加装副油泵，这种车只有在驱动轮转动时副油泵才能泵油，这样有利于牵引起动及牵引时从动部件的润滑。

（3）齿轮变速机构：见第五章。齿轮变速器是自动变速器的主要组成部分，它包括齿轮变速机构（相当于手动变速器的齿轮副）和换挡执行机构（相当手动变速器的拨叉）。换挡执行机构可以使齿轮构处于不同的挡位，以实现不同的传动比。现在大部分自动变速器的齿轮变速机构考虑到省油和减少噪声至少有 4 个前进挡，多则有 7 个前进挡和 1 个倒挡，甚至两个倒挡。这些挡位与液力变矩器相配合，就可获得由起步至最高车速的整个范围内的无级变速。

（4）控制系统：见第六章。汽车自动变速器的控制统主要有液控式和电控式两种，也有少部分半电半液控制（车已少见，内容略）。液控式控制系统包括手控阀、节气门阀及速控阀组成。电控式控制系统除了传感器、电脑、执行器三者组成的一套电控系统之外还有手控阀，有的车有节气门拉索控制的节气门阀。譬如四挡凌志 400 有变速器节气门拉索控制阀板主油压（油泵出口的油压），与升降挡无关；美国通用别克 4T60E 变速器仍用真空节气阀控制阀板主油压（国内 4T65E 已改为电磁阀控制）；本田车系用导轮反作用式杠杆调节控制阀控制主油压。然而控制系统的作用归结起来就是对阀板进行油压调节和油路换向。

（5）阀板或称阀体：见第七章。阀板总成通常平铺在齿轮变速器下方的油底壳内，也有的竖立在变矩器后端，例如本田车系和美国的前驱车；甚至一部分四驱尼桑车变速器把阀板平放在齿轮变速器之上。阀板的作用是在控制系统的控制下进行油压调节和油路换向，本书为了让读者便于理解阀体，首次将阀板分为 5 部分，即两调压、两切换、一个换挡质量改善。两调压：主油压调节和变矩器内油压调节；两切换：锁止离合器锁止、分离切换和换挡执行元件接合、分离切换；一改善：阻止换挡执行元件接合时出现冲击或接合时打滑过多。

知识点滴： 电控变速器的执行器即电磁阀，电磁阀本身在阀板上，且更换阀板时一起更换，但要明确电磁阀属于"人机控制系统"的机控元件，即电脑控制元件。图 2-2 为丰田自动变速器阀体。

图 2-2　丰田自动变速器阀体

电喷发动机的传感器和变速器上的传感器信号传至变速器控制模块 ECT ECU，ECT 控制电控液压单元（带电磁阀的阀板）转换成阀板的液压信号，从而控制阀板的油压大小和油路切换。

此外，在自动变速器的外部还设有一个液压油散热器，用于散发自动变速器内的液压油在工作过程中由于油分子内摩擦产生的热量（其实主要是变矩器效率低时损失的功率）。

对于小排量轿车变矩器内生热量也相应要小，所以有时只需要小一些的散热器且只通过水冷即可。图 2-3 所示为大众 01M 变速器散热器外形图及位置。

图 2-4 所示为丰田佳美 A540E 变速器散热器位置。此散热器位于发动机散热器底部，即发动机更换水箱时也换了变速器散热器，做成一体的目的是低温时由冷却液对变速器油加热，高温时由冷却液帮助变速器油散热。油温

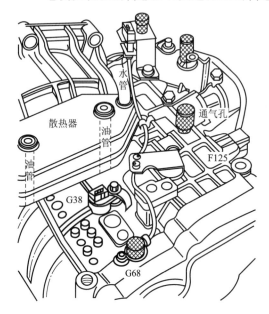

图 2-3　大众 01M 变速器散热器外形图及位置

过高会使液压油氧化变质，现在汽车变速器油温很高，以往很多数据已不实用，行驶中数据流显示一般 130 ℃左右，发动机冷却系为闭循环（即开锅温度大于 100 ℃的冷却系）的变速器油温更高。

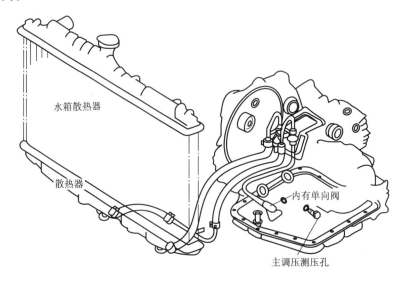

图 2-4　丰田佳美 A540E 变速器散热器位置

这种散热方式风扇基本不起冷却作用，主要靠行驶中的通风和水循环冷却。

第二节 AT型自动变速器分类

不同车型所装用的自动变速器在型式、结构上往往有很大的差异。下面按不同的角度对自动变速器进行分类。

1. 按汽车驱动方式分类

自动变速器按照汽车驱动方式的不同，可分为后驱动自动变速器和前驱动自动变速器两种。这两种自动变速器在结构和布置上有很大的不同。

后驱动自动变速器的变矩器和齿轮变速器的输入轴及输出轴在同一轴线上，因此轴向尺寸较大；阀板总成则布置在齿轮变速器下方的油底壳内。

前驱动自动变速器除了具有与后驱动自动变速器相同的组成部分外，在自动变速器的壳体内还装有差速器，所以这种变速器在很多资料里不叫变速器，而叫变速驱动桥。前驱动汽车的发动机有纵置和横置两种。纵置发动机的前驱动自动变速器的结构和布置与后驱动自动变速器基本相同，只是在前端增加了一个差速器，如大众奥迪01V或帕萨特01N变速器。图2-5给出大众四轮驱动变速器，通过它能反映大众前驱、后驱、四驱的结构。在大众四驱结构中要有托森式轴间差速器。

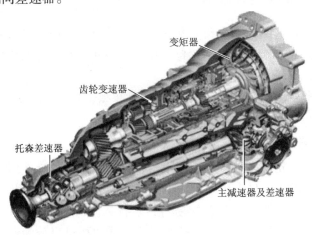

图2-5 大众四轮驱动变速器

横置发动机的前驱动自动变速器由于汽车横向尺寸的限制，要求有较小的轴向尺寸，因此通常将输入轴和输出轴设计成两个轴线的方式（图2-6为三菱F4A33自动变速器），变矩器和齿轮变速器输入轴布置在上方，输出轴则布置在下方。这样的布置减少了变速器总体的轴向尺寸，但增加了变速器的高度，因此美国车系常将阀板总成布置在变速器的侧面，尼桑车系常将阀板总成布置在变速器的上方，以保证汽车有足够的最小离地间隙，同时不易因掉下的污染物而导致阀板范卡。

2. 按自动变速器前进挡的挡位数分类

自动变速器按前进挡的挡位数的不同，可分为2个前进挡、3个前进挡、4个前进挡、5个前进挡、6个前进挡以及7或8个前进挡7种。

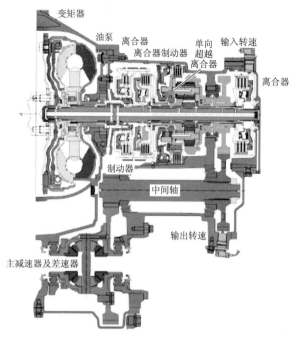

图 2-6　三菱 F4A33 自动变速器

（图中标注：变矩器、油泵、离合器、离合器制动器、单向超越离合器、输入转速、离合器、制动器、中间轴、输出转速、主减速器及差速器）

早期的自动变速器通常为 2 个前进挡或 3 个前进挡。例如：1965 年，在红旗 CA770 型轿车上首次装备了二速自动变速器，其形式上大多是仿造 20 世纪 50 年代美国和苏联的自动变速器，累计生产了 1 283 台，尚不具备工业化生产的意义。这两种自动变速器都没有超速挡，其最高挡为直接挡。以上大家仿佛可以不用去想，太老了。新型轿车装用的自动变速器基本上都是 4 个前进挡，即设有超速挡。这种设计虽然使自动变速器的构造更加复杂，但由于设有超速挡，大大改善了汽车的燃油经济性，减小了发动机噪声。对于五挡变速器 4 挡为直接挡、5 挡为超速挡；而六挡变速器通常 5 挡为直接挡；七挡变速器（例如奔驰 E280）5 挡为直接挡，6、7 挡都为超速挡，七挡变速器 722.9 是奔驰针对宝马六挡变速器和大众 01J 无级变速器推出的，2003 年开始上市销售。目前国内最高挡位为丰田 LS460 的八挡变速器 AA80E，挡数再继续增高的可能性不大。

知识点滴：奔驰四速变速器 722.4 最高挡为直接挡，且无锁止离合器。此变速器是现在在车上能常见到的一款液控变速器。

3. 按齿轮变速器的类型分类

自动变速器按其齿轮变速器的类型不同，可分为普通齿轮式和行星齿轮式两种。普通齿轮式自动变速器体积较大，最大传动比较小，只有少数几种车型使用（如本田 ACCORD 轿车，奔驰新款也有采用五速普通齿轮式变速器）。行星齿轮式自动变速器结构紧凑，能获得较大的传动比，为绝大多数轿车采用。按其组合形式主要可以分为辛普森式、改进辛普森式、拉维娜式、类拉维娜式（奔驰车系应用）4 种，其中类拉维娜式国内书上没有介绍，在齿轮变速机构中会讲到。

4. 按变矩器的类型分类

轿车自动变速器基本上都是采用结构简单的单级三元件综合式液力变矩器。这种变矩器又分为有锁止离合器和无锁止离合器两种。早期的变矩器中没有锁止离合器，在任何工况下都是以液力的方式传递发动机动力，因此传动效率较低。市面上的奔驰液控四挡 722.4 及克莱斯勒的捷龙的变速器及大众老捷达 010 变速器属于这种类型。新型轿车自动变速器都采用带锁止离合器的变矩器，这样当汽车达到一定车速时，控制系统使锁止离合器接合，液力变矩器输入部分和输出部分连成一体，发动机动力以机械传递的方式直接传入齿轮变速器，从而提高了传动效率，降低了汽车的燃油消耗量。现在汽车已全有锁止离合器，所以不要因变矩器是不可拆开部件，就不知道有无锁止离合器了，所以这种分类方式现在已经没有意义了。

5. 按控制方式分类

自动变速器按控制方式不同，可分为液力控制自动变速器和电子控制自动变速器两种。

液力控制变速器是通过机械的手段，将汽车行驶时的车速（速控阀，有的书上叫调速器，称为速控阀更准确）及节气门开度（节气阀）这两个参数转变为液压控制信号；阀板中的各个换挡阀根据这两个液压控制信号的大小，按照设定的换挡规律，通过控制换阀移动，从而控制执行机构的动作，实现自动换挡，如图 2－7 ~ 图 2－9 所示。由于液控已经淘汰，本书除奔驰四速变速器仍作介绍外，不再介绍其他液控变速器。

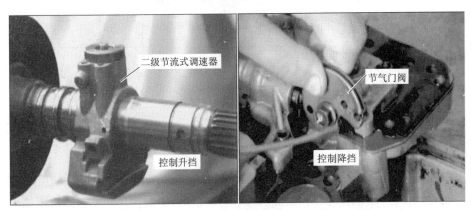

图 2－7　丰田自动变速器调速器和节气门阀

电子控制自动变速器大多通过气门开度、车速这两个参数控制。而发动机转速、发动机水温、自动变速器液压油温度等参数为修正信号；电脑根据这些电信号，按照设定的换挡规律，向换挡电磁阀、油压电磁阀等发出电子控制信号；换挡电磁阀和油压电磁阀再将电脑的电子控制信号转变为液压控制信号，阀板中的各个控制阀根据这些液压控制信号，控制换挡执行机构的动作，从而实现自动换挡，如图 2－10 所示。在电控变速器里换挡设计思路和液控大致相同。

程序编写时主要应用上面两个参数（内容在电控变速器工作原理上）。有的人认为液控变速器比电控复杂，这种认识完全错误，对电控自动变速器维修才是对发动机知识和变速器知识的全面考察。

在图 2－8 中，节气门拉索既控制降挡也控制油泵泵口油压，调速器控制升挡，手控阀用于控制前进挡、倒挡还是空挡，手控阀也控制换挡范围。

在奔驰 722.3/722.4 变速器中，节气门拉索只控制降挡，不控制油泵泵口

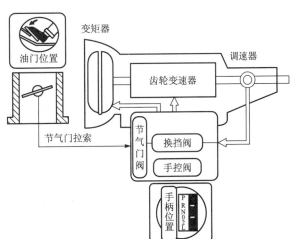

图 2－8　丰田液力控制自动变速器控制过程示意图

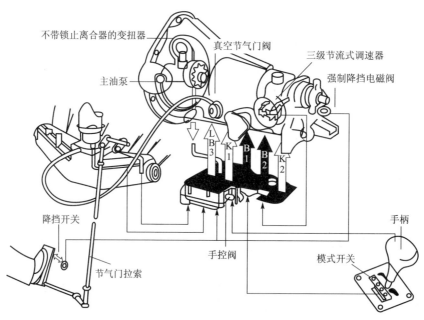

图 2-9　奔驰 722.4 液力控制自动变速器组成

　　油压，泵口油压（主油压）由节气门体上连的真空管控制变速器上的真空节气门阀控制。调速器控制升挡，手控阀用于控制前进挡、倒挡和空挡，手控阀也控制换挡范围。

　　油门开度不变时，车速上升很快时升挡。油门开度很大时，车速上升不快，甚至下降时降挡。控制上，液控变速器阀体的节气门油压大于速控阀油压就降挡，否则就升挡。

　　知识点滴：节气门油压在油门踩下时变高，而速控阀油压在车速提高时升高。

　　人通过手控阀控制阀体实现空挡、前进挡、倒挡。在变速器内部，对于驻车挡 P 位也是空挡。若不是空挡，变速器在手柄推 P 位时会造成变速器在怠速熄火。

　　丰田电子控制自动变速器 A650E 控制过程（图 2-10），说明电控系统不只是节气门和

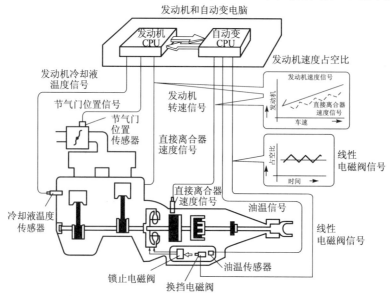

图 2-10　丰田电子控制自动变速器控制过程示意图

车速两个主要控制参数，其中节门开度、水温信号、发动机转速信号在发动机系统中，可由发动机电脑直接传至自动变电脑（发动机电脑和变速器电脑共用）。变速器上的传感器如车速、油温、涡轮轴转速、挡位及一些开关信号直接进电脑。

知识点滴：水温信号有的车系不参与变速器控制。读者可以通过检测仪进入电脑读取自动变速器电脑外信号数据流，判别哪个信号不参与控制。

有些车系车速信号通过线或 CAN—BUS 由 ABS 电脑传至变速器电脑，例如车速信号。

CAN—BUS 全称是局域网控制器，电控系统的共用信号在 CAN—BUS 上传输，某个控制单元如果要用这个信号，截获即可。

电控变速器的 AI 功能，即 Artificial Intelligent（人工智能）系统，如图 2－11 所示。丰田凌志 430 的 A650E 变速器电控系统除了通过行驶模式选择开关以外，还可以通过 AI 系统了解路面的情况和驾驶员的主观意愿，自动选定一个最佳的驾驶模式，实现高水平的换挡控制。

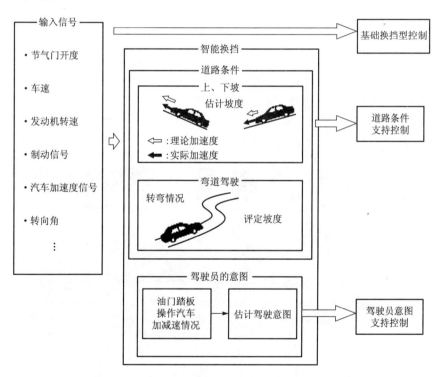

图 2－11　AI（人工智能）换挡控制

传统的自动变速器车辆在上坡时就要频繁地变换挡位。在下坡时，由于阻力的减小一般会升入高挡，发动机制动的效果不良。

AI（人工智能）换挡控制系统通过节气门开度、车速、发动机转速、制动踏板、车辆的加速情况和弯道等输入信号与内存进行比较，根据车辆的实际加速情况评估道路的坡度；根据弯道信息评估道路的弯道情况；根据加速踏板的位置和车辆情况评估驾驶员的意愿，结合行驶模式选择开关的位置，进行道路情况和驾驶员意愿的辅助控制，自动选择合适的换挡程序。

AI 系统中的路面状况辅助控制通过节气门开度和车速等信号评估是上坡还是下坡，在上坡行驶时，限制变速器使用超速挡和直接挡的时间，获得稳定的驱动力。在车辆下坡时，变速器也只是使用3挡和4挡，获得良好的发动机制动效果。在进行上述控制时，ECU还综合考虑了道路的弯道情况，选择的换挡程序协调了坡道和弯道的两种因素。

AI中的驾驶员意愿辅助控制系统可以根据加速踏板的动作和车辆行驶状况评估驾驶员的意愿，不需要操作行驶模式选择开关、自动选择换挡模式以适应不同的驾驶员。

知识点滴：Artificial Intelligent 人工智能系统只说明车电脑内的程序更灵活，变速器外部结构和电控元件与以前的电控变速器相同。

带有 Artificial Intelligent 人工智能系统的变速器在试车时应在平路上试车，否则电脑的智能容易干扰正常试车。

✿ 第三节　自动变速器的控制面板

一、自动变速器操纵手柄的使用

自动变速器是由驾驶员通过驾驶室内的操纵手柄来操作的。操纵手柄布置在转向柱上，例如丰田大霸王（读者可以在实际生活中观察）、地板上（例如奥迪A6及捷达、佳美等），或布置在表台上，例如本田奥德赛。不论布置在哪儿，操纵手柄一般都有5~8个挡位。图2-12所示，典型丰田操纵手柄，是一种有6个挡位的自动变速器操纵手柄，目前大部分轿车自动变速器的操纵手柄都是采用这种布置方式。

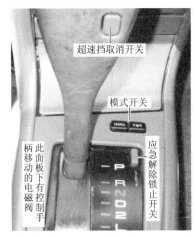
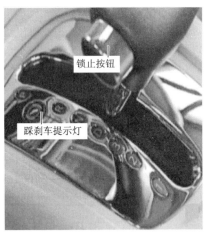

图 2-12　典型操纵手柄

自动变速器操纵手柄挡位的含义与手动变速器有很大的不同。对于自动变速器来说，操纵手柄的挡位与自动变速器本身所处的挡位是两个完全不同的概念。实际上，操纵手柄只改变自动变速器阀板总成中手动阀的位置，相当于只控制空挡、前进挡和倒挡。而自动变速器本身的挡位则是由换挡执行机构的动作决定的。它除了取决于手动阀的位置外，还取决于汽车的车速、节气门的开度等因素。

手柄位置挡位和变速器内所选实际挡位不相同，要正确操作自动变速器，首先应当了解自动变速器操纵手柄各个挡位的含义。

1. 停车挡（P 位）

P（Park）停车挡通常位于操纵手柄的最前方。当操纵手柄位于该位置时，自动变速器中的停车锁锁住驻车棘轮，从而锁住驱动轮。而手制动现在全锁后轮，这一点读者要分清。例如前驱 A6 自动变速器锁前轮，这时推 P 位后 4 个轮全抱死。而后驱的 LS400 或奔驰 S320 推 P 位和手制动效果一样全用于抱死后轮。在 P 位时，变速器内部齿轮变速机构为空挡，当手柄由 P 位移出后驻车锁释放驻车棘轮。图 2 - 13 所示为变速器的驻车锁机构。

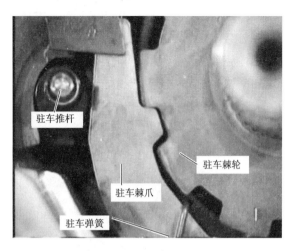

图 2 - 13　变速器的驻车锁机构

知识点滴：P 挡可作为手制动器的辅助制动器，但驱动轮仍可差速，所以不可代替手制动器。P 位踩刹车才能解除控制面板下电磁阀对手柄的锁止。

2. 倒挡（R 位）

R（Reverse）倒挡用于倒车用，一般车只有一个倒挡，个别车 R 位有两个倒挡传动比，电脑根据不同模式选择不同的传动比。

3. 空挡（N 位）

N（Neutral）空挡通常位于操纵手柄的中间位置，在倒车挡和前进挡之间。当操纵手柄位于空挡位置时，换挡执行机构与 P 位相同，也是处于空挡状态。此时，发动机的动力虽经输入轴输入，但只能使各齿轮空转，输出轴无动力输出。

知识点滴：N 位也需要踩刹车才能解除控制面板下电磁阀对手柄 N 位的锁止。

4. 前进挡（D 位）

D（Drive）位、2 位、L 位都是前进挡。变速器在 D1 ~ D4 四挡之间换挡，不能间隔升挡，降挡时特殊条件新款车可以间隔降挡。D 位用于正常行车，其中 4 挡一般为超速挡。只有少数车最高挡 4 挡为直接挡。例如：四挡的奔驰 722.4 液控变速器 4 挡为直接挡，五挡变速器在 D1 ~ D5 之间换挡，4 挡为直接挡。

5. 前进低挡（2 位和 L 位）

丰田车系前进低挡通常有 2 个位置，即图 2 - 12 中的 2 位和 L 位。当操纵手柄位于这两个位置时，自动变速器的控制系统将限制前进挡的变化范围，当操纵手柄位于 2 位时，因车而异，自动变速器在 1 挡、2 挡、3 挡之间自动变换挡位，有的只能在 1 挡、2 挡之间自动变换挡位；当操纵手柄位于 L 位时，自动变速器在 1 挡、2 挡之间自动变换挡位，或固定在 1 挡。

大众车系四挡 01M 或 01N 变速器前进低挡通常有 3 个位置，即图 2 - 12 中的 3 位、2 位和 1 位。若是五挡奥迪 A6 01V 变速器为 4 位、3 位、2 位。操纵手柄位于这 3 个位置时，自动变速器的控制系统将限制前进挡的变化范围。当操纵手柄位于 3 位时，自动变速器在1挡、2挡、3挡之间自动变换挡位，位于2位时，在1挡、2挡之间自动变换挡位；当操纵手柄位于1位时，固定在1挡。大众车的前进低挡数字表示手柄在此位置能升的最高挡位。

在新款车里前进低挡已经取消，手柄变为P、R、N、D、S。前进低挡功能由手动换挡 Tiptronic（点动电子开关）功能代替。新款车在D位后加了一个换挡迟后的S（Sport运动）位。除了换挡迟后，与D位换挡范围相同。图2-14所示为新款变速器典型操纵手柄。

图2-14　新款变速器典型操纵手柄

（a）OIM 变速器；（b）新奥迪手柄

二、自动变速器控制开关的使用

自动变速器除了可用操纵手柄进行换挡控制外，还可以通过操纵手柄上或汽车仪表板上的一些控制开关来进行一些其他的控制。不同车型自动变速器的控制开关往往有不同的名称，其作用也不完全相同。常见的控制开关有以下几种。

1. 超速挡开关（O/D 开关）

这一开关用来控制自动变速器的超速挡。当这个开关打开后，超速挡控制电路接通，此时若操纵手柄位于D位，自动变速器随着车速的提高而升挡时，最高可升入4挡（即超速挡）。该开关关闭后，超速挡控制电路被断开，仪表盘上的 O/D OFF 指示灯随之亮起（表示限制超速挡的使用），自动变速器随着车速的提高而升挡时，最高只能升入3挡，不能升入超速挡。在一部分丰田车里也用此灯来读取故障码。图2-15所示为丰田仪表指示灯。

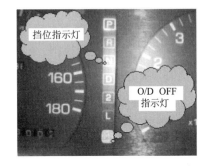

图2-15　丰田仪表指示灯

超速挡开关作用只是取消4挡，限制跳挡范围，它和强制降挡开关是不一样的。强制降挡是电控变速器靠自动跳合开关实现，或用液控变速器阀板上的拉索控制的强制降挡阀实现。具体电路可看控制系统章节内容。

2. 模式开关

大部分电子控制自动变速器都有一个模式开关，用来选择自动变速器的控制模式，以满足不同的使用要求。所谓控制模式主要是指人为干预自动变速器的正常换挡规律。常见的自动变速器的控制模式有以下几种。图 2 - 16 所示为丰田模式开关。

图 2 - 16　丰田模式开关

（1）经济模式（Economy）：在经济模式中，是以获得最小的燃油消耗为目的进行换挡控制，因此换挡车速相对较低，动力性能稍差。当自动变速器在经济模式状态下工作时，其换挡规律较正常提前，使发动机在汽车行驶过程中经常处在经济转速范围内运转，从而提高了燃油经济性。此模式开关要在良好路面条件下使用。

（2）动力模式（Power）：这种控制模式是以汽车获得最大的动力性为目标来设计换挡规律的。在这种控制模式下，自动变速器的换挡规律较正常滞后，能使发动机在汽车行驶过程中经常处在大功率范围内运转，从而提高了汽车的动力性能及爬坡能力，相当于运动模式（Sport）。

（3）标准模式（Normal）：标准模式的换挡规律介于经济模式和动力模式之间。它兼顾了动力性和经济性，使汽车既保证一定的动力性，又有较佳的燃油经济性。一般车只有动力性开关，没有经济性开关。电脑在未收到动力开关信号时自动默认为标准模式。

大众 1989 年型的（德国原装）AG4（注：AG4（Automatic Gear），德语自动变速器）引入了动力型和经济型换挡特性曲线，可以由驾驶员来进行选择。这两种换挡程序的切换通过选挡杆旁边的 ECO - SPORT 开关来实现。ECO 为经济型换挡程序，它较早地升挡并较晚地降挡，因此使转速降低、燃料消耗减少。SPORT 为动力型换挡程序，在同样的踏板位置时，它都在较高的车速下进行升挡和降挡，因此使转速和行驶功率提高。

电子控制自动变速器模式开关的缺点是，驾驶员要"人为"地改变自动变速器的控制模式，选择经济模式、普通模式或动力模式。在没经验驾驶员条件下，反而不能满足不同的使用要求。目前一些新型的电子控制自动变速器取消模式开关，由电脑进行自动模式选择控制。电脑通过各个传感器测得汽车行驶情况和驾驶员的操作方式，经过运算分析，自动选择采用经济模式、普通模式或动力模式进行换挡控制，以满足不同的驾驶操作要求。

电脑在进行自动模式选择控制时，主要参考换挡手柄的位置及加速踏板被踩下的速率，以判断驾驶员的操作目的。当操纵手柄位于前进低挡（2、L）时，电脑只选择动力模式。在前进挡（D）中，当加速踏板被踩下的速率较低时，电脑选择经济模式；当加速踏板被踩下的速率超过控制程序中设定的速率时，电脑由经济模式转变为动力模式；在前进挡（D）中，电脑选择动力模式之后，一旦节气门开度低于 1/8，电脑即由动力模式转换为经济模式。

在这种选择控制中，电脑将车速和节气门开度的组合划分为一定数量的区域，每个区域

第二章　液力自动变速器概述

有不同的节气门开启速率的程序值。当驾驶员踩下加速踏板的速率大于汽车行驶车速和节气门开度所对应区域的节气门开启速率程序值时，电脑即选择动力模式；反之，当踩下加速踏板的速率小于车速和节气门开度所对应区域的节气门开启速率程序值时，电脑即选择经济模式。这些区域中节气门开启速率程序值的分布规律是：车速越低或节气门开度越大，其程序值越小，即越容易选择动力模式。

大众1995年型的AG4自动变速器控制单元根据车速、节气门开度、发动机转速和汽车加速度计算行驶阻力，该换挡程序识别行驶阻力，如上坡、下坡行驶，拖挂和逆风行驶，并由此确定换挡点。

根据油门踏板的操纵速度，控制单元获得一个模糊的动力性系数。由这个动力性系数可以在更趋向燃料消耗或更趋向行驶功率之间滑动地确定换挡点。因此在ECO和SPORT换挡曲线之间可以有任意多的换挡点，可以对驾驶员的个性需求作出更灵敏的反应。

3. 手动模式（Manual）和保持开关（Hold）

图2-17所示为丰田变速器模式指示灯。按下丰田车的这个Manual开关后，自动变速器便不能自动换挡，其挡位完全取决于操纵手柄的位置：D位只有4挡，2位只有3挡，L位只有1挡位置。马自达电子控制自动变速器设有保持开关（如日本马自达车系配JATCO公司生产的FN4A-EL自动变速器），这种开关通常位于操纵手柄上。当操纵手柄位于D位、S位（相当于丰田2位）、L位时。自动变速器分别保持在3挡、2挡、1挡位置。汽车在雪地上行驶时，可以按下这个开关，用操纵手柄选择挡位，即3挡起步，以防止驱动轮打滑。从中可以看到手动模式（Manual）和保持开关（Hold）作用相同。

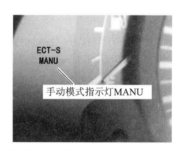

图2-17　丰田变速器模式指示灯

4. 冬季和雪地模式

722.6旧控制面板：奔驰车倒挡有冬季（Winter）和标准（Standard）（有的资料上把Standard的S错理解为Snow）两种模式，S模式下的倒挡输出扭矩大于W模式，W模式下的倒挡传动比小于S模式，即低附着系数路面用高挡便于冬季倒挡起步避免打滑。注：722.6为五速变速器，在后边的传动章节有具体讲解。图2-18所示为奔驰旧控制面板。

5. 手自动一体模式

为了提高操作舒适性，2000年以后的奔驰722.6变速器控制面板（图2-19奔驰新控制面板）的"4"、"3"、"2"、"1"用手动换挡开关（touch shift）也称点动换挡代替，在D

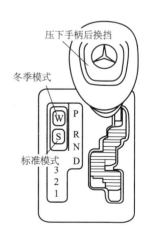

图2-18　奔驰722.6
旧控制面板

位可以有 5 个前进挡，此外手柄向"＋"方向横移，向前加 1 挡。向"－"方向横移，向后减 1 挡。所选实际挡位可以由仪表显示。功能实现由手动换挡控制模块完成（与变速器电脑不是一个元件）。

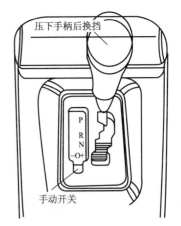

图 2 - 19　奔驰 722.6 新控制面板

三、不同工况下自动变速器的使用

由于自动变速器在结构和工作原理上与手动变速器有很大的不同，因此在使用操作上也有许多不同之处。本书提到的变速器若不特殊指出，均指四挡变速器。

1. 起动

正常起动：起动发动机时，应拉紧手制动或踩住制动踏板，将自动变速器的操纵手柄置于 P 位或 N 位，此时将点火开关转至起动位置，才能起动发动机。当操纵手柄位于 P 位或 N 位之外的其他任何位置上时，将点火开关转至起动位置，起动发动机都不会转动。很简单，多功能开关在 P 和 N 时都闭合，例如丰田车把这个开关串装在起动继电器线圈电路上，而美国通用别克车把这个开关与继电器触点电路串联起来，所以易损坏。

装有自动变速器的汽车在行驶途中突然熄火时，操纵手柄仍处于行驶挡位置，此时若转动点火开关至起动位置，起动发动机将不会转动。必须先将操纵手柄移到 P 或 N 位置后，才能起动发动机。在起动时也应踩住制动踏板或拉紧手制动，以防汽车在起动过程中溜车。

2. 起步

（1）发动机起动后，必须停留几秒，待变速器内油压建立起来后才能挂挡起步。

（2）起步时应先踩住制动踏板，按锁止按钮，然后再进行挂挡，并查看所挂挡位是否正确，最后松开手制动，抬起制动踏板，怠速即可起步，缓慢踩下油门踏板可加速起步。

若踩住制动踏板，按锁止按钮手柄仍不能移动，说明换挡互锁电路有故障。应急时，可按下控制面板上的应急开关，也有的车没有应急开关，必须用钥匙插在控制面板上的一个孔上，并下压钥匙，手柄先移至于 N 挡，再用钥匙打着车。大众车换挡锁止机构无应急开关，也无插钥匙的应急解除孔，一旦失效只能是等待修理。

（3）必须先挂挡后踩油门踏板。不允许边踩油门踏板边挂挡；先踩油门踏板后挂挡；挂挡后踩着制动踏板或还未松开手刹车就加大油门。

3. 一般道路行驶

（1）装有自动变速器的汽车在一般道路上向前行驶时，应将操纵手柄置于 D 位，并打开超速挡开关。这样自动变速器就能根据车速、行驶阻力、节气门开度等因素，在 1 挡、2 挡、3 挡及超速挡之中自动升挡或降挡，以选择最适合汽车行驶的挡位。

（2）为了节省燃油，可将模式开关（如果有的话）设置在经济模式或标准模式位置上。加速时，应平稳缓慢地加大油门，并尽量让油门开度保持在小于 1/2 开度的范围内。

也可以采用"提前升挡"的操作方法，即汽车起步后，先以较大的油门将汽车迅速加速至 20～30 km/h，然后将油门踏板很快地松开，并持续 2～3 s，这时自动变速器就能立即

第二章　液力自动变速器概述

从1挡升至2挡；当感觉到升挡后，再将油门踏板踩下，继续加速。从2挡升至3挡也可用这种方法。这种操作方法能让自动变速器较早地升入高一挡位，从而提高了发动机的负荷率，降低了发动机的转速，在一定程度上节省了燃油，同时还能降低发动机的磨损程度，减小噪声。

（3）为了提高汽车的动力性，可将模式开关（如果有的话）设置在动力模式位置上。在急加速时，还可以采用"强制低挡"的操作方法，即将油门踏板迅速踩到全开位置，此时，自动变速器会自动下降一个挡位，获得猛烈的加速效果。当加速的要求得到了满足之后，应立即松开油门踏板，以防止发动机转速超过极限转速造成损坏。强制低挡目的只在于超车，在这种工况下，自动变速器中的摩擦片磨损、发热现象明显严重，很容易造成碎片或黏接。如非特殊需要，不宜经常使用。

4. 倒车

（1）在汽车完全停稳后，将操纵手柄移至R位置。

（2）在平路上倒车时，可完全放松油门踏板，以怠速缓慢倒车。

（3）如倒车中要越过台阶或突起物时，应缓慢加大油门，在越过台阶后要及时制动。

5. 坡道行驶

（1）在一般坡道上行驶时，可按一般道路行驶的方法，将操纵手柄置于D位，用油门或制动踏板来控制上下坡车速。

（2）如果汽车以超速挡在坡道上行驶，因坡道阻力大于驱动力，导致车速下降到一定车速时自动变速器从超速挡降至3挡；到3挡后，又因驱动力大于坡道阻力，汽车被加速，到一定车速时又升挡至超速挡。这样，若坡道较长，将重复上述过程，即在超速挡减速降挡后在3挡加速，到一定车速又升至超速挡，形成"循环跳挡"，加剧了自动变速器中摩擦片的磨损。在这种情况下，可将超速挡开关关闭，限制超速挡的使用，汽车就能在3挡稳定地加速上坡。若坡道较陡，汽车上坡时在3挡和2挡之间"循环跳挡"，只要将操纵手柄置于2挡位置，即可使自动变速器在2挡稳定地行驶。上坡时只要循环跳挡，手柄向低挡位置移动，即可防止阻力过大循环跳挡。

6. 发动机制动

在汽车下长坡时，若完全松开油门踏板后车速仍然太高，可将操纵手柄置于2位或L位，并将油门踏板松到最小（注意：禁止熄火），此时驱动轮经传动轴、变速器、变矩器反拖发动机运转，这样可利用发动机阻力让汽车减速，这种情况称为发动机制动。要注意不能在车速较高时将操纵手柄从D位拨至2位或L位，这样会使自动变速器中的摩擦片因急剧摩擦受到损坏。当车速较高时，应先用制动器将汽车减速至较低车速，再将操纵手柄从D位换至2位或L位。

在汽车高速时，若完全松开油门，发动机应该降至怠速转速。但实际上，由于汽车车身推车轴、车轴推车轮、车轮通过主减速器、变速器、变矩器或手动箱的离合器反回来带动发动机转动。注意是车轮帮助发动机转动，而不要理解成把发动机制动熄火了，更不要理解成在前进低挡时收油门传动轴反转。此时，发动机转速是由怠速的燃料做功和车轮传来的动力驱动转动，宏观表现为车速表指针下降，发动机转速表指针上摆。发动机制动效果挡位越低，车轮带动发动机的能力越强。

7. 雪地和泥泞路面行驶与冰雪路面行驶

在雪地或泥泞路面上行驶时，若操纵手柄置于 D 位，如果驾驶员没有经验，踏下油门踏板较大，驱动轮开始打滑，汽车实际提速慢且磨损轮胎。另外车轮的高转速会使变速器升挡，虽然升挡使车轮的驱动力变小，打滑有所减小，但上述这些做法是不利的，此时可将操纵手柄置于 2 位或 L 位，限制自动变高挡位，也可利用油门开度来控制车轮的驱动力，防止驱动轮打滑。没有保持开关（Hold）、手动模式（Manual）或手自动一体（Tiptronic）开关的自动变速器最好采用与操纵手动变速器一样的方法，用操纵手柄来选择适当的高挡起步行驶可防止打滑。例如：丰田四挡箱 2 位锁 3 挡，直接用 3 挡起步，可以防止低挡引起的打滑。对于有雪地模式的也可按下（Snow）开关，在 D 位自动高挡起步。

不过在现在的车上是不必要的，因为底盘制动的 ABS 系统都扩展集成了 ASR 驱动防滑功能，当驱动轮发生滑转时，发动机电脑通过减小电子节气门的开度（也可由 TRC 电脑控制减小副节气门的开度），阻止发动机吸入过多气体，从而在不改变混合气浓度的情况下，减小喷油量，因此降低发动机（动力源头）的牵引力。若不明显，则再通过底盘制动系统介入，制动打滑的驱动轮。

当人们在冰上骑自行车时，用很小的力即可行驶，当用力过大时自行车反而原地打滑了。因此，汽车的行驶条件，必须是牵引力大于阻力，但牵引力也必须小于附着力。雪地或泥泞路面与冰雪路面共有的特点是地面附着能力差，雪地或泥泞路面使轮胎驱动力大于地面的抗剪切能力。车轮推地面时，雪或泥已被轮胎推甩溅至汽车后方，地面耐不住车轮，从而车轮不能以地面为反作用力推动自己起步。多冰少雪路面和沥青路面相比就很硬，当然抗剪切的能力很强。但由于多冰少雪路面附着力小，轮胎抓不住地，所以易打滑。沥青路面行驶阻力大，但附着力更大，不易打滑。

8. 临时停车

汽车在交叉路口等待交通信号或因堵车等原因而需要临时停车时，若停车时间较短，可将操纵手柄保持在 D 位，只用脚制动停车，这样一放松制动踏板，汽车就可以重新起步。

若停车时间稍长，也可以将操纵手柄保持在 D 位，但最好同时用脚制动和手制动，以免不小心松开制动踏板时汽车向前闯动而发生意外。

若停车时间较长，最好把操纵手柄换到 N 位，拉紧手制动停车，以免造成自动变速器液压油升温过高。

9. 停放

汽车停放好后，应踩住制动踏板，将操纵手柄移至停车挡位置，并拉紧手制动，然后关闭点火开关，熄火，拔钥匙。

自动变速器车的钥匙锁设有连锁装置，只有手柄推至 P 位时方可将钥匙拔出。连锁装置可以是手柄连拉索控制锁芯回位（大众车系）。也可以在 P 位时由电子控制模块控制电磁阀断电，解除对锁芯回位的阻止（丰田车系），钥匙可以拧回空位拔出。

早些年，曾经有不少司机在 D 位熄火后，钥匙拔不出来，不得不求助服务站，因而多付了不少拖运费，实际只要向前把手柄推回 P 位，钥匙就能拔出来。

也有不少司机在 D 位熄火后，不拔钥匙下车，上车后打起动，没有反应，不得不求助服务站。实际只要向前把手柄推回 P 位或 N 位即可打着车。

四、自动变速器使用注意事项

为充分发挥自动变速器的性能优势，防止因使用操作不当而造成早期损坏，在驾驶装有自动变速器的汽车时，应注意以下几点。

（1）在驾驶时，如无特殊需要，不要将操纵手柄在 D 位、2 位、L 位之间来回拨动。特别要禁止在行驶中将操纵手柄拨入 N 位（空挡）或在下坡时用空挡滑行。否则，由于发动机怠速运转，自动变速器内由发动机驱动的油泵出油量减少，而自动变速器内的齿轮等零件在汽车的带动下仍做高速旋转，这样这些零件会因润滑不良而损坏。绝对禁止发动机熄火后空挡滑行，此时变速器没有润滑油，车轮带动变速器从动件高速旋转，易烧坏行星齿轮、铜套、调速器、轴承和止推垫。

（2）在很冷的冬季起动时，应允许 1 min 预热，保证发动机和变速器进入正常工作温度。挂上挡行驶后，不应立即猛烈地将油门踏板一脚踩到底。在行驶中，当自动变速器自动升挡或降挡的瞬间，不应再猛烈地加踩油门踏板。否则，会使自动变速器中的摩擦片、制动带等受到严重损坏。

（3）当汽车还没有完全停稳时，不允许从前进挡换至倒挡，也不允许从倒挡换到前进挡，否则会损坏自动变速器中的摩擦片和制动带。

现在的车上，一般在车速高至一定程度时，由电脑控制控制面板下的电磁阀，阻止手柄由 D 位移至 R 位或由 R 位移至 D 位。直至车速下降至一定时才允许手柄由 D 位移至 R 位或由 R 位移至 D 位。

（4）一定要在汽车完全停稳后才能将操纵手柄拨入停车挡位置，否则自动变速器会发出刺耳的金属撞击声（类似于大众车拉手制动的声音），并损坏停车锁止机构。

此种声音为棘爪与棘轮的撞击声，严重时损坏变速器壳体。

（5）要严格按照标准调整好发动机怠速，怠速过高或过低都会影响自动变速器的使用效果。

怠速过高，会使汽车在挂挡起步时产生强烈的闯动；怠速过低，在坡道上起步时，若松开制动后没有及时加油门，汽车会后溜，增加了坡道起步的操作难度。现在的车全是电喷车，怠速有些车能调整（日本车系），另一些车不能调整（大众车系）。

（6）为了防止不正确的操作造成自动变速器的损坏，大部分车型的自动变速器操纵手柄上都有一个锁止按钮。对于手柄无锁止按钮的车辆可以下压手柄再移动手柄，下压过程相当于按锁止按钮。

在进行下列换挡操作时，必须按下锁止按钮，否则操纵手柄将被锁止而不能移动。

① 由 P 位换至其他任何挡位或由其他任何挡位换至 P 位。

② 由任何挡位换至 R 位。

此外，在汽车行驶中，若要在 D 位、2 位、L 位等前进挡中变换挡位时，且按"L 位—2 位—D 位"的顺序进行变换（即由低挡位换至高挡位），可以不受任何车速条件的限制，也就是说，不论车速高低都可按此顺序改变操纵手柄的位置。但是，如果要按"D 位—2 位—L 位"的顺序（即由高挡位换至低挡位）变换操纵手柄的位置，必须让汽车减速后才能进行。例如：欲将操纵手柄从 D 位换至 2 位，必须在车速降至低于 2～3 挡的升挡车速后才能进行。如果将操纵手柄由高挡位换至低挡位时车速过高，就相当于人为地手动强制低挡。这样在车速过高时进行强制低挡，不但汽车会受到发动机的强烈制动作用，而且相应的低挡执行机构将因急剧摩擦而损坏。因此,有些车型在进行"D位—2位—L位"的降挡操作时,也必须按下锁止按钮,否则操纵手柄将被锁住而无法由高挡位向低挡位移动。

(7)被牵引时注意事项。变速杆置于N挡,牵引速度要小于50 km/h,距离要小于50 km。若需长距离牵引,则要将前轮(驱动轮)置于牵引车上。

第三章
变矩器结构与工作原理

变矩器是自动变速器不可缺少的重要组成部分之一。它安装在发动机的飞轮上，其作用是将发动机的动力传递给自动变速器中的齿轮变速机构，并具有一定的自动变速功能。自动变速器的传动效率主要取决于变矩器的结构和性能，新型汽车自动变速器中所用的变矩器都是"带锁止离合器的综合式液力变矩器"。由于名字太长，以下简称变矩器，因为现在汽车都带锁止离合器。这种变矩器综合利用了液力耦合器（无导轮）和液力变矩器（有导轮，但固定不动）的优点。为把"带锁止离合器的综合式液力变矩器"学好，本章主要分为耦合特性、变扭特性和锁止特性3部分来学习。

知识点滴：全国的自动变速器书籍为讲这3个特性，都是按耦合特性、变扭特性和锁止特性先后顺序来介绍，这是按液力传动装置在汽车上的演变过程，即产品的出现过程来讲解。要明确轿车上没有纯耦合器，也没有纯变矩器。汽车从起步到高速行驶经历的特性变化为变扭、耦合、锁止。

第一节　液力耦合器结构与工作原理

液力耦合器主要由壳体、泵轮、涡轮3个部分组成，如图3-1所示。壳体安装在发动机飞轮上；泵轮与壳体焊接在一起，随发动机曲轴一同旋转，是液力耦合器的主动部分；涡轮和输出轴连接在一起，是液力耦合器的从动部分。泵轮和涡轮相对安装，统称为工作轮。在泵轮和涡轮上安装有径向排列的平直叶片，泵轮和涡轮互不接触，两者之间有一定的间隙为3~4 mm；液力耦合器壳体内充满了液压油。当发动机运转时，曲轴带动液力耦合器的壳体和泵轮一同转动，泵轮叶片内的液压油在泵轮的带动下随之一同旋转；在离心力的作用下，液压油被甩向泵轮叶片外缘处，并在外缘处冲向涡轮叶片，使涡轮在液压油冲击力的作用下旋转；冲向涡轮叶片的液压油沿涡轮叶片向内缘流动，又返回到泵轮的内缘，被泵轮再次甩向外缘。液压油就这样从泵轮流向涡轮，又从涡轮返回泵轮而形成循环的液流。

在液力耦合器泵轮和涡轮叶片内循环流动的液压油，在从泵轮叶片内缘流向外缘的过程中，泵轮对其作功，其速度和动能逐渐增大；而在从涡轮叶片外缘流向内缘的过程中，液压油对涡轮作功，其速度和动能逐渐减小。

因此液力耦合器的传动原理是：发动机的动能通过泵轮传给液压油，液压油在循环流动的过程中又将动能传给涡轮输出。由于在液力耦合器内只有泵轮和涡轮两个工作轮，液压油

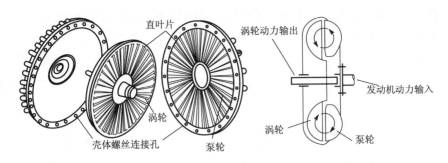

图 3 – 1　液力耦合器

在循环流动的过程中，除了与泵轮和涡轮之间的作用力之外，没有受到其他任何附加的外力。根据作用力与反作用力相等的原理，液压油作用在涡轮上的扭矩应等于泵轮作用在液压油上的扭矩，即发动机传给泵轮的扭矩与涡轮上输出的扭矩相等。这就是液力耦合器的传动特点。即 $M_p = M_t$，变扭比 $K = 1$。

变扭比即扭矩放大倍数，例如手动变速器 1 挡传动比为 3，则扭矩放大 3 倍，变扭比 $K = 3$。

设涡轮转速为 n_t，泵轮转速为 $n_p = n_e$，那么 n_t/n_p 为液力耦合器的传动比 i 的倒数。根据液力耦合器的传动特点，可以计算出其传动效率 η。

根据效率公式：$\eta = P_t/P_e = (M_t \times n_t)/(M_e \times n_e)$，且 $P = M \times n/9\,550$，分子和分母中的 9 550 已约去。因 $M_p = M_t$，故 $\eta = n_t/n_e$（下脚标表示参数，例如 n_t 表示涡轮的转速），所以

$$\eta = P_t/P_e = n_t/n_e$$

式中：η 为传动效率；P_p 为发动机传给泵轮（pump）的功率（注意：式中大写 P 为功率）；P_t 为涡轮（turbine）的输出功率；M_p 为泵轮的输入扭矩（即发动机扭矩 M_e（e = engine 发动机），$M_p = M_e$）；M_t 为涡轮的输出扭矩。

由上述计算式可见，液力耦合器的传动效率等于涡轮转速与泵轮转速之比。涡轮与泵轮的转速差愈大，传动比愈小，传动效率就愈低；反之，涡轮与泵轮的转速差愈小，传动比愈大，传动效率就愈高。

具体来说，在刚刚挂上挡而汽车未起步时，涡轮转速为零，液力耦合器的传动效率为零；汽车刚起步时，车速较低，涡轮转速也低，因而传动效率也较低；随着汽车的加速，涡轮转速逐渐提高，涡轮与泵轮的转速差逐渐减小，因而液力耦合器的传动效率亦随之增高。理论上，当涡轮转速等于泵轮转速时，传动效率应为 100%；但实际上，若涡轮转速等于泵轮转速，则泵轮与涡轮叶片外缘处的液压油的压力相等，导致泵轮上的液压油不能冲向涡轮，液力耦合器内的液压油没有循环流动，从而不能将泵轮上的动能传递给涡轮输出，液力耦合器将失去传递扭矩的作用。因此，液力耦合器工作正常时，涡轮的转速必须小于泵轮的转速，也就是说，液力耦合器的效率永远达不到 100%。

液力耦合器曾在少数汽车上使用过，由于其在遇到阻力减速时不能起增加扭矩的作用，而且在汽车低速行驶时传动效率很低，所以早已无车采用，但在高车速时传动效率高且扭矩大小不变，这是它的优点。所以应设计新的液力传动装置，可在高车速时体现耦合器的耦合特性，但低车速效率低和扭矩不可变仍需解决。

知识点滴： 下面是有助于理解功率 $P = M \times n/9\ 550$ 和发动机输出的扭矩 M 是大还是小的两段阅读文字，在这里举两个实际的例子。

（1）人们在用公斤扳手拧螺丝时，从公斤扳手上读出的数值即为扭矩 M，单位为 N·m。若公斤扳手拧这个螺丝的转速为 n r/min，则当时的功率就为 $P = M \times n/9\ 550$，注意单位为 kW。

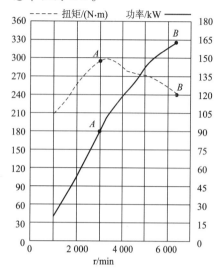

图 3-2　某 3.0 L 发动机的转速
扭矩和转速功率图

用一台发动机在节气门全开时的转速、功率与扭矩关系曲线（通常功率、扭矩与转速的关系曲线在一张图里）算一算这台发动机在节气门全开时发出的功率是不是发动机的标称功率。图 3-2 所示为某发动机的转速扭矩和转速功率图。

如图 3-2 所示，节气门全开，在点 B，发动机 6 500 r/min 发出的扭矩约为 240 N·m，发出的功率为多少？对照一下 6 500 r/min 的扭矩、功率曲线，看一下功率结果是否正确。

$$P = 240 \times 6\ 500/9\ 550 = 163\ (\text{kW})$$

（2）节气门全开，在点 A，发动机转速 3 000 r/min 发出 300 N·m 扭矩（实际功率只有 90 kW），反映什么意义？

其实质：假设飞轮半径为 1 m 的话，在飞轮外缠细绳，细绳下吊大约 30 kg（这里 $g = 10$）的重物，则此台发动机在节气门全开时都会开始减速直至熄火。

所以实际上发动机发出的扭矩都很小，根本不可能用于驱动汽车，所以必须加装主减速器把扭矩整体放大，其次是加装变速器来调节扭矩放大倍数来满足不同工况，这是在手动变速器里。在液力传动代替手动变速器离合器的机械传动后，在低速时丢转太多，若能让液力传动装置在低速时自动放大扭矩，即起步时变扭比 $K > 1$，就可使汽车快速起步，弥补丢转造成的功率损失。这里一定记住是自动增扭，不能人为干预。

🌼 第二节　液力变矩器结构与工作原理

液力变矩器的出现就是为了解决耦合器低车速效率低和不增扭矩的问题而设计的，但它却高车速时出现了缺点，下面具体介绍。

液力变矩器的结构与液力耦合器相似，它有 3 个工作轮，即泵轮、涡轮和导轮。其中泵轮和涡轮的构造与液力耦合器基本相同；导轮则位于泵轮和涡轮之间，并与泵轮和涡轮保持一定的轴向间隙，通过导轮固定套固定于变速器壳体。发动机运转时带动液力变矩器的壳体和泵轮与之一同旋转，泵轮内的液压油在离心力的作用下，由泵轮叶片外缘冲向涡轮。并沿涡轮叶片流向导轮，再经导轮叶片流回泵轮叶片内缘，形成循环的液流。导轮的作用是改变涡轮上的输出扭矩。由于从涡轮叶片下缘流向导轮的液压油仍有相当大的冲击力，只要将泵轮、涡轮和导轮的叶片设计成一定的形状和角度，就可以利用上述冲击力来提高涡轮的输出扭矩。图 3-3 所示为变矩器实物图。

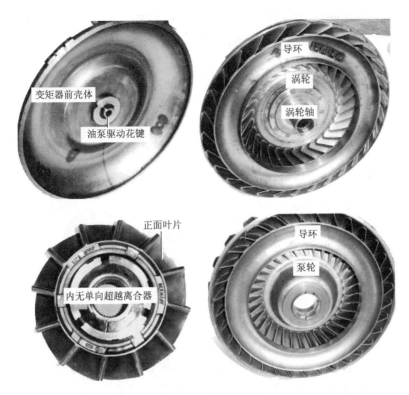

变矩器前壳体

油泵驱动花键

导环

涡轮

涡轮轴

正面叶片

内无单向超越离合器

导环

泵轮

图 3 – 3　液力变矩器

知识点滴：导轮在纯变矩器内不能转动。

在汽车起步之前，涡轮转速为零，发动机通过液力变矩器壳体带动泵轮转动，并对液压油产生一个大小为 M_p 的扭矩，该扭矩即为液力变矩器的输入扭矩。液压油在泵轮叶片的推动下，以一定的速度，按图 3 – 4 中箭头所示方向冲向涡轮上缘处的叶片，对涡轮产生冲击扭矩，该扭矩即为液力变矩器的输出扭矩。此时涡轮静止不动，冲向涡轮的液压油沿涡轮叶片流向涡轮下缘，在涡轮下缘以一定的速度，沿着与涡轮下缘出口处叶片相同的方向冲向导轮，对导轮也产生一个冲击力矩，并沿固定不动的导轮叶片流回泵轮。当液压油对涡轮和导轮产生冲击扭矩时，涡轮和导轮也对液压油产生一个与冲击扭矩大小相等、方向相反的反作用扭矩 M_t 和 M_s，其中 M_t 的方向与 M_p 的方向相反，而 M_s 的方向与 M_p 的方向相同。根据液压油受力平衡原理可得：$M_p = M_e + M_s$。由于变矩器外缘传力和耦合器相同，涡轮对液压油的反作用扭矩 M_t 与液压油对泵轮的 M_p 冲击扭矩大小相等，方向相反，即在变矩器外缘仍然是 $M_t = M_p$，因此可知，液力变矩器的输出扭矩 $M_t = M_p = M_e + M_s$，在数值上等于输入扭矩与导轮对液压油的反作用扭矩之和。显然这一扭矩要大于输入扭矩，即液力变矩器具有增大扭矩的作用。液力变矩器输出扭矩增大的部分即为固定不动的导轮对循环流动的液压油的反作用力矩，其数值不但取决于由涡轮冲向导轮的液流速度，也取决于液流方向与导轮叶片之间的夹角。当液流速度不变时，叶片与液流的夹角愈大，反作用力矩亦愈大，液力变矩器的增扭作用也就愈大。一般液力变矩器的最大输出扭矩可达输入扭矩的 2.6 倍左右，实际上一般汽车最大在 2.0 ~ 2.2 左右。图 3 – 4 所示为变矩器工作原理图。

当汽车在液力变矩器输出扭矩的作用下起步后，与驱动轮相连接的涡轮也开始转动，其转速随着汽车的加速不断增加。这时由泵轮冲向涡轮的液压油除了沿着涡轮叶片流动之外，还要随着涡轮一同转动，使得由涡轮下缘出口处冲向导轮的液压油的方向发生变化，不再与涡轮出口处叶片的方向相同，而是顺着涡轮转动的方向向前偏斜了一个角度。使冲向导轮的液流方向与导轮叶片之间的夹角变小，导轮上所受的冲击力矩也减小，液力变矩器的增扭作用亦随之减小。车速愈高，涡轮转速愈大，冲向导轮的液压油方向与导轮叶片的夹角就愈小，液力变矩器的增扭作用亦愈小；反之，车速愈低，液力变矩器的增扭作用就愈大。因此，与液力耦合器相比，液力变矩器在汽车低速行驶时有较大的输出扭矩，在汽车起步、上坡或遇到较大行驶阻力时，能使驱动轮获得较大的驱动力矩。

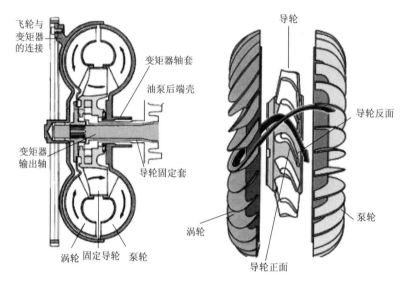

图 3 – 4 液力变矩器起步时增扭的工作原理图（图中为便于理解已经把外壳脱去）

当涡轮转速随车速的提高而增大到某一数值时，冲向导轮的液压油的方向与导轮叶片之间的夹角减小为零，这时导轮将不受液压油的冲击作用，液力变矩器失去增扭作用，其输出扭矩等于输入扭矩。

若涡轮转速进一步增大，冲向导轮的液压油方向继续向前偏斜，使液压油冲击在导轮叶片的背面（图 3 – 4 中未画出），这时导轮对液压油的反作用扭矩 M_s 的方向与泵轮对液压油的扭矩 M_e 的方向相反，故此涡轮上的输出扭矩为二者之差，即 $M_t = M_p = M_e - M_s$，液力变矩器的输出扭矩反而比输入扭矩小，其传动效率也随之减小。

涡轮上的输出扭矩与泵轮上的输入扭矩之比，称为液力变矩器的变扭系数，或称为变扭比，一般用 K 表示，即

$$K = M_t/M_e = (M_e \pm M_s)/M_e$$

根据液力变矩器传动效率的计算公式，可得

$$\eta = P_t/P_p = (M_t \times n_t)/(M_e \times n_e) = [(M_e \pm M_s)/M_e] \times (n_t/n_e) = K \times n_t/n_e$$

由上述分析可知，当涡轮转速较低时，变扭系数 $K > 1$，液力变矩器的传动效率高于液力耦合器的传动效率；当涡轮转速增加到某一数值时，变扭系数等于1，液力变矩器的传动效率等于液力耦合器的传动效率；此后，若涡轮转速继续增大，液力变矩器的传动效率将小于液力耦合器的传动效率，其输出扭矩也随之下降。

因此，上述这种液力变矩器是不适合实际使用的。但我们马上会想到若把固定导轮的变矩器改成沿发动机旋转方向可转动，而反向不能转动的单向可滑转的导轮是不是偶合器和变矩器的优点全兼顾了。

第三节　综合式液力变矩器结构与工作原理

目前装用自动变速器的汽车上，使用的变矩器都是综合式液力变矩器，它和第二节液力变矩器的不同之处在于它的导轮不是完全固定不动的，而是通过单向超越离合器（又称单向啮合器或自由轮离合器）支撑在固定于变速器壳体的导轮固定套上（图 3 – 5 所示为综合式液力变矩器）。这一单向超越离合器使导轮可以朝顺时针方向旋转（从发动机前面看），但不能朝逆时针方向旋转。

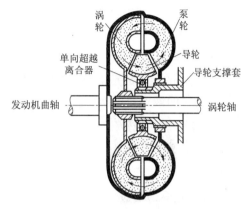

知识点滴：导轮能在变矩器内与发动机同向转动，而反向锁止不动。

图 3 – 5　综合式液力变矩器

当涡轮转速较低时，从涡轮流出的液压油从正面冲击导轮叶片正面，如图 3 – 6 所示，对导轮施加一个朝逆时针方向旋转的力矩，但由于单向超越离合器在逆时针方向具有锁止作用，将导轮锁止在导轮固定套上固定不动，因此这时该变矩器的工作特性和液力变矩器相同，即具有一定的增扭作用（变扭系数 $K > 1$）。当涡轮转速增大到某一数值时，液压油对导轮的冲击方向与导轮叶片之间的夹角为零，此时变扭系数 $K = 1$。

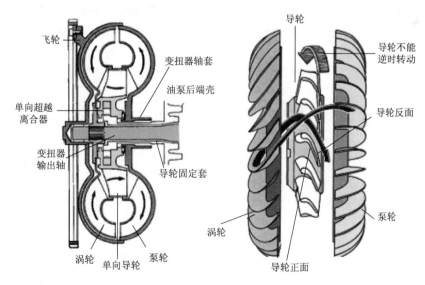

图 3 – 6　综合式液力变矩器工作原理

若涡轮转速继续增大，液压油将冲击导轮叶片的背面，对导轮产生一个顺时针方向的扭矩。由于单向超越离合器在顺时针方向没有锁止作用，可以像轴承一样滑转，所以导轮在液压油的冲击作用下开始朝顺时针方向旋转。由于自由转动的导轮对液压油没有反作用力矩，液压油只受到泵轮和涡轮的反作用力矩作用，因此这时该变矩器不能起增扭作用，其工作特性和液力耦合器相同。这时涡轮转速较高，该变矩器亦处于高效率的工作范围。

导轮开始空转的工作点称为耦合点。由上述分析可知，综合式液力变矩器在涡轮转速为零至耦合点的工作范围内按液力变矩器的特性工作，在涡轮转速超过耦合点转速之后按液力耦合器的特性工作。因此，这种变矩器既利用了液力变矩器在涡轮转速较低时所具有的增扭特性，又利用了液力耦合器在涡轮转速较高时所具有的高传动效率的特性。

综合式液力变矩器在发展过程中曾出现过许多很复杂的类型，这些类型可以用变矩器的元件数、级数和相数来表示。

1. 变矩器的元件数

变矩器的元件数是指变矩器中泵轮、涡轮、导轮的总个数，如3元件、4元件、5元件等。4元件的液力变矩器，它有一个泵轮、一个涡轮、两个带单向超越离合器的导轮。

2. 变矩器的级数

变矩器的级数是指涡轮的列数。只有一列涡轮的称为单级变矩器，有两列以上涡轮的称为多级变矩器。

3. 变矩器的相数

由于变矩器中离合器或制动器的作用，使变矩器在不同的工作范围内具有不同的工作特性。这种不同工作特性的个数就称为变矩器的相数。例如：综合式液力变矩器由于导轮中单向超越离合器的锁止和滑转而使变矩器的工作特性发生变化，以耦合点为界分别具有液力变矩器和液力耦合器两种工作特性，因此可称为2相变矩器。变矩器还可以通过增加带有单向超越离合器的导轮或泵轮的个数以及采用锁止离合器等方式，而成为3相、4相变矩器。

尽管各种结构复杂的变矩器在汽车自动变速器中曾有过成功的应用，但由于制造成本高，而且元件数多，引起的液力损失也较大，最高效率不如简单的3元件单级2相变矩器。

因此，目前轿车自动变速器上使用的变矩器都是3元件2相综合式液力变矩器，即我们讲的综合式液力变矩器。

❀ 第四节 带锁止离合器的综合式液力变矩器

变矩器是用液力来传递汽车动力的，而液压油的内部摩擦会造成一定的能量损失，因此传动效率较低。为提高汽车的传动效率，减少燃油消耗，现代轿车自动变速器都采用带锁止离合器的综合式液力变矩器。锁止离合器又分为压盘式（图3-7）、外装式、片式3种。

一、压盘式

这种变矩器内有一个由液压油操纵的锁止离合器，锁止离合器的主动盘即为变矩器壳体。从动盘是一个可作轴向移动的压盘，它通过花键套与涡轮连接。压盘背面后腔（图3-7中右侧）的液压油与变矩器泵轮、涡轮中的液压油相通，保持一定的油压（该压力称为变矩器压力，由阀体内变矩器调压区控制）；压盘左侧前腔（压盘与变矩器壳体之间）的液压油通过变矩器输出轴中间的控制油道A与阀板总成上的锁止控制阀相通。在非锁止工况（即变扭和耦合工况）时，压盘前面（图 3-7 中压盘左侧）的液压油从 A 油道进入 B 油道流出，去往水箱下的散热器，从而冲开压盘，使压盘向右移，处于分离工况。当锁止条件成熟时控制系统控制阀板的锁止区元件把 A 和 B 油道切换，即 B 进油 A 泄油（泄油和出油不一样）。B 进油时，压盘后的压力高于压盘前的压力，压盘左移，压盘摩擦材料和变矩器前壳的缝隙变小，节流作用更强，前后压力差增大。在前后两面压力差的作用下使压盘压紧在主动盘（变矩器壳体）上，如图 3-7 所示，这时输入变矩器的动力通过锁止离合器的机械连接，由压盘经减振盘直接传至涡轮输出，传动效率为 100%。另外，锁止离合器在接合时还能减少变矩器中的液压油因液体摩擦而产生的热量，有利于降低液压油的温度。现代车型的液力变矩器的锁止离合器压盘上还装有减振盘（与手动变速器离合器从动盘扭转减振器相同），以减小锁止离合器在接合的瞬间产生的冲击力。压盘式锁止离合器只有 A 和 B 两条油道。图 3-8 所示为带减振弹簧的压盘式锁止离合器实物图。

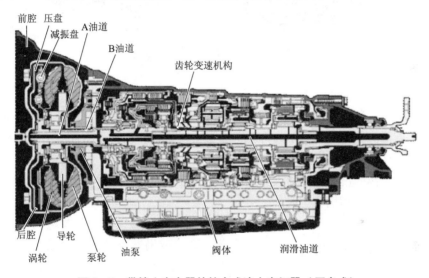

图 3-7　带锁止离合器的综合式液力变矩器（压盘式）

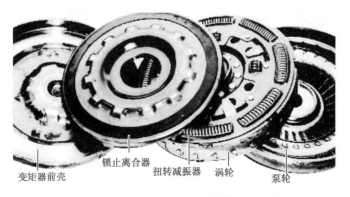

图 3-8　带减振弹簧的压盘式锁止离合器

二、外装式

有的车系在变矩器内无锁止离合器，只有挠性连接。泵轮的动力直接通过扭转减振器传至齿轮变速机构的离合器，此离合器在 3 挡、4 挡传递动力，所以此离合器相当于锁止离合器（例如89款大众高尔夫096、奥迪097变速器的K3离合器），只不过放到了变矩器外部。外装式锁止离合器变矩器也有两条油道，不过不能换向，已经淘汰。记住这种变速器的锁止离合器是变速器内的一个离合器K3。图3-9所示为只带扭转减振器的变矩器。

变矩器只有扭转减振器

变速器内K3离合器

图3-9 只带扭转减振器的变矩器

三、片式

现代变速器中采用片式锁止离合器的综合式液力变矩器在增多，这种变矩器的特征是变矩器前壳上呈碗形。图3-10所示为奔驰722.6变速器的片式锁止离合器结构。片式锁止离合器有A、B和C三条油道。

锁止离合器分离：A油道进油入变矩器，B油道出油至散热器，C油道泄油。此时可以完成变矩器的变扭工况和耦合工况。

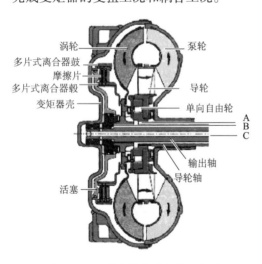

涡轮
泵轮
多片式离合器鼓
摩擦片
多片式离合器毂
导轮
变矩器壳
单向自由轮
A
B
C
输出轴
导轮轴
活塞

图3-10 片式锁止离合器结构图

锁止离合器锁止：A油道仍然进油入变矩器，B油道仍然出油至散热器，C油道进油至活塞左侧，推活塞右移将摩擦片压紧。此时动力经变矩器壳—多片式离合器鼓—摩擦片—多片式离合器毂—涡轮—输出轴。

变速器锁止离合器的锁止时机与变速器电脑的控制软件有关系。锁止控制阀由自动变速器电脑通过锁止电磁阀来控制，若是液控变速器则由调速器油压控制。自动变速器电脑根据车速、节气门开度、发动机转速、自动变速器液压油温度、操纵手柄位置、控制模式等因素（不一定全用上），按照设定的锁止控制程序向锁止电磁阀发出控制信号，操纵锁止离合器

锁止。

知识点滴1：液力变矩器锁止指在液力变矩器的泵轮与涡轮之间安装一个可控制的锁止离合器，当工况到达设定要求时，将泵轮与涡轮锁成一体，液力变矩器随之变为刚性机械传动。其目的如下：

（1）提高传动效率。锁止后消除变矩器内高传动比耦合工况时效率的低下，理论上说锁

止工况效率为1。锁止后功率利用充分，提高了动力性。

（2）由于效率提高，使转化为变矩器内的油摩擦生热的无效功率下降，从而减少了发动机冷却系电控风扇的功率消耗。

试验表明：锁止可使油耗减少5%～10%。由于锁止的控制实质上也属于换挡控制，只不过它是液力挡（Hydraulic 液力）与机械挡（Mechanical 机械）之间的换挡问题，故也应研究其换挡规律与特性。

从理论上讲，锁止点应设在耦合点附近，充分利用变矩器自动适应性的长处，又减少因锁止而造成发动机转矩与转速的突变。但也有为了扩大高效区范围和避免在变矩器最高效率传动比点与耦合点之间效率的低下，而在效率对应的传动比点锁止。锁止点应视车辆用途、变矩器结构型式、与发动机的匹配以及与换挡规律设计等综合确定。如轿车的变矩器变扭比低，效率高，相应最高效率的传动比也大，此时最高效率的传动比和耦合点附近传动比相差不大，这之间效率基本上无下跌，为了提高锁止时的舒适性，宜取耦合点锁止，甚至还可以再推后，以缩小锁止时的转速差。对城市大客车、货车的锁止目的主要是提高效率，舒适性只是适当兼顾，故可在最高效率点附近锁止。

1. 单参数控制

（1）涡轮转速控制：在设计阶段，通常是根据发动机转速和高效率锁止点变矩器传动比换算出涡轮转速，应用时到达此涡转速时就可锁止。而且各挡均有锁止控制，低挡只有涡轮转速高时才锁止，以充分利用变矩器低速变扭功能，提高动力性；高挡涡轮转速较低时即可锁止。

（2）车速控制：这种控制属于高挡锁止方案，可避免低挡范围内频繁锁止，减少由此产生的冲击和磨损，它在城市、大客车上有采用。

2. 双参数控制

（1）按涡轮与泵轮的速比控制：实质是由泵轮转速（发动机转速信号）与涡轮转速双参数控制。可克服单参数控制的缺陷，使各个油门开度下都可得到合理的效率及动力性能。

（2）涡轮转速与节气门开度控制：不同油门下锁止的不同节气门开度的涡轮转速不同，节气门开度小时，涡轮转速低时就锁止，节气门开度大时，涡轮转速高时才锁止。这种方法在不同油门下可获得合理的锁止点。这种控制方法也较简单，结构上易于实现。

（3）车速与节气门控制：在节气门开度一定时，只有当车速达到某值时才锁止，可以实现高挡锁止，而低挡不锁止。现在应用较多的如丰田、大众、奔驰车系等。

通过不同车系锁止离合器锁止工况的坐标系的参数即可确定采用哪种控制方式。例如奔驰车系锁止主信号为车速和节气门开度。变速器的换挡、加减速、油温和油质状态、发动机负荷、发动机管理系统的影响为修正信号。图3-11所示为奔驰722.6五速变速器锁止时机控制主要参数。丰田车系A650E变速器也采用节气门开度和车速控制方法，修正信号有水温、涡轮转速、变速器油温、发动机转速。

新款的电控自动变速器汽车为了进一步节省燃油，采用提前锁止方式。为了防止锁止时的冲击，控制系统通过占空比电磁阀控制锁止油压，使锁止离合器的锁止更加柔和，使锁止时机提前。

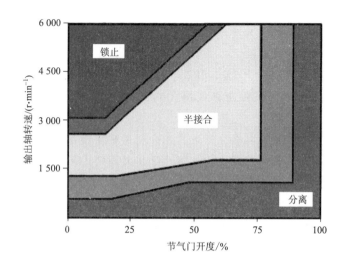

图3-11　奔驰722.6 五速变速器锁止时机控制主要参数

知识点滴2：滑差式锁止离合器。

滑差式锁止离合器也叫柔性锁止离合器。如果锁止离合器锁止时采用直接锁止无滑转，则发动机转矩变化将直接传至传动系。采用滑差式离合器，且目标允许最小滑转量大于发动机的转速变化量，则发动机的扭矩变化消失，发动机力矩变量也不传至传动系，这是因为该系统的压紧力、摩擦系数和滑转方向恒定不变，所以传递转矩也变为常数，从而达到减振目的。早期由于电控技术不发达而难于实现，现在车上大多采用此种控制的锁止离合器。图3-11 所示奔驰722.6 五速变速器即为滑差式锁止离合器。

电控锁止离合器的出现可以使锁止离合器的范围进一步扩大，它既可以滤掉发动机的转矩、转速变化的振动，而且还可进一步降低锁止点，在较低的发动机转速下工作，提高燃料经济性，此种技术已在几乎所有的现代车型中使用。

该系统锁止离合器由反馈控制向离合器提供油压，保持其滑转在目标值之内。将发动机（即泵轮）和涡轮（由变速器输出转速和行星齿轮传动比计算出）之间的转速差，反馈到电控单元，如实际滑转值比目标大时，它发出命令驱动电磁阀，进而使油压控制阀增大流向离合器的油压；反之，则减小油压。这样，由于反馈控制，使系统经常保持在目标值。它可以降低锁止点，扩大锁止离合器的工作范围，大大减小了液力变矩器低效率的工况区，特别是低速、重载时的滑转损失，加之它可使发动机在低转速区稳定工作，从而使实际油耗降低大约10%。当锁止离合器分离时，供油路被切断，变矩器工况恢复。

❀ 第五节　液力变矩器故障的判断与更换

自动变速器从修理角度上看，入门并不很难，这主要表现在它的拆装比较好学。修一台自动变速器和修一台手动变速器需要的时间大体相同。手动变速器修理很少有返工的，而修理自动变速器返工的事件经常有。自动变速器的难度不仅表现在它结构的复杂上，而还表现在它富于变化。有些故障的现象不好捕捉，实物检查也困难，好不容易汽车的宏观现象和坏的实物联系上了，换了实物过一段时间，可能实物又坏了，这就导致再找导致实物快速损坏的原因，而通过检查实物找到这个原因是非常困难的，有些是不可能的，所以对于自动变速器的修理，可以说理论推理和有效的确认手段是很重要的。

一、单向超越离合器故障

1. 汽车低速时车速上不去，加速不良

在低速区域车速上升非常缓慢，如 20～30 km/h 或 20～40 km/h 时（因车型不同，速度区域的宽度略有不同）速度上不去，过了低速区，到了中高速后汽车加速正常。这是典型的变矩器内单向超越离合器打滑的故障。

液力变矩器能否取得增矩效果，汽车低速行驶时的加速性能如何，主要取决于固定导轮的单向超越离合器。单向超越离合器只要不打滑，液力变矩器的增矩效果就可以得到保证，汽车低速时就会增速良好。

在增矩工况时，液流冲击导轮的正面，负责固定导轮的单向超越离合器一旦打滑，导轮就发生逆时针旋转，导轮改变液流方向的任务无法实现。导轮作用的消失使液力变矩器变成液力耦合器，丧失了增矩作用。

检修时，将手指从变矩器驱动毂处伸入，用手指直接旋转导轮的花键。因为本田汽车发动机为逆时针转动，所以导轮外圈应逆时针转动，顺时针锁止。其余所有的汽车发动机都是顺时针转动，所以导轮外圈应顺时针转动，逆时针锁止。如逆时针能转动，说明单向超越离合器滚柱或楔块磨损，锁止作用失效，必须更换液力变矩器总成。

2. 汽车中高速时车速上不去

汽车低速时加速良好，到了中高速后，车速上升缓慢，到了 70～90 km/h 时车速就几乎不再上升了。出现这种故障的原因很多，但属于液力变矩器的故障只有一种，就是支撑导轮的单向超越离合器发生卡滞。

液力变矩器进入耦合区后，涡轮和泵轮转速相等，油液流动角度变到了最小点，由冲击导轮的正面，改为冲击导轮的背面。这时导轮应进行旋转。如果此时导轮不旋转，导轮就成了障碍物，阻碍了油液的流动，也就阻碍了车速的提高。单向超越离合器的卡滞越严重，对汽车中高速时车速提速的阻碍就越大。

由于耦合区只发生在汽车中高速行驶时，所以单向超越离合器卡滞后，汽车在低速区域仍然能保持良好的加速性能。只有到中高速后，才会出现加速性能不足的故障。判断单向超越离合器是否发生卡滞，最简单的方法就是用手指沿单向超越离合器旋转方向（除本田汽车外，其余均为顺时针方向）旋转导轮花键。对于比较严重的卡滞现象，这种判断方法是很灵的。但任何故障的发展都有一个过程，单向超越离合器的卡滞也是逐渐加重的。在单向超越离合器轻微卡滞时，手感往往不准。

单向超越离合器在轻微卡滞阶段会和导轮发生摩擦，从而产生过热，在液力变矩器驱动毂上能看见蓝色的过热斑迹。单向超越离合器无论是卡滞还是打滑，都必须更换整个液力变矩器。用手指检查单向超越离合器是否发生故障的方法非常简单。但使用此法必须先拆下变速器。拆装变速器非常麻烦，下面介绍一种不拆变速器就可以检查出单向超越离合器故障的方法：失速试验法。

二、失速试验

1. 失速概念

如果涡轮固定不动，只有泵轮在旋转，这种工况称为失速。失速转速是当涡轮处于静止状态时，发动机所能达到的最高转速（在挡上，汽车没有行驶、油门踩到底时发动机所能达到的最高转速）。汽车的车型不同，发动机的功率也不同，失速转速标准值也不同。汽车的变矩器设计的变扭比不同，则失速转速标准值也不同。具体来说发动机功率大则此值高，变矩器的变扭比 K 大则此值高。失速转速标准值比较低的只有 1 200 r/min 左右，而失速转速标准值高的能达到 2 800 r/min 以上。大部分汽车液力变矩器失速转速处于 2 000 ~ 2 500 r/min。

为什么发动机功率大则此值高，变矩器的变扭比 K 大则此值也高呢？

因为涡轮不动时，可以认为阻力扭矩一定，发动机功率大时带动泵轮运动，$P = M \times n$，即功率 P 大时，失速转速 n 也跟着变大。

注意到变矩器在涡轮不动时处于增扭阶段，变扭比 K 最大，若设计上 K 很大，从导轮正面叶片返回的液流的增扭作用就强，由于有高强度回液流的支撑，泵轮转速会很高。所以正常的失速转速 n 也跟着变大。

2. 失速试验的目的

失速试验的目的是不拆下变速器而判断故障的具体部位，到底是变矩器、发动机还是变速器；是机械部分，还是液压控制部分；是倒挡，还是前进挡，是前进挡中哪个具体环节？另外，失速试验也用于修复故障重新装配后，检查故障是否已经排除。

3. 失速试验前的检查

（1）发动机本身不应有故障，否则不要做失速试验。

（2）首先热车，达到自动变速器标准的工作温度（60 ℃ ~ 80 ℃）。

（3）在温度正常的前提下检查自动变速器油的液面高度，其高度应在油尺 HOT 标记处，同时还应检查发动机润滑油液面的高度是否正常。

（4）因为发动机和自动变速器冷却较慢，因此不要在多于两个挡位上做失速试验。

（5）试验完后要怠速运转几分钟，使自动变速器油在熄火前冷却下来。

4. 失速试验

拉紧驻车制动器，用三角木塞住车轮，起动发动机，将制动踏板踩到底，保持踏住不放松。挂上驱动挡 D 挡，在 D 位检试前进挡位离合器，在 R 位检试倒挡位离合器。把节气门踏板踩到底，迅速观察转速表转速，然后立即放松节气门踏板（从踩到底到放松最好不要超过 5 s），使发动机回到怠速运转。在节气门全开位置上滞留时间过长，容易造成离合器和制动器烧蚀。

如图 3 - 12 所示，用三角木塞住所有的车轮，拉紧驻车制动，踩住制动踏板，起动发动机，用眼睛盯住发动机转速表，挂 D 挡，然后迅速将加速踏板踩到底。实际上若制动系统的刹车和手制动良好，可以不用三角木塞住车轮，只要车前和车后宽敞即可。

将加速踏板踩到底后，如失速转速明显超过上限值，应立即放松加速踏板，终止该项试

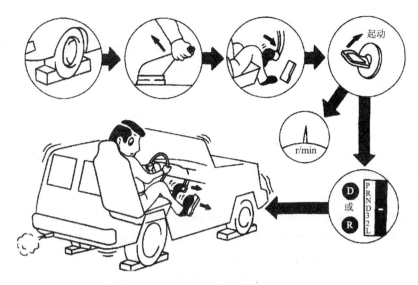

图 3－12　失速试验

验。节气门在全开位置上的时间为 3 s，不要超过 5 s。失速转速过高说明变速器内部的离合器或制动器已经发生打滑，继续试验会造成打滑的摩擦件烧蚀。

5. 失速试验结果的判断

（1）失速转速在上下限之间：说明发动机动力足，变矩器无导轮打滑故障，变速器内部主要元件也没有打滑。

（2）失速转速低于指标：说明液力变矩器输出转矩不足，故障起因可能源于两个方面，固定导轮的单向超越离合器打滑；或发动机自身输出动力不足。具体分析如下：

① 失速转速明显低于指标，通常为固定导轮的单向超越离合器打滑，使单向超越离合器锁止左转的作用丧失。

汽车起步和低速运转时，液力变矩器处于增矩工况，涡轮来的油液冲击导轮正面，导轮应锁止不转，油液才能改变液流方向，使液流方向和泵轮旋转方向一致。单向超越离合器打滑后，在增矩工况导轮应有的反作用就消失了。涡轮来的液流流经导轮时没有改变方向，直接返回泵轮，液流方向和泵轮旋转方向不一致，妨碍了泵轮旋转，使发动机动力受阻，转速减慢，转矩变小，发动机的失速转速明显低于指标。

知识点滴：导轮完全打滑时，失速值可以低到 $1/\sqrt{K}$，即若正常失速值为 2 100 ~ 2 400 r/min，变扭比 $K=2$，则导轮完全打滑时失速转速可低到 1 500 ~ 1 700 r/min。

② 失速转速略低于指标，应重点检查发动机点火和喷油及各缸的作功情况，看发动机动力是否充足。另外，失速试验时，锁止离合器如略有卡滞也会造成失速转速略低。

③ 失速转速高于指标，说明自动变速器的离合器、制动器或单向超越离合器打滑。具体分析见齿轮变速机构章节。

不知道车的正常失速转速时拿相同车型的较新的车做实试，假如为 2 250 r/min 左右，再上加 150 r/min，下减 150 r/min 左右，即此车的正常失速值为 2 100 ~ 2 400 r/min。太旧的车和资料上不让做失速试验的车，不能随便做失速试验，防止损坏变速器。

6. 失速试验中的噪声

失速试验中的噪声大是正常的，但如果出现金属的异响声就不正常了，应立即放松节气门。在失速试验时油液快速流动是噪声大的原因。而强烈的金属噪声则可能是源自变矩器内部出现的运动干涉。

失速试验时涡轮和涡轮轴都处于静止状态，变速器内部分施力装置虽处于工作状态，但所有的传动件并没有旋转，所以金属噪声不可能来自变速器。

失速试验中出现金属噪声，需做进一步检查。把车辆举升起来，将变速器置于 P 位和 N 位，在小的节气门开度下，仔细听来自液力变矩器壳体的噪声。只要确定金属噪声源于变矩器，就必须更换变矩器总成。

如果出现单向超越离合器卡滞，起步和低速时车速正常，但中速以后，特别是到了中高速时，车速就上不去了。单向超越离合器打滑时，汽车在低速时车速上不去，但中速以后车速上升就变得正常了。单向超越离合器打滑，除低速时车速上不去外，起步、重载上坡或重载走泥泞路时也明显感觉动力不足。单向超越离合器无论是打滑还是卡滞，一经发现必须立即更换液力变矩器。单向超越离合器损坏后，不仅会造成自动变速器工作不良，磨损产生的沉淀物还可能堵塞自动变速器的阀体，导致阀体卡滞，造成新的故障。

7. 锁止离合器故障的检修

锁止离合器引发的车辆故障主要表现为：车速上不去；没有超速挡；变矩器内在锁止工况时有振动和异响；中高速行驶中紧急制动时发动机熄火。

（1）紧急制动时发动机熄火。使用手动变速器的汽车，先踩离合器踏板，再踩制动踏板，以保证在制动力产生前中断发动机和传动系的动力联系。汽车的制动力矩远远大于发动机的有效转矩。所以紧急制动时必须中断发动机和传动系的联系。如不能及时中断二者的联系，紧急制动带来强大的惯性力就会让发动机熄火。使用自动变速器的汽车没有离合器踏板，当驾驶员开始踩下制动踏板时，制动开关立即通知自动变速器的电脑，电脑马上切断锁止电磁阀正极或负极，锁止电磁阀进入泄油状态，变矩器解除锁止。这一切都在强大的制动力还没有形成前就完成了。

汽车在中高速行驶中，紧急制动，如发动机熄火，说明锁止离合器没能及时解除锁止，发动机和传动系还保持着刚性联系。锁止离合器不能及时解除锁止的因素较多，可能是电控系统、液压系统和液力变矩器自身出故障。检测时，将钥匙开关拧到点火挡，一个人在车内踩制动踏板，另一个人在车下变速器油底壳处听动静，每踩一次制动踏板，变速器油底壳处都可以听到一次锁止电磁阀动作声"咔"。如听不到"咔"声，说明故障在电路上。详细情况见控制系统。检修时拆下控制阀或油泵，检查锁止继动阀是否发生卡滞，详见阀体。如电控系统和液控系统没有故障，那就说明锁止离合器是由于自身的原因无法解除或不能及时解除锁止，必须更换变矩器。

（2）锁止离合器振动。液力变矩器内大部分异响声发生在换挡杆在 P 位或 N 位起动时。变矩器锁止离合器的异响仅仅发生在变矩器的锁止工况，而在以下情况下应没有异响，或异响立即中断。

① 发动机空挡运行时没有异响。

② 发动机、变速器温度较低时没有异响。

③ 汽车低速行驶时没有异响。

变矩器锁止离合器的异响出现后，轻踩制动踏板（使制动踏板臂和制动开关脱离接触即可），异响声应立即中断，放松制动踏板后，异响声又立即出现。锁止离合器振动时，整个传动系都能听到，响声非常明显。反复轻踩几次制动踏板，如每次都是踩制动踏板时，异响声立即中断，放松制动踏板时异响声又立即出现，说明异响是由于锁止离合器振动引起的。

造成锁止离合器振动的直接原因是进入锁止工况后，锁止离合器的压盘和变矩器壳之间无法进入锁止，其具体原因有以下几方面：

① 油泵内铜套磨损泄漏，压力不足造成打滑。

油泵内铜套磨损泄漏，进入锁止工况时，变矩器内压力不足，从而造成压盘打滑，而且油泵前油封更易漏油。

自动变速器油（ATF）和发动机润滑油颜色不同。为了和发动机润滑油区别，也为了容易查找泄漏部位，现代的自动变速器油都是红色的、亮晶晶的。如果二者都被严重污染，会变成黑色，整个变矩器湿乎乎的，在颜色上无法区别。如果发动机润滑油泄漏，会在变速器外壳上留下一层油膜，如果是油泵上的油封漏油，会使油泵壳体变湿。

② 压盘上的摩擦环被污染。自动变速器工作中磨损下来的金属颗粒，随着油液循环，汇集到离合器压盘和前壳体之间，脏油污染了离合器盘上的环形摩擦片。锁止工况时摩擦力矩不足会造成锁止离合器振动。

检修时，拔出油尺检查。如自动变速器油变黑，离近了能闻到一种恶臭味，说明离合器或制动器已经烧蚀。变矩器振动的原因可能是脏油污染。维修时应彻底清洗变矩器。

③ 压盘和变矩器壳间接触不良。拆下变速器，将百分表架在发动机后端部固定好，将百分表触针垂直打在变矩壳非输出端离合器压盘上摩擦环的位置，将曲轴旋转一圈，变速器壳的端部跳动应小于 0.20 mm。端部跳动过大会造成离合器压盘和变矩器壳接触不良，导致发生振动。出现此类故障必须更换变矩器。

④ 变矩器调压阀弹簧过软。此故障多见在行驶里程为 30 万千米左右的早期车上，弹簧过软，会造成锁止油压不足而发生振动。

变矩器的振动，实际上是压盘因摩擦力矩不足而反复撞击变矩器壳。虽然不会马上造成对发动机和变速器的破坏，但还是应更换变矩器，以免发生更严重的故障。

脉冲式锁止电磁阀弹簧过软会出现此现象。

8. 锁止离合器工作状态的检查

汽车车速上不去，经初步检查，发动机工作正常，故障出在自动变速器。自动变速器可能造成汽车车速上不去的故障有以下两个问题：

① 锁止离合器没有进入锁止工况；

② 液压系统的离合器和制动器打滑。

为了更准确判断故障，可通过试车检查锁止离合器的工作状态。

（1）试车前准备工作。在进气歧管处接上真空表，如车内没有发动机转数表（有的仪表上没有发动机转速表），还需另接一个发动机转速表。热机，使发动机、变速器达到正常工作温度。

（2）锁止离合器分离情况检查。

将汽车车速稳定在80 km/h行驶，在保持车速的同时，轻微地点制动踏板（使制动踏板臂和制动开关刚刚脱离接触）。在正常的情况下，没有点制动踏板前，液力变矩器应该已经进入锁止工况。而踏板臂只要和制动开关脱离接触，液力变矩器就应立即解除锁止。在解除锁止的瞬间，曲轴不用直接带动涡轮旋转，使发动机负荷下降，所以轻点制动踏板（没有进入制动状态）时，发动机的转数、进气歧管的真空度应该增加。如轻点制动踏板后，发动机的转速和进气歧管真空度均保持不变。那就有以下两种可能：

① 液力变矩器无法进入锁止工况；

② 液力变矩器不能解除锁止工况。

汽车仍在保持80 km/h车速时，轻点制动，发动机转数没有变化，做一次紧急制动。紧急制动后发动机熄火，说明变矩器不能解除锁止。

9. 液力变矩器内部干涉的检查

发动机在P位或N位起动时，若听到变速器内有异响声，应首先检查变矩器（此时为空挡位，变速器传动机构还未参与工作）。

（1）检查导轮和涡轮间是否发生干涉。将变矩器输出端向上，放在工作台上，将涡轮轴（变速器输入轴）插入变矩器，并确保完全入位。将油泵输出端向上，装入涡轮轴，在油泵完全装配到位后，用手固定变矩器和油泵，使它们保持不动。分别在顺时针和逆时针两个方向上旋转涡轮轴，如图3－13所示。如转不动涡轮轴，或手感发紧，或转动时能听到变矩器内部的刮碰声，说明该变矩器内部的导轮和涡轮发生了运动干涉。变矩器不允许打开（打开会破坏动平衡），只能整个更换变矩器。

（2）检查导轮和泵间是否发生干涉。将油泵输入端向上，放在工作台上，将变矩器输出端向下，装入油泵，待油泵完全装配到位（油泵输出端缺口已卡入油泵驱动键，导轮的花键也与油泵的支撑花键连接），然后用手固定住油泵，使其保持不动。逆时针旋转变矩器，如图3－14所示，如变矩器转动不畅或产生干涉噪声，那么这个变矩器必须更换。

图3－13　检查导轮和涡轮间干涉

图3－14　检查导轮和泵轮间干涉

在检查导轮与涡轮、导轮与泵轮是否干涉的过程中，用手固定油泵，实际就是固定住导轮。检查导轮与涡轮是否干涉时，旋转涡轮轴，实际上就是旋转涡轮。检查导轮与泵轮是否干涉时，旋转变矩器，实际上就是旋转泵轮。

10. 维修液力变矩器时需注意的事项

（1）液力变矩器的动平衡。液力变矩器充当发动机的飞轮，所以它的动平衡非常重要。维修时需注意以下几点：

① 拆变矩器前，在飞轮壳和变矩器间作装配记号。装配时按原角度装配，最大限度地保证变矩器的动平衡。

② 飞轮齿圈损坏后，起动时起动机齿轮不能与齿圈正常啮合，如果齿圈是焊在挠性板上的，齿圈和挠性板一起更换。如果齿圈焊在变矩器壳上，齿圈和变矩器壳一起更换。在实际中也有挠性板变形或开裂导致动不平衡或加减速时开裂的挠性板异响。

（2）手工冲洗变矩器的方法。驱动毂面朝下，将变矩器里的脏油尽量倒干净。驱动毂面朝上，倒入新自动变速器油，再将涡轮轴插到位，用手尽量快地旋转涡轮轴（涡轮随轴旋转），然后将输出端向下，用双手摇晃变矩器，尽量将变速器油倒干净。倒入新的自动变速器油重复上述工作，然后再次将变速器油尽量倒干净。再倒入洁净的自动变速器油，重复上述工作，把清洗后的自动变速器油也尽量倒干净。

（3）变矩器装配前需先加自动变速器油。变速器的自动变速器油是装车后才加的，而变矩器在装车前必须先加自动变速器油。如装车后再加自动变速器油，发动机工作时，因变矩器内缺油，容易造成锁止离合器烧蚀，同时伴随"嗡嗡"的变矩器缺油声。装配时一部分变速器油从变矩器内流出是正常的。

（4）液力变矩器径向圆跳动检查。把液力变矩器和曲轴连接好，把表架固定在发动机后端，百分表触针垂直打在变矩器的输出端上，并压缩 1 mm，用棘轮扳手将曲轴旋转 360°，看百分表针的摆动量。液力变矩器输出端插在油泵内齿轮上，油泵内齿轮和外齿轮的工作间隙通常小于 0.15 mm。如变矩器输出端径向圆跳动过大，就会造成工作时油泵内齿轮和外齿轮间冲击，导致油泵齿轮早期磨损，同时也损坏泵前的油封。变矩器输出端（驱动毂）径向圆跳动不得大于 0.20 mm。检查方法如图 3-15 所示。如变矩器输出端径向圆跳动过大，很可能是挠性板变形或与变矩器之间的连接螺丝力矩不一致，最后才是变矩器变形。

（5）液力变矩器装配时的注意事项。在拆装变矩器时严禁使用气动扳手。使用气动工具，若控制不好，挠性板和变矩器的连接螺栓有时会顶坏变矩器外壳，使锁止离合器不能正常锁止，造成变矩器损坏。

实践中修理人员在修理时丢了一个变矩器和挠性板之间的连接螺丝，只好用其他螺丝替代，不过长度却长了一点，结果使变矩器前壳被拧顶变形，导致变矩器报废。

若新安变矩器到飞轮上，再安装自动变速器时，先将变速器向前推到推不动的位置，然后在发动机前旋转发动机曲轴，使变矩器输出端的缺口和油泵上的驱动键完全对正（飞轮壳与发动机壳体后平面之间没有间隙），再拧紧飞轮壳和发动机壳体间的连接螺栓。优点是可

百分表压缩1 mm

测变矩器驱动轴套跳动量

图 3-15　变矩器输出端径向圆跳动检查方法

以检查液力变矩器径向圆跳动，缺点是可能损坏油泵前油封。

实际修理中也可以先把变矩器和变速器上油泵转子花键之间相拼装到位，然后把带变矩器的变速器整体抬上车。优点是不损坏油泵前油封，缺点是液力变矩器径向圆跳动检查不了。实际上只要小心，哪种方法都可。

（6）更换新变矩器时的注意事项。更换变矩器时，要注意它的外形尺寸与车上拆下的一致，因此更换用的变矩器必须与旧的型号相同。

以好的旧变矩器替换坏变矩器时，观察变矩器的整体高度与旧的是否一致；油泵驱动花键宽度、深度是否相同；油泵驱动轴套的直径是否一致；变速器的输入轴前的花键与现在的变矩器内的涡轮能否配合；导轮支撑套与现在变矩器的导轮花键能否配合；导轮支撑套和涡轮轴之间（现代车常把铜套支撑改成滚针轴承支撑）支撑类型是否相同等。

❀ 第六节　变矩器液压油的供给与冷却

变矩器的传动效率总是低于100%，也就是说在传递动力的过程中总有一定的能量损失。事实上这部分能量损失很大，而且危害很大。这些损失的能量绝大部分都被变矩器中的液压油以内部分子摩擦的形式转化为热量，并使变矩器中的液压油的油温升高。例如排量3.0 L的发动机，油门踩到底时（平时发动机并不总是油门踩到底）功率约150 kW，若效率是97%，则有4.5 kW热量损失，相当于4.5个电热棒。试想这些热量会使几升水温度很快升高至100 ℃，那给油加温岂不更快？为了防止液压油因温度过高而变质，必须将受热后的液压油送至冷却器进行冷却，同时不断地向变矩器输入冷却后的液压油。

变矩器中的液压油是由自动变速器中的油泵提供，从油泵输出的液压油经过涡轮轴中心孔进入变矩器内，受热后的液压油经过导轮固定套与变矩器轴套之间的间隙流出变矩器，经油管进入布置在发动机水箱附近或水箱内的自动变速器液压油冷却器，经冷却后流回自动变速器的油底壳。图3-16所示为丰田佳美A540E变速器的散热系统。

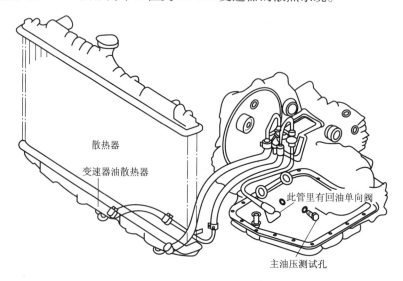

散热器

变速器油散热器

此管里有回油单向阀

主油压测试孔

图3-16　丰田佳美A540E变速器的散热系统

知识点滴：汽车使用时间长时，在发动机的散热系统会形成外部或内部堵塞，主要为散热器外部堵塞。春天的柳絮和泥土影响水箱散热器翅片的通风，形成外部阻塞，所以在换油时应对脏的散热系统加以清洗。发动机水冷和风冷系统正常才能保证正常的水和空气循环。

变速器油使用时间长时，在变速器的"散热系统"会形成堵塞，影响变速器散热。所以在换油时应对脏的散热系统加以清洗，洁净的变速器油才能保证正常的循环。高压洗车水枪的水柱会使散热器翅片变形，造成散热器通风能力下降，影响变速器散热。

第四章
油泵结构与工作原理

　　油泵是自动变速器最重要的总成之一。油泵由变矩器后驱动轴套上的缺口或花键驱动，一些前驱车在变矩器内伸出一根油泵轴驱动油泵。在发动机运转时，不论汽车是否行驶，油泵都在运转，为自动变速器中的变矩器、换挡执行机构、液压控制阀等部分提供所需的一定压力的液压油，以保证它们正常工作。常见的自动变速器油泵有5种类型：外啮合齿轮泵（本田车用，内容略）、内啮合齿轮泵、摆线转子泵、双行程叶片泵及变量泵，下面分别加以介绍。

❀ 第一节　内啮合齿轮泵结构与工作原理

　　内啮合齿轮泵是自动变速器中应用最多的一种油泵，各种丰田汽车自动变速器都采用这种油泵。它具有结构紧凑、尺寸小、质量轻、自吸能力强、流量波动小、噪声低等特点。内啮合齿轮泵主要由小齿轮、内齿轮、前端壳和后端盖四部分组成，如图4-1所示。月牙板只是前端壳的构造。

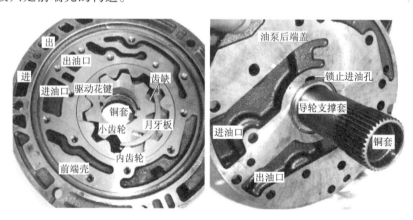

图4-1　内啮合泵实物图

　　知识点滴：油泵前壳体上的其余3条油道为：控制锁止离合器锁止的锁止油道、控制锁止离合器分离的分离油道和C0直接挡离合器接合油道。

　　小齿轮为主动齿轮，由变矩器后的花键槽驱动。内齿轮为从动齿轮，它通常安装在变矩器的后方。月牙形隔板（简称月牙板）的作用是将小齿轮和内齿轮之间的工作腔分隔为吸油腔和压油腔，使其彼此不通；泵壳上有进油口和出油口。

发动机运转时，变矩器壳体后端的轴套带动小齿轮和内齿轮一起朝顺时针方向旋转。此时，在吸油腔，由于小齿轮和内齿轮不断退出啮合，容积不断增加，以致形成局部真空，将液压油从进油口吸入，且随着齿轮的旋转，齿间的液压油被带到压油腔；在压油腔，由于小齿轮和内齿轮不断进入啮合，容积不断减小，将液压油从出油口排出。这就是内啮合齿轮泵的泵油过程。

油泵的理论泵油量等于油泵的"排量与油泵转速"的乘积，"排量"是油泵转一周排出液体的量。内啮合齿轮泵的排量取决于小齿轮的齿数、模数及齿宽，但实际上这些都是生产厂家的设计，不用我们考虑。

油泵的实际泵油量会小于理论泵油量，因为油泵的出油口和进油口总有一定的连通，导致泄漏。其泄漏量与连通的间隙的大小及输出压力有关，间隙越大、输出压力越高，泄漏量就越大。

第二节　摆线转子泵结构与工作原理

摆线转子泵是一种特殊齿形的内啮合齿轮泵，它具有结构简单、尺寸紧凑、噪声小、运转平稳、高转速性能良好等优点；其缺点是流量脉动大，加工精度要求高。

摆线转子泵由一对内啮合的转子及泵壳、泵盖等组成，如图 4-2 所示。内转子为外齿轮，其齿廓曲线是外摆线；外转子为内齿轮，齿廓曲线是圆弧曲线。内外转子的旋转中心不同，两者之间有偏心距 e。一般内转子的齿数可以为 8 个、10 个等，而外转子比内转子多一个齿。内转子的齿数越多，出油脉动就越小。通常自动变速器上所用的摆线转子泵的内转子都是 10 个齿。

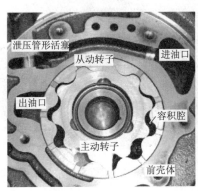 

图 4-2　摆线转子泵实物图

发动机运转时，带动油泵内外转子朝相同的方向旋转。内转子为主动齿，外转子的转速比内转子每圈慢一个齿。内转子的齿廓和外转子的齿廓是一对共轭曲线，它能保证在油泵运转时，不论内外转子转到什么位置，各齿均处于啮合状态，即内转子每个齿的齿廓曲线上总有一点和外转子的齿廓曲线相接触，从而在内转子、外转子之间形成与内转子齿数相同个数的工作腔。这些工作腔的容积随着转子的旋转而不断变化，当转子朝顺时针方向旋转时，内转子、外转子中心线右侧的各个工作腔的容积由小变大，以致形成局部真空，将液压油从进油口吸入；在内转子、外转子中心线左侧的各个工作腔的容积由大变小，将液压油从出油口排出。这就是摆线转子泵的泵油过程。

摆线转子泵的排量取决于内转子的齿数、齿形、齿宽及内外转子的偏心距。齿数越多，齿形、齿宽及偏心距越大，排量就越大。

有人说，摆线转子泵和内啮合泵一样，只是齿形不同，这种认识是错误的，实际上它们的差别很大。第一是内齿轮和小齿轮的齿数相差数目不同；第二是运油方式不同，一个是内齿轮与小齿轮共同形成的运油腔运油，另一个是内齿轮和小齿轮必须有月牙板才能形成运油腔。

第三节　双行程叶片泵结构与工作原理

双行程叶片泵由定子、转子、叶片、壳体、泵盖等组成，该种泵具有流量均匀、容积效率高等优点；但它结构复杂，对液压油的污染比较敏感。

转子由转子轴带动，绕其中心旋转；定子是固定不动的，转子与定子不同心，二者之间有一定的偏心距。图4-3所示为双行程叶片泵实物图。

图4-4所示为双行程叶片泵工作原理图。当转子旋转时，叶片在离心力或叶片底部的液压油压力的作用下向外张开，紧靠在定子内表面上，并随着转子的转动，在转子叶片槽内做往复运动。这样在每两个相邻叶片之间便形成密封的工作腔。如果转子朝顺时针方向旋转，在转子与定子中心连线的左右两半部的工作腔容积逐渐增大，以致产生一定的真空，叶片泵的排量取决于转子直径、转子宽度及转子与定子的偏心距。转子直径、转子宽度及转子与定子的偏心距愈大，叶片泵的排量就愈大。

图4-3　双行程叶片泵实物图

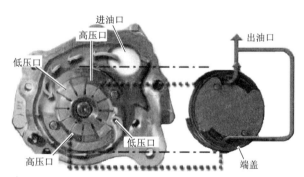

图4-4　双行程叶片泵工作原理图

第四节　变量泵结构与工作原理

上述3种油泵的排量都是固定不变的，称为定量泵。为保证自动变速器的正常工作，油泵的排量应足够大，以便在发动机怠速运转的低速工况下也能为自动变速器各部分提供足够大的流量和压力的液压油。

定量泵的泵油量是随转速的增大而成正比地增加的，发动机怠速一般在750 r/min，高速一般在6 000 r/min，二者泵油量相差在8倍左右。当发动机在中高速运转时，油泵的泵油量将大大超过自动变速器的实际需要，此时油泵泵出的大部分液压油将通过阀板上的主调压阀泄油返回油底壳，油泵泵油量愈大，其拖动油运转的阻力也愈大，试想一个排量小的泵和一个排量大的泵产生同样的压力时哪个做功要多些，因此这种定量泵在高转速时，过多的泵油量使阻力增大，从而增加了发动机的负荷和油耗，造成了一定的动力损失。

为了减少油泵在高速运转时由于泵油量过多而引起的动力损失，目前用于汽车自动变速器的叶片泵大部分都设计成排量可变的形式（称为变量泵或可变排量式叶片泵）。采用这种油泵的车型有福特、马自达、大宇等轿车。

这种叶片泵的定子不是固定在泵壳上，而是可以绕一个销轴做一定的摆动，以改变定子与转子的偏心距，从而改变油泵的排量。图4－5所示为马自达车系变量泵实物图。在油泵运转时，定子的位置由定子侧面控制腔内来自油压调节阀的反馈油压来控制。当油泵转速较低时，泵油量较小。油压调节阀将反馈油路关小，使反馈压力下降，定子在回位弹簧的作用下绕销轴向顺时针方向摆动一个角度，加大了定子与转子的偏心距，油泵的排量随之增大；当油泵转速增高时，泵油量增大，出油压力随之上升，推动油压调节阀（主调压阀用于控制油泵泵口油压）将反馈油路开大，使控制腔内的反馈油压上升，定子在反馈油压的推动下绕销轴朝逆时针方向摆动，定子与转子的偏心距减小，油泵的排量也随之减小，从而降低了油泵的泵油量，直到出油压力降至原来的数值。

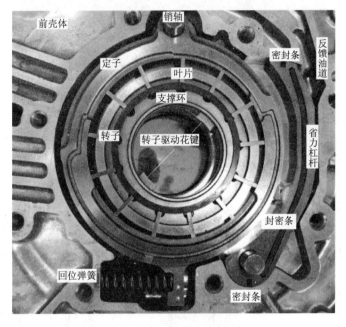

图4－5　马自达车系变量泵实物图

定量泵的泵油量和发动机转速成正比，并随发动机转速的增加而不断增加。变量泵的泵油量在发动机转速超过某一数值后就不再增加，保持在一个能满足油路压力的水平上，从而减少了油泵在高转速时的运转阻力，提高了汽车的燃油经济性。

知识点滴：省力杠杆上有一个长条形棕色油封和两个短条黑色油封，一旦损坏，则不能变量。

说明：图4－5马自达车系变量泵实物图中的内转子由于没有变矩器定心，转子空间位置不利于说明原理。正确的转子位置为转子与定子上下间隙相同，与右侧定子间隙较大，而与左则定子间隙较小。

第五节　奔驰副油泵

奔驰液控变速器是唯一带有副油泵的自动变速器，优点是可以在发动机的起动机不工作时若有牵引仍可以起动，同时还不损坏自动变速器的调速器。图4-6、图4-7所示为奔驰副油泵位置图。这也是唯一值得大家关注的液控变速器。因为实践中尽管奔驰车较高级，早期的四挡变速器也较多应用，不过也快消失了，就像化油器一样退出历史舞台。

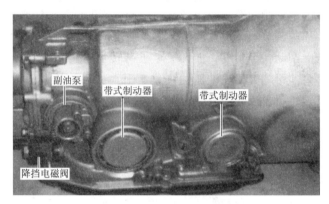

图4-6　奔驰副油泵位置图

发动机正常工作时副油泵主动齿轮和调速器之间的驱动连接在活塞作用下右移，花键驱动连接分离，副油泵不泵油。发动机不工作，但有外力牵引时，如图4-7所示活塞左侧没有油时，活塞在右弹簧作用下左移，花键驱动连接接合，油泵开始由下向上泵油。泵出的油向上去往主油路，向下去润滑调速器齿轮。

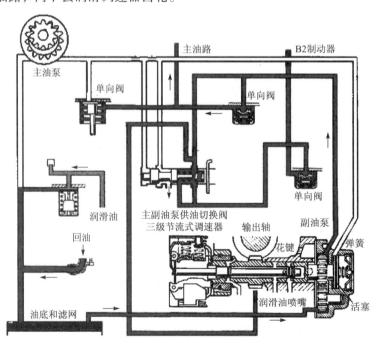

图4-7　奔驰副油泵油路图

第六节　油泵的检修

一、内啮合泵

1. 油泵的分解

（1）拆下油泵后端轴颈上的密封环。

（2）按照对称交叉的顺序依次松开油泵螺栓，打开油泵。

（3）用油漆在小齿轮和内齿轮端面上做一标记，取出小齿轮及内齿轮。一些自动变速器厂家已在齿轮的端面上用圆形坑、方形坑或三角形坑来作标记。

（4）拆下油泵前端盖上的唇形油封，装时别忘在唇口上涂上自动变速器油。

在分解油泵时应注意，对于油泵壳体为铝材料，例如宝马车系（ZF 公司配套）的一些油泵壳，不要损伤铝合金的油泵前端盖，不可用冲子在油泵齿轮和油泵壳上作记号。

2. 油泵零件的检修

（1）用厚薄规分别测量油泵内齿轮外圆与油泵壳体之间的间隙或内齿轮齿顶与月牙板之间的间隙（两数值一样），小齿轮及内齿轮的齿顶与月牙板之间的间隙如图 4 - 8 所示，小齿轮及内齿轮端面与泵壳平面的端隙如图 4 - 9 所示。将测量结果与表 4 - 1 对照，如不符合标准，应更换齿轮、泵壳或油泵总成。

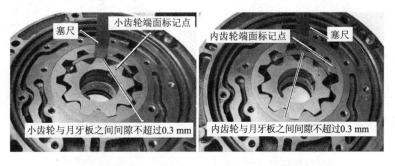

图 4 - 8　小齿轮及内齿轮的齿顶与月牙板之间的间隙

图 4 - 9　齿轮端隙测量

表 4 - 1　油泵测量标准

检查项目	标准间隙/mm	最大间隙/mm
内齿轮与壳体间隙	0.07 ~ 0.15	0.30
齿顶与月牙板间隙	0.11 ~ 0.14	0.30
齿轮端隙	0.02 ~ 0.05	0.10

（2）检查油泵小齿轮、内齿轮、泵壳端面有无肉眼可见的磨损痕迹。特别是油泵前后端盖的端面沟状磨损情况，这是不能用测量端面间隙测量的，但实际中会影响泵油量，如有可见磨损痕迹应更换新件。

以上检查是针对影响泵油量的因素的检修，实际在修理中还要检查和更换一些相关部件。

检查导轮支撑套是否变蓝，即检查变矩器导轮是否有烧蚀。这样检查有利于预见性修理或提醒。检查导轮支撑套管内前后铜套内径是否正确，有无严重的偏磨损。导轮支撑管内前后铜套用于密封锁止离合器分离油压，即通往变矩器锁止离合器前部分离油压，一旦泄漏量过大时，影响进入变矩器的油压过低会影响变矩器的传动效率，使油温升高，氧化变质，同时导致润滑压力过低，烧蚀各个单向超越离合器及行星排齿轮，如图 4 - 10 和图 4 - 11 所示。

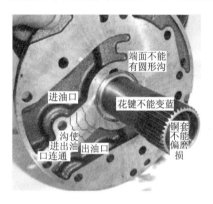

图 4 - 10　油泵后端盖检查

图 4 - 11　油泵前端盖检查

检查油泵前壳内铜套内径是否正确，有无严重的偏磨损。油泵前壳内铜套是用于密封锁止离合器锁止油压的，一旦泄漏量过大，会使锁止离合器因锁止压力不足而打滑，如图 4 - 12 所示。

知识点滴： 在图 4 - 11 中的进出油口之间的分隔平面若有刹车盘一样的圆状沟，测端隙方法不能检出，但也应更换，因为出油口的高压油会从圆状沟返回进油口。

油泵前壳唇形油封每次拆变速器后必须更换。因油封在拆变速器时很易损坏，加之它与变矩器后轴套之间的磨损，很易造成前油封漏油，所以必须更换。

有的人可能会提出疑问：此油封能密封从铜套和变矩器驱动轴套之间渗出的油吗？在设计时已充分考虑过这个问题，设计上在此油封和铜套之间做了个回油孔，渗出的油会从回油孔回油，一般不会渗出油来。但一旦出现唇口的损坏，油可以在旋转力作用下飞溅出来，如图 4 - 13 所示。

图 4 – 12　油泵前端盖正面

图 4 – 13　油泵前端盖 O 形油封

（3）油泵前壳 O 形油封每次拆变速器后必须更换。尽管油泵和变速器壳体之间有螺丝紧固，油也要在油泵和变速器壳体（无论两者之间有无密封纸垫）之间渗出来，向外渗时有油封密封，只能向油泵和变速器壳体间隙内渗油。但一旦此油封损坏时，很易造成前油封漏油，所以必须更换。

（4）油泵后端轴颈上的密封环，除铸铁密封环可以重复使用外，其他环均需更换。

3. 油泵的组装

用干净的汽油清洗油泵的所有金属零件，在清洗后的零件上涂少许液压油，按下列步骤组装。

（1）在油泵前端盖上装入新的油封。

（2）更换所有的 O 形密封圈，并在新的 O 形密封圈上涂液压油。

（3）按分解时相反的顺序组装油泵各零件。

（4）按照对称交叉的顺序，依次拧紧油泵盖螺栓，拧紧力矩为 10 N·m。

（5）在油泵后端轴颈上的密封环槽内涂上变速器油，安装新的尼龙密封环。

（6）检查油泵运转性能：将组装后的油泵插入变矩器中，转动油泵，油泵齿轮转动应平顺，无异响。若不平顺，可能有杂质夹在端面或力矩不正确。若转动有异响则应更换。

二、摆线转子泵

油泵零件的检修如下：

（1）用厚薄规分别测量油泵主动齿轮与从动齿轮相接触工作面的间隙，一般间隙很小或无间隙，如图 4 – 14 所示。测量主动齿轮及从动齿轮端面与泵壳平面的端隙，将测量结果与标准值对照，如不符合标准，应更换油泵总成。

（2）检查油泵主动转子、从动转子、泵壳端面有无肉眼可见的磨损痕

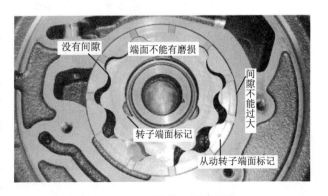

图 4 – 14　摆线转子泵的检修

迹。特别是油泵前后端盖的端面沟状磨损情况，这是不能用测量端面间隙测量的，但实际中会影响泵油量，如有磨损痕迹应更换油泵。

三、变量泵

1. 油泵零件的检修

（1）只有叶片泵才能变排量，所以变量泵的检修最终和叶片泵相同。测量主动转子及叶片端面与泵壳平面的端隙，将测量结果与标准值对照，如不符合标准，应更换油泵总成。

（2）检查油泵主动转子、叶片、泵壳端面有无肉眼可见的磨损痕迹，特别是油泵前后端盖的端面沟状磨损情况是不能用测量端面间隙测量的，但实际中会影响泵油量，如有可见磨损应更换油泵。

2. 变量泵安装注意事项

（1）有的转子两端端面并不一样大或端面的构造不同，所以朝向在拆开时应记清。这种泵支撑环和转子为铸铁材料，若出现垫起时，在拧端盖时很易碎裂。

（2）对于美国前驱车的变量泵，只有在阀板先竖立安装到变速器壳体上后，才能装油泵定子内部元件。若先装油泵内部元件，在向壳体上装配阀体时，阀体竖立后，转子会在重力作用下下落，使阀体安不到壳体上。粗心的修理人员此时可能用螺丝代阀体，结果使油泵转子和油泵后端盖损坏。严重时需更换整个阀板，造成几万元损失。图4-15所示为美国通用公司生产的4T60E变量泵，上海通用汽车国产化后为4T65E。

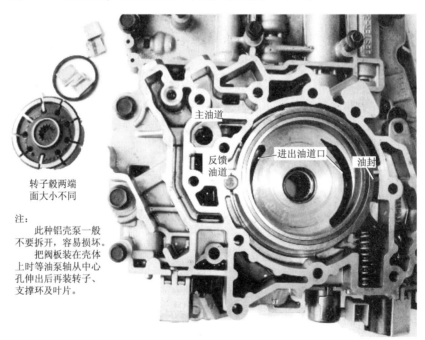

转子毂两端面大小不同

注：
此种铝壳泵一般不要拆开，容易损坏。
把阀板装在壳体上时等油泵轴从中心孔伸出后再装转子、支撑环及叶片。

主油道

反馈油道

进出油道口

油封

图4-15　美国通用公司生产的4T60E变量泵

✿ 第七节　油泵检修总结

其实这个总结也是机械部件检查修理的总结。概括为一句话，只要是机械件在工作中有运动接触的或工作中不存在运动接触但存在冷热变形的都要检查。

运动接触的磨损程度在相同时间内及相同时间内的不同区域内不同。在每一次检查中可以分为对结果有直接影响的相关性检修和对结果没有直接影响或根本没影响的非相关性检修。

预见性检修会扩大修理范围，减少车主的未来损失，增加服务人员和服务站的收入。现在预见性检修成为服务站提高业绩的主要方法，同行可以参考，但绝不应有意地扩大修理范围，做有失行业道德的事。

第一步：针对油泵，只能分析影响油泵泵油量变少的因素。所以油泵的出油口和进油口之间的所有连通间隙越小越好。油泵的机械运动磨损会增大间隙，所以类似的问题以后直接找运动接触。油泵磨损可发生在小齿轮和内齿轮与前后端壳的端面之间、小齿轮齿顶与月牙板内表面之间、内齿轮齿顶与月牙板外表面之间。因为内啮合泵的齿顶与月牙板之间及端面之间是油泵的出油口和进油口之间的连通，要想连通间隙小，只能是以上的三个间隙要小，因为它与结果有关系。

第二步：检查导轮支撑套是否变蓝，检查导轮支撑套管内前后铜套内径是否正确，有无严重的偏磨损等为油泵的预见性检修，它们的损坏不会影响泵油量。但如果是别的故障，例如怀疑变矩器内导轮烧蚀，则检查导轮支撑套是否变蓝变为直接检修。对结果没有直接影响或根本没影响的预见性检查，有利于提前消灭故障，应一并修理。

知识点滴：预见性检修是技术营销的主要手段，是修理行业新的利润增长点，也是修理行业走向成熟的标志之一。

第五章

齿轮变速器结构与工作原理

　　自动变速器中的变矩器虽然能够在很大的范围内实现无级变速，但由于变矩器只有在输出转速接近于输入转速时才具有较高的传动效率，而且它的增扭作用不够大，只能增加2～4倍，此值远不能满足汽车起步后迅速加速到高车速的使用要求。因此它在自动变速器中的主要作用是使汽车起步平稳，并在换挡时减缓传动系的冲击负荷。

　　汽车在行驶过程中主要是靠自动变速器中的齿轮变速器实现变速的，它能使扭矩再增大3～5倍。自动变速器中的齿轮变速器和传统的手动齿轮变速器一样，具有空挡、倒挡及4～7个不同传动比的前进挡，只不过它的挡位变换不是由驾驶员直接控制，而是由自动变速器的电控系统或液控系统（液控自动变速器早已淘汰）来控制，通过换挡执行机构动作来改变齿轮变速机构的传动比，从而实现自动换挡。

　　自动变速器中的齿轮变速器所采用的变速齿轮有普通齿轮和行星齿轮两种。采用普通齿轮的变速器由于尺寸较大，本田车系和奔驰车系五速变速器车型常采用。目前绝大多数轿车自动变速器中的齿轮变速器采用的是行星齿轮。这种齿轮变速器也称为行星齿轮变速器。本书主要介绍这种自动变速器。

　　行星齿轮变速器由行星齿轮机构和换挡执行机构两部分组成。行星齿轮机构的作用是改变传动比和传动方向，即构成不同的挡位；换挡执行机构的作用是控制行星齿轮机构实现挡位的变换。

　　本章的顺序是行星齿轮机构如何改变传动比（理论重点）；执行元件的结构和工作原理（实践修理重点）；最后详讲辛普森式、改进辛普森式、拉维娜式及类拉维娜机构4种主要形式的变速器（理论重点）。

✺ 第一节　行星齿轮机构结构与变速原理

一、行星齿轮机构类型和示意画法

　　行星齿轮机构有很多类型，其中最简单的行星齿轮机构是由1个太阳轮、1个齿圈、1个行星架和支撑在行星架上的三个或四个行星齿轮组成的，如图5-1所示为单行星轮行星排模型。

　　太阳轮、内齿圈及行星架有一个共同的固定轴线，也就是太阳轮的中心线；行星齿轮支承在固定于行星架的行星齿轮轴上，并同时与太阳轮和内齿圈啮合。当行星齿轮机构运转时，空套在行星架行星齿轮轴上的几个行星轮一方面可以绕着自己的轴线（行星架）旋转，另一方面又可以随着行星架一起绕着太阳轮回转，就像天上的行星的运动一样，兼有自转和公转两种运动状态，行星齿轮的名称即因此而来。

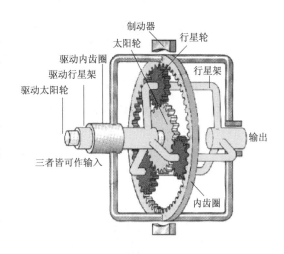

图 5-1　单行星轮行星排模型

在行星排中，具有固定轴线的太阳轮、内齿圈和行星架称为行星排的 3 个基本元件，只有基本元件之间作主动和从动才能实现变速。注意图 5-1 中行星轮没有固定的参考轴线，它的轴线就是行星架，大家在这里阅读时应注意。

如图 5-2 所示。在一个半径方向上，内齿圈和太阳轮之间有一个行星轮则称为单行星轮行星排。若在一个半径方向上，内齿圈和太阳轮之间有两个行星轮则称为双行星轮行星排。单行星轮行星排和单行星轮行星排组合称为辛普森机构，单行星轮行星排和双行星轮行星排组合称为拉维娜机构。

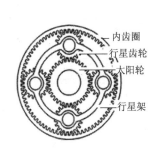
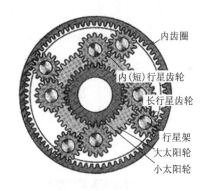

图 5-2　单行星轮行星排和单、双行星排前后组合的拉维娜机构

图 5-3 所示为齿轮变速机构的示意画法，只画行星排的上半部分。注意：图 5-3 上示意图对应下边示意画法，但下半部分省略，知道了示意画法就可以在很短的时间，用简单的线条说明整个变速器的内部结构了。图 5-3 中 C（Clutch）代表离合器、B（Brake）代表制动器、F（Free wheel）代表单向超越离合器，C、B、F 字母后的数字没有实际意义，例如：C0 和 C1 之间，0 和 1 只表示它们是不同位置的离合器。

多个行星排可按不同的方式组合分类。

按照行星排的组合方式不同，行星齿机构可以分为单行星轮行星排和单行星轮行星排之间组合式、一个单行星轮行星排和一个双行星轮行星排组合式。

例如：辛普森式机构是两个单行星轮行星排组合。其特点是前后排共用太阳轮、前排行星架和后排内齿圈相连并作为输出，如图 5-4 所示。图中前后排可以互换位置变成前排内

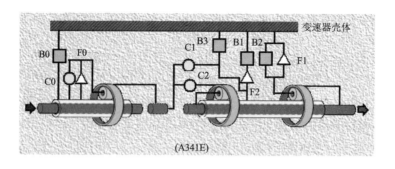

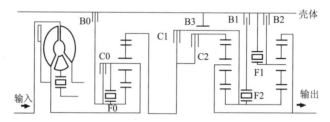

(A341E)

图5-3 凌志A341E变速器行星齿轮机构的示意画法

齿圈和后排行星架与输出轴相连并作为输出。

　　例如：单行星轮行星排与双行星轮行星排组合成拉维娜机构。其特点是一个单行星轮行星排和一个双行星轮行星排组合、前后排共用内齿圈、前排及后排长短行星轮共用行星架。如图5-5所示，前后排也可以互换位置。不过互换后，应以内齿圈和行星架分别作为输出，具体结构参考奔驰车系。

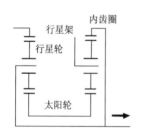

图5-4 辛普森机构（前架后圈输出）

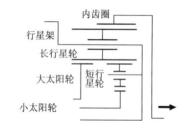

图5-5 拉维娜机构（内齿圈输出）

二、行星齿轮变速的基础知识

（1）两个齿轮外啮合时，主动件和从动件的旋转方向相反。

在行星排中，行星轮和太阳轮为外啮合关系。

（2）两个齿轮内啮合时，主动件和从动件的旋转方向相同。

内齿圈和行星轮的啮合为内啮合关系。自行车的车链和前后飞轮也都是内啮合关系。

（3）传动比等于从动齿数比主动齿数，也等于主动转速比从动转速。有齿时用齿数比，没齿时用转速比。

传动比为齿数比时永远是正值，而转速本身有正负方向，所以转速比可以出现负值，本书规定顺时针为正。

（4）多个齿轮连续啮合时，中间齿轮只起传力和换向作用，不起变速作用。

想一想，主动齿轮走一个齿，从动齿轮走一个齿，再从动齿轮走一个齿……最终的从动齿轮也只走一个齿。所以传动比仍为从动齿轮（最后一个齿轮）齿数比上主动齿轮（最开头的齿轮）齿数，与中间齿轮无关。例如，计算如图5-6所示传动比。

本例传动比可直接写为$Z_3/Z_1 = 20/20 = 1$，方向相反，而不用$(Z_2/Z_1) \times (Z_3/Z_2) = (40/20) \times (20/40) = 1$（当然也对）。

（5）多个齿轮副串联时，中间齿轮也起变速作用。

多个齿轮副串联时，传动比为各级传动比的乘积。例如，计算如图5-7所示传动比。

传动比为$(Z_2/Z_1) \times (Z_4/Z_3) = (40/20) \times (10/20) = 1$。

图5-6　多个齿轮连续啮合　　　　　　　图5-7　多个齿轮副串联

（6）"马拉车"和"自行车"原理。

① 太阳轮固定时，行星轮自转方向和行星架旋转方向相同。

② 内齿圈固定时，行星轮自转方向和行星架旋转方向相反。

人骑自行车时，车轮先转动，车轴后平动。马拉车时是轴先平动，车轮后转动。首先明确，轮转动先于轴平动就叫自行车原理，而轴平动先于轮转动就叫马拉车原理。如图5-8所示。

图5-8　人、自行车车身、马车车身和马的运动与车轴相同

人在骑自行车时，车轮在绕车轴顺时针自转。假设绕地球骑一周，车轴在地球外缘顺时针自转了一周。所以可以联想地球为太阳轮，车轮为行星轮，车轴为行星架。

可以看出，太阳轮固定时，行星轮自转方向和行星架的旋转方向相同，如图5-9所示。

马在拉车时，假设也绕地球一周，轴在绕地球顺时针自转时，轮也在绕轴顺时针自转（需转若干周）。

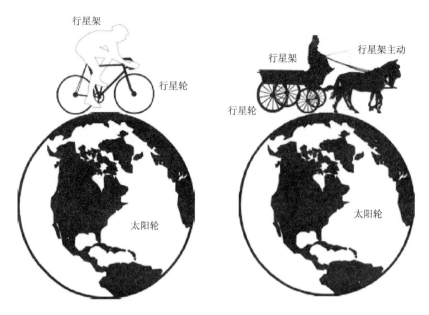

图 5-9　太阳轮固定时，行星轮的自转方向和行星架自转方向相同

可以看出，太阳轮固定时，行星轮自转方向和行星架旋转方向相同。可见马拉车原理和自行车原理结论相同。

人在内齿圈里骑自行车，马在内齿圈里拉车时又会怎样？用笔在纸上画一下，人在内齿圈里逆时针骑自行车时（仍是车轮先动），车轮在车轴上顺时针转动。马在内齿圈里也逆时针拉车时，车轮在车轴上顺时针转动。

所以可以联想车轮为行星轮，车轴为行星架，可以得出，内齿圈固定时，行星轮自转方向和行星架旋转方向相反。如图 5-10 所示。

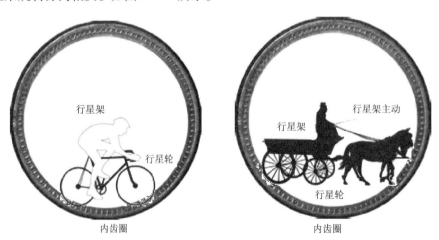

图 5-10　内齿圈固定时，行星轮的自转方向和行星架自转方向相反

马拉车原理和自行车原理结论相同，主要用于行星架初始方向的判别。

（7）轴和轮同时运动的分析。行星架自转方向与行星轮自转方向相同时，内齿圈的运动要加速。

如图 5 - 11 所示，轴不动，行星轮 1 s 顺时针自转一周时，传动带（内齿圈）转过 1 m。

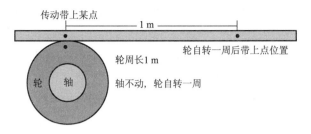

图 5 - 11　仅轮自身运动

如图 5 - 12 所示，1 s 时间轴向右平动 0.5 m，同时伴随在这 1 s 时间，行星轮顺时针自转一周时，传动带（内齿圈）转过 1.5 m。

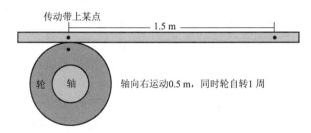

图 5 - 12　轴和轮同时运动

由以上两例对比可得出：行星架自转方向与行星轮自转方向相同时，内齿圈的运动要加速，这一点也可用下面的转速关系式证明。

（8）行星排 3 个基本元件的转速关系。

① 单行星轮行星排：$n_1 + \alpha n_2 = (1 + \alpha) n_3$　　　　　　　　　　　　　　　　（5 - 1）

② 双行星轮行星排：$n_1 - \alpha n_2 = (1 - \alpha) n_3$　　　　　　　　　　　　　　　　（5 - 2）

上述两式中：α 为内齿圈齿数和太阳轮齿数比，说明与行星排本身的结构特征有关系，很显然 $\alpha > 1$。实际中有个范围值，不能过大也不能过小。一般为 1.5 ~ 4.5。n_1 为太阳轮转速；n_2 为内齿圈转速；n_3 为行星架转速。

公式在单排中用于一者转速为零时求输入与输出的转速之比，即剩两者的比值；在复合排中用于列方程组，消去不是输入和输出的转速项，再求比值，即为复合排传动时机构的传动比。

公式的证明：在一般书上只说"根据分析"一句话直接得出，单行星齿轮单排的 3 个基本元件转速关系方程为

$$n_1 + \alpha n_2 = (1 + \alpha) n_3$$

式中：α 说明与行星排本身的特征有关；n_1 为太阳轮转速；n_2 为内齿圈转速；n_3 为行星架转速。

单行星轮行星排转速关系式证明：固定行星架时（即定轴），太阳轮 Z_1 带动内齿圈 Z_2 转动，传动比 Z_2/Z_1 即为 α，但显然主动齿轮和从动齿轮反向，所以传动比为 $-\alpha$，这负号代表主动齿轮和从动齿轮部分反方向。

由于这个传动比也可以用转速比 n_1/n_2 得出（这里 n_1 和 n_2 本身已是矢量，矢量本身已

有正负之分，即实际代入 n_1 和 n_2 转速数值时要带正负号，本书规定顺时针为正）。由转速比求得的传动比很显然要和齿数比求得的传动比相等，即 $n_1/n_2 = -Z_2/Z_1 = -\alpha$，这个式子是非常关键的。

在实际中，行星架可以运动的即为动轴，但假设人站在行星架上，观察太阳轮转速就为 $(n_1 - n_3)$ 和内齿圈的转速就为 $(n_2 - n_3)$。人站在行星架上相对于行星架不动，即为定轴系。此时可以应用上面定轴的式子得 $(n_1 - n_3)/(n_2 - n_3) = -Z_2/Z_1 = -\alpha$，把式子展开得 $(n_1 - n_3) = -\alpha(n_2 - n_3)$，再展开得

$$n_1 + \alpha n_2 = (1 + \alpha)n_3$$

此式的证明利用相对运动的原理，即把转动的行星架看成不动的，即以行星架为参照物观察太阳轮转速和内齿圈转速，从而把动轴系转化为定轴系。

这个公式的导出和应用对理解德国大众、宝马汽车自动变速器工作原理至关重要。

双行星轮行星排转速关系公式的证明：在双行星轮单排中，由于双行星轮共用同一个行星架，所以定轴时太阳轮传动内齿圈时传动比同向，大小就为 $Z_2/Z_1 = \alpha$，利用以动轴（行星架）为参照物可得 $(n_1 - n_3)/(n_2 - n_3) = Z_2/Z_1 = \alpha$，把式子展开即得 $(n_1 - n_3) = \alpha(n_2 - n_3)$，再展开得

$$n_1 - \alpha n_2 = (1 - \alpha)n_3$$

式中：α 说明与行星排本身的特征有关系；n_1 为太阳轮转速；n_2 为内齿圈转速；n_3 为行星架转速。

从这个式子可以看出相对双行星轮单排就是把单行星轮单排公式里的 α 前加了个负号。或者说直接把 α 换成 $-\alpha$。

使用公式时的注意事项：刚开始入门的同学一般硬套公式，经常范下列错误。

假设太阳轮转速设为 n_3，内齿圈转速仍为 n_2，n_1 为行星架转速。列式时仍用 $n_1 + \alpha n_2 = (1 + \alpha)n_3$，错误在乱用公式，正确的列式应为 $n_3 + \alpha n_2 = (1 + \alpha)n_1$，第一个 n 必须是太阳轮转速，第二个 n 必须是内齿圈转速，第三个 n 必须是行星架转速。而与 n 的下脚标没有关系，只与假设有关。

公式（5-1）和公式（5-2）的乱用：例如单行星轮行星排公式用了公式（5-2），双行星轮行星排用了公式（5-1）。

（9）行星排3个基本元件的齿数关系。

① 行星轮行星排：行星架虚拟齿数 Z_3 = 内齿圈齿数 Z_2 + 太阳轮齿数 Z_1

且行星架虚拟齿数 Z_3 > 内齿圈齿数 Z_2 > 太阳轮齿数 Z_1

② 双行星轮行星排：行星架虚拟齿数 Z_3 = 内齿圈齿数 Z_2 − 太阳轮齿数 Z_1

且内齿圈齿数 Z_2 > 行星架虚拟齿数 Z_3 > 太阳轮齿数 Z_1

由于设内齿圈齿数 Z_2/太阳轮齿数 Z_1 为 α，所以在假设太阳轮为一个齿时，内齿圈就为 α 个齿，行星架就为 $(1 + \alpha)$ 个齿，3个基本元件的齿数比已固定。在单排中一者转速为零时，可直接口算传动比。

齿数关系的证明如下。

单行星轮行星排齿数关系的证明：假设 $n_2 = 0$，代入公式（5-1）得太阳轮传行星架的传动比为

$$n_1 = (1 + \alpha)n_3$$

所以
$$n_1/n_3 = 1 + \alpha = 1 + Z_2/Z_1$$

由转速得的传动比应得齿数比 Z_3/Z_1（注意：Z_3 现在不知道多少个齿），n_1/n_3 应该得 Z_3/Z_1。

所以 $1 + Z_2/Z_1 = Z_3/Z_1$，展开得 $(Z_1 + Z_2)/Z_1 = Z_3/Z_1$，式中分母相等，则分子也必应相等，即

$$Z_3 = Z_1 + Z_2$$

证毕。

双行星轮行星排齿数关系的证明：假设 $n_2 = 0$，代入式（5-2）得 $n_1 = (1 - \alpha)n_3$，所以太阳轮传行星架的传动比为

$$n_1/n_3 = 1 - \alpha = 1 - Z_2/Z_1$$

由转速得的传动比应得齿数比 $-Z_3/Z_1$（行星架是反向运动）。

所以 $1 - Z_2/Z_1 = -Z_3/Z_1$，展开得 $(Z_1 - Z_2)/Z_1 = -Z_3/Z_1$，式中分母相等，则分子也必应相等，即

$$Z_3 = Z_2 - Z_1$$

证毕。

（10）单行星轮行星排中，太阳轮、内齿圈、行星架上的力矩分别为（规定顺时针为正力矩）

$$M_1 = F_1 r_1, \quad M_2 = \alpha F_1 r_1, \quad M_3 = -(1 + \alpha)F_1 r_1$$

式中：M_1 为太阳轮；M_2 为内齿圈扭矩；M_3 为行星架扭矩；r_1 为行星轮半径，F_1 为齿轮啮合边界切向力。

力矩比为

$$M_1 : M_2 : M_3 = 1 : \alpha : -(1 + \alpha) \tag{5-3}$$

公式（5-3）的证明：

行星轮在行星架上不自转，而行星架本身也不自转时，行星架的力矩与内齿圈和太阳轮两个作用在行星轮上的力矩之和相平衡。

r_1，r_2，r_3 分别分太阳轮、内齿圈、行星架的节圆半径。由于内齿圈和太阳轮的齿数比等于半径比，即 $\alpha = Z_2/Z_1 = r_2/r_1$，所以 $r_2 = \alpha r_1$，且 $2r_3 = (r_1 + r_2)$。r_3 为行星架与太阳轮的中心距。由行星轮 2 在水平方向上力的平衡条件可知：$F_1 = F_2$ 且 $-F_3 = F_1 + F_2$。

因此，太阳轮、内齿圈、行星架上的力矩分别为

$$M_1 = F_1 r_1, \quad M_2 = \alpha F_1 r_1, \quad M_3 = -(1 + \alpha)F_1 r_1$$

所以，$M_1 : M_2 : M_3 = 1 : \alpha : -(1 + \alpha)$ 证毕。继续往下推可得另一个结论，如不考虑摩擦损失，根据能量守恒定律，3 个元件上输入和输出的功率代数和应等于零，即

$$P_1 + P_2 - P_3 = 0$$

$M\omega$ 相当于 M_n（$P = M_n/9\,550$，且 $\omega = 2\pi n$），所以

$$M_1\omega_1 + M_2\omega_2 - M_3\omega_3 = 0$$

式中：ω_1，ω_2，ω_3 分别为太阳轮、内齿圈、行星架的角速度。

$$F_1 r_1 \omega_1 + \alpha F_1 r_1 \omega_2 - (1 + \alpha)F_1 r_1 \omega_3 = 0$$

约去 $F_1 r_1$，得 $\omega_1 + \alpha\omega_2 - (1+\alpha)\omega_3 = 0$，把式中 ω 换成转速 n 得

$$n_1 + \alpha n_2 = (1+\alpha) n_3$$

说明也可以推导出式（5 − 1）。

（11）单排行星齿轮机构有两个自由度。

理解为一个行星排中的 3 个基本元件，一个作为动力输入，一个作为动力输出。由于实际工作中，输出肯定是接有负载的，即输出一定接在有阻力的元件上起拖动作用。此时若第三者不受控制，因输出上接有负载，动力会定向传给第三者，因此不能直接用于变速。为了组成具有一固定传动比的传动机构，且动力输出定向，自由度必须限制为 1。限制方法在变速器内只有如下 3 种。

① 将太阳轮、内齿圈和行星架这 3 个基本元件中的第三者加以固定。即使其转速为零，也称为制动。这个比较容易理解，3 个基本元件中一个作为输入，被固定的一个不消耗动力，也不传递动力，所以只能从剩下的一个基本元件输出。

② 将第三个与输入或输出互相连接在一起（即两者转速相同），使行星排变为只有一个自由度的机构，获得确定的传动比，它的传动比是 1:1，称它为直接挡。

③ 使第三个元件运动受到一定约束，即让第三个元件与输出或输入在转速上有一定的比例关系。

以上 3 种限制自由度的方法中，第一种和第二种事实上是第三种方法的特例。第三种方法较难理解，只适用于双排传力的情况。例如：辛普森机构的 1 挡；对于改进辛普森，由于改进辛普森的自身结构为双排传力，可以是 1 挡或 2 挡；而拉维娜机构的双排传力为 2 挡。

行星排在运转时，由于行星齿轮存在着自转和公转两种运动状态，因此其传动比的计算方法和普通的定轴式齿轮传动机构不同。为了计算各种行星齿轮机构的传动比，下面先分析最简单的单排行星齿轮机构传动比的计算方法，其他各种型式的行星齿轮机构的传动比可以用同样的方法导出。由于在单排行星齿轮机构中，行星齿轮只起中间轮（惰轮）的作用，因此单排行星齿轮机构的传动比取决于太阳轮齿数 Z_1 和齿圈齿数 Z_2，与行星齿轮的齿数无关。

假设行星架不运动，很显然当太阳轮带动内齿圈运动时，传动比大小为 Z_2/Z_1，方向相反。那么设：$Z_2/Z_1 = \alpha$，事实上，一旦一个行星排从工厂生产出来，这个 α 值就是个定值，可以通过数内齿圈齿数和太阳轮齿数，求出某个行星排的 α 值。明确 α 是一个大于 1 的具体数，以后就用这个 α 来代表 Z_2/Z_1 的比值，进而反映这个行星排的特征。

由基础知识公式（5 − 1）或公式（5 − 2）可以看出，在太阳轮、内齿圈和行星架这 3 个基本元件中，可以任选其中两个基本元件分别作为主动件和从动件，只要第三个基本元件有确定的转速（零或某一数值），即可计算出该机构的传动比。下面分别讨论单行星轮行星排各种可能的情况。

三、单排行星齿轮传动比计算巩固性练习

（1）将内齿圈固定（暗含 $n_2 = 0$），以太阳轮为主动件，行星架为从动件，即可获得减速传动，如图 5 − 13 所示，其传动比 i 为多少？

按公式（5 − 1）的转速算法，得

$$n_1 + \alpha \times 0 = (1+\alpha) n_3$$

推出 $$i = n_1/n_3 = 1 + \alpha$$

由于齿圈的齿数 Z_2 大于太阳轮的齿数 Z_1，$\alpha > 1$，因而 $1 + \alpha$ 这一传动比的数值要大于 2。

　　知识点滴：假设太阳轮一个齿，则可知内齿圈为 α 个齿，行星架为 $1 + \alpha$ 个齿，根据传动比和齿数比计算公式，可直接口答传动比为：$Z_3/Z_1 = (1 + \alpha)/1 = 1 + \alpha$。

　　（2）将太阳轮固定，以内齿圈为主动件，行星架为从动件，即可获得减速传动，如图 5-14 所示，其传动比为 $i = n_2/n_3 = (1 + \alpha)/\alpha = (Z_1 + Z_2)/Z_2 = 1 + Z_1/Z_2$，由于太阳轮的齿数 Z_1 小于齿圈的齿数 Z_2，因而这一传动比 i 大于 1，但小于 2。

　　（3）将太阳轮固定，以行星架为主动件，齿圈为从动件，此时传动比为 $i = n_3/n_2 = \alpha/(1 + \alpha) = Z_2/(Z_1 + Z_2)$，该值小于 1，因此是增速传动，如图 5-15 所示，相当于超速挡。

　　（4）若将行星架固定，则行星齿轮的轴线亦被固定，行星齿轮只能自转，不能公转，行星排成为一个定轴式齿轮传动机构，而且太阳轮和齿圈的转向相反。此时若以太阳轮为主动件，齿圈为从动件，即可获得反向减速传动，其传动比为 $i = n_1/n_2 = -Z_2/Z_1$。此时，相当于倒挡（除奔驰车系以外，都适用），如图 5-16 所示。

图 5-13　太阳轮传行星架

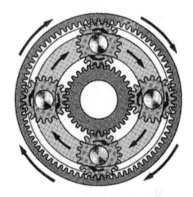

图 5-14　内齿圈传行星架

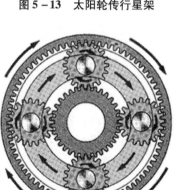

图 5-15　行星架传内齿圈

图 5-16　太阳轮传内齿圈

　　（5）若 3 个基本元件都没有被固定，各个基本元件都可以自由转动，则此时该机构具有两个自由度，因此不论以哪两个基本元件为主动件、从动件，都不能获得动力传递，即此时该机构失去传动作用而处于空挡状态。

　　（6）若将任意两个基本元件互相连接起来，也就是说使 $n_1 = n_2$ 或 $n_2 = n_3$，则由行星排的运动特性方程可知，第三个基本元件的转速必与前两个基本元件的转速相同，即3个基本元件将以同样的转速一同旋转。此时不论以哪两个基本元件为主动件、从动件，其传动比都是1，这种情况相当于直接挡。

仅靠单排行星齿轮机构是不能满足汽车在不同运行工况下对传动比的要求的，因而用于汽车自动变速器的行星齿轮机构通常是由2~3个单排行星齿轮机构组成的。这种行星齿轮机构同样也具有两个以上的自由度。为了使它具有确定的传动比，同样也要对它的某些基本元件的运动进行约束（即固定或互相连接），使它变为只有一个自由度的机构。当被约束的基本元件或约束的方式不同时，该机构的传动比也会随之不同，从而组成不同的挡位。通常可以有4~7个不同传动比的前进挡和一个或两个倒挡。当所有的基本元件都没有被固定时，即可得到空挡。上述单排行星齿轮机构的变速原理和传动比的计算方法同样适用于这种多排行星齿轮机构。只要该机构经约束后的自由度为1，其传动比都可以通过解由各个单排行星齿轮机构的运动特性方程组成的联立方程组来得到。

对单行星轮行星排举了很多例子，希望对读者有所启发。对于双行星排共同变速传动比计算方法应把握以下几点：

① 首先列两个行星排的转速关系式；

② 确定哪两个转速（输入和输出转速）的比值为所求传动比；

③ 消去共用速度项；

④ 乘积化交叉求出传动比。

在后边具体变速器传动中有例子，读者可根据所列方法推演，这里不再赘述。

◎ 第二节　换挡执行机构结构与工作原理

行星齿轮变速器的换挡执行机构和传统的手动齿轮变速器不同，行星齿轮变速器中的所有齿轮都是处于常啮合状态，它的挡位变换不是通过移动齿轮使之进入啮合或脱离啮合来进行的，而是通过以不同执行元件（离合器、制动器、单向超越离合器）对行星齿轮机构的基本元件（太阳轮、内齿圈、行星架）进行约束（即通过制动器固定某一个基本元件于壳体上或用离合器连接另一个基本元件）来实现的。通过适当地选择被约束的基本元件和约束的方式，就可以使该机构具有不同的传动比，从而组成不同的挡位。

行星齿轮变速器的换挡执行机构由离合器、制动器和单向超越离合器3种不同的执行元件组成，它有3个基本作用，即连接、固定和锁止。所谓连接是指将行星齿轮变速器的输入轴与行星排中的某个基本元件连接，以传递动力，或将前一个行星排的某一个基本元件与后一个行星排的某一个基本元件连接，以约束这两个基本元件的运动；所谓固定是指将行星排的某一基本元件与自动变速器的壳体连接，使之被固定住而不能旋转；所谓锁止是指把某个行星排的3个基本元件中的两个连接在一起，从而将该行星排锁止，使其3个基本元件以相同的转速一同旋转产生直接传动。换挡执行机构各执行元件通过按一定规律对行星齿轮机构的某些基本元件进行连接、固定或锁止，让行星齿轮机构获得不同的传动比，从而实现挡位的变换。

一、离合器结构与工作原理

离合器的作用是连接，即将行星齿轮变速器的输入轴和行星排的某个基本元件连接或将行星排的某两个基本元件连接在一起，使之成为一个整体。它是自动变速器中最重要的换挡执行元件之一。作为自动变速器换挡执行元件的离合器是一种多片湿式离合器（没油时反不能正常工作）。图 5-17 所示为 LS400A341E 变速器前进挡离合器的组成。

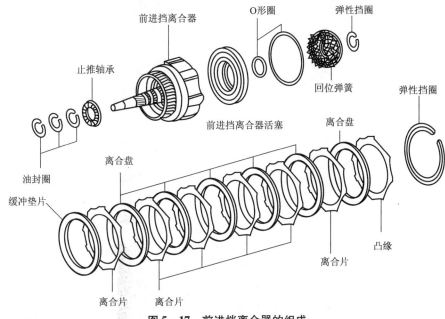

图 5-17　前进挡离合器的组成

离合器活塞安装在离合器鼓内。它是一种环状活塞，由活塞内外圆的密封圈保证其密封，从而和离合器鼓一起形成一个封闭的环状液压缸，并通过离合器鼓内圆轴颈上的进油孔和控制油道相通。钢片和摩擦片交错排列，两者统称为离合器片。钢片的外花键齿安装在离合器鼓的内花键齿圈上，可沿齿圈键槽做轴向移动；摩擦片由其内花键齿与离合器毂的外花键齿连接，也可沿键槽做轴向移动；摩擦片的两面均为摩擦系数较大的铜基粉末冶金层或合成纤维层，现在几乎都是合成纤维层的。

离合器鼓或离合器毂分别以一定的方式和变速器输入轴或行星排的某个基本元件相连接，一般离合器鼓为主动件，离合器毂为从动件，离合器毂与基本元件相连。本例中毂与内齿圈作成一体。当来自控制阀的液压油进入离合器液压缸时，作用在离合器活塞上的液压油的压力推动活塞，使之克服回位弹簧的弹力而移动，将所有的钢片和摩擦片相互压紧在一起；钢片和摩擦片之间的摩擦力使离合器鼓和离合器毂连接为一个整体，分别与离合器鼓和离合器毂连接的输入轴或行星排的基本元件也因此被连按在一起，此时离合器处于接合状态。图 5-18 所示为离合器的工作原理。

当液压控制系统将作用在离合器液压缸内的液压油的压力解除后，离合器活塞在回位弹簧的作用下压回液压缸的底部，并将液压缸内的液压油从进油孔排出。此时钢片和摩擦片相互分离，两者之间无压力，离合器鼓和离合器毂可以朝不同的方向或以不同的转速旋转，离合器处于分离状态。此时，离合器活塞和离合器片或离合器片和卡环之间有一定的轴向间隙，以保证钢片和摩擦片之间无任何轴向压力；这一间隙称为离合器的自由间隙，如图 5-19所示。其大小可以用挡圈的厚度来调整。一般离合器自由间隙的标准为 0.5～2.0 mm。离合器

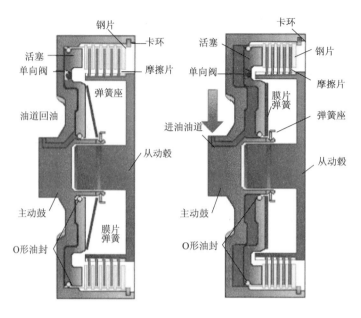

图 5-18　离合器的工作原理（左图分离，右图接合）

自由间隙标准的大小取决于离合器片的片数和工作条件。通常离合器片数越多或该离合器的交替工作越频繁，其自由间隙就越大（因为行驶时摩擦片会膨胀，使自由间隙过小）。

　　有些离合器在活塞和钢片之间有一个碟形环。它具有一定的弹性，可以减缓离合器接合时的冲击力。离合器处于分离状态时，其液压缸内仍残留有少量液压油。由于离合器鼓是随同变速器输入轴或行星排某一基本元件一同旋转的，残留在液压缸内的液压油在离心力的作用下会被甩向液压缸外缘处，并在该处产生一定的油压。若离合器鼓的转速较高，这一压力有可能推动离合器活塞压向离合器片，使离合器处于半接合状态，导致钢片和摩擦片因互相接触摩擦产生不应有的磨损，影响离合器的使用寿命。为了防止这种情况出现，在离合器活塞或离合器鼓的液压缸壁面上设有一个由钢球组成的单向阀。当液压油进入液压缸时，钢球在油压的推动作

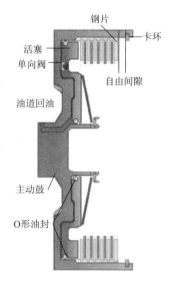

图 5-19　离合器的自由间隙

用下压紧在阀座上，单向阀处于关闭状态，保证了液压缸的密封；当液压缸内的油压被解除后，单向阀的钢球在离心力的作用下离开阀座，使单向阀处于开启状态，残留在液压缸内的液压油在离心力的作用下从单向阀的阀孔中流出，保证了离合器的彻底分离。

　　当离合器处于接合状态时，互相压紧在一起的钢片和摩擦片之间要有足够的摩擦力，以保证传递动力时不产生打滑现象。离合器所能传递的动力的大小主要取决于摩擦片的面积、片数及钢片和摩擦片之间的压紧力。钢片和摩擦片之间压紧力的大小由作用在离合器活塞上的液压油的油压及活塞的面积决定。当压紧力一定时，离合器所能传递的动力的大小就取决于摩擦片的面积和片数。在同一个自动变速器中通常有几个离合器，它们的直径、面积基本上相同或相近，但它们所传递的动力的大小往往有很大的差异。为了保证动力的传递，每个离合器所使用

的摩擦片的片数也各不相同。离合器所要传递的动力越大，其摩擦片的片数就应越多。一般离合器摩擦片的片数为 2~6 片。离合器钢片的片数应等于或多于摩擦片的片数，以保证每个摩擦片的两面都有钢片。此外，同一厂家生产的同一类型的自动变速器可以在不改变离合器外形、尺寸的情况下，通过增减各个离合器摩擦片的片数来形成不同型号的自动变速器，以满足不同排量车型的使用要求。在这种情况下，当减少或增加摩擦片的片数时，要相应增加或减少钢片的片数或增减调整垫片的厚度，以保证离合器的自由间隙不变。因此，有些离合器在相邻两个摩擦片之间装有两片钢片，这是为了保证自动变速器在改型时的灵活性，并非漏装了摩擦片。检查离合器主动片和从动片是否变形时，可以把两个片叠在一起，看它们中间是否有缝隙。检查压盘和锥盘是否变形时，可以把它们放在平台上用高度尺多角度进行测量。

离合器活塞回位弹簧有 4 种型式，即圆周均布螺旋弹簧、中央螺旋弹簧、波形弹簧和膜片弹簧，图 5-20 所示为回位弹簧的类型。

图 5-20　回位弹簧的类型

圆周均布螺旋弹簧式具有压力分布均匀、轴向尺寸小、成本低等优点，为绝大多数自动变速器的离合器所采用；其缺点是要占据较大的径向空间。

中央螺旋弹簧的轴向尺寸较大，而且压力分布不够均匀，因此较少采用。

膜片弹簧是采用一个由薄弹簧钢板制成的碟形膜片弹簧作为离合器活塞的回位弹簧。膜片弹簧的外圆被一个卡环固定在离合器鼓上，以此作为膜片弹簧工作的支点，并依靠自身的弹力使内圆端面压在离合器活塞上，从而使活塞靠向离合器鼓液压缸的底部，此时离合器处于分离状态；当液压油进入液压缸推动活塞时，膜片弹簧的内圆端面被活塞压向离合器压盘，使膜片弹簧变形，并通过膜片弹簧内外圆之间的一个环形部分推压离合器压盘，将离合器片压紧在一起。由于活塞的推力是通过膜片弹簧传给离合器压盘的，因此此时膜片弹簧相当于一个支点位于离合器鼓上的杠杆。根据杠杆原理，作用在离合器压盘上的压力将大于液压油作用在离合器活塞上的压力。因此，膜片弹簧式可以允许活塞有较小的尺寸。此外，膜片弹簧还具有理想的非线性弹性特性，液压油在推动活塞移动时要克服的回位弹簧弹力较小，而且随着活塞的移动，回位弹簧的弹力基本保持不变，使液压油的压力得到充分的利用，并且有省力杠杆的作用，液压油对活塞用很小的力，即可使活塞对钢片产生很大的压力。实际中很多制动器中也用膜片弹簧的杠杆原理。

波形弹簧在国内很少见。

20 世纪 90 年代末，在一些汽车的变速器上出现了离心平衡式离合器。离心平衡式离合器设计上取消了在活塞（或离合器鼓）上的单向阀，增加了密封片，如图 5-21 所示。在液压油路上除有离合压力供给油道外，还增加了用润滑油路为平衡室供油，分离后活塞内、外两侧的离心液压相互平衡，使离合器活塞在回位弹簧的作用了完全回位，增强了离合器的控制能力。

工作原理如下：

离合器在无离合压力转动时，活塞液压室剩余的变速器油液在离心力作用下推压活塞，同时在平衡室的油液离心力使之向相反方向推压活塞，结果是两力相抵，弹簧向左推动活塞回位。

离合器室受到离合压力时，离合压力大大超过对面的离心平衡室中弹簧的作用和离心压力，推动活塞，离合器接合。因为作用于离合器室油液的离心力与作用于离心平衡室中油液的离心力相互抵消，因此由离合鼓转动速度而产生的离心力影响消失，结果是在整个转动过程中都能得到稳定的活塞推力，使减少换挡振动成为可能。

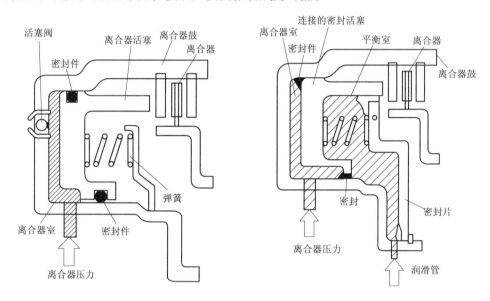

图5-21　有单向阀的离合器和取消了单向阀离心平衡式离合器结构对比

二、离合器的检修与装配

摩擦片的使用极限为片厚的1/2，摩擦片上的沟槽用来存自动变速器油，沟槽磨平后，自动变速器油就无法进入摩擦片与钢片之间。失去了自动变速器油的保护之后，磨损速度就会急剧加快，沟槽磨平后必须更换。摩擦表面上有一层保持自动变速器油的含油层。新拆下来的摩擦片用无毛布将表面擦干，用手轻按摩擦表面时应有较多的自动变速器油渗出。轻按时如不出油，说明摩擦片含油层已被抛光，无法保持自动变速器油，必须更换。摩擦衬片上有数字记号，记号磨掉后必须更换。摩擦片出现翘曲变形的、摩擦片表面发黑（烧蚀）的也必须更换。摩擦片表面出现剥落、有裂纹、内花键被拉毛（拉毛容易造成卡滞）、内花键齿掉齿等现象都必须更换。

1. 离合器摩擦片装配前和装配时的注意事项

（1）摩擦片装配前的注意事项。

① 摩擦片还可以继续使用的，需单独进行清洗。离合器中其余的零件可以用工业酒精

或化油器清洗剂清洗，除密封件外还可以用煤油清洗，但不可以用汽油清洗。用清洗剂作彻底清洗后，要用清洁的水反复冲洗零件表面，使其表面不含残存的清洗剂，然后用干燥洁净的压缩空气将所有的零件吹干，再在表面上涂一层自动变速器油，等待装配。离合器、制动器的摩擦衬片具有较强的吸附能力，一旦沾了清洗剂，就很难清除。摩擦衬片应用清洁的自动变速器油清洗（自动变速器油自身具有较强的清洁作用），清洗后自然干燥，等待装配。

② 装配前，摩擦片要在洁净的自动变速器油中浸泡。新摩擦片要浸泡 2 h，旧摩擦片要浸泡 15~30 min。浸泡后每个摩擦片要膨胀 0.03 mm，工作时受高温影响每个摩擦片还要膨胀 0.03 mm。如果一组为 6 个摩擦片，浸泡后要膨胀 0.18 mm。不浸油或浸油时间过短，无法测得正确的离合器工作间隙。离合器刚开始工作时，摩擦片因缺乏自动变速器油的保护，会加剧磨损。

（2）摩擦片装配时的注意事项。

① 旧片要换位。装配时如使用的是旧摩擦片，装配时最里边和最外边的摩擦片最好换一次位。

② 缺口要对正。部分离合器摩擦片花键上有一缺口，是动平衡标记，装配时注意将各片的缺口对正。

2. 离合器其他元件的检查

（1）离合器活塞回位弹簧的检查。离合器和制动器的回位弹簧中，最容易损坏的是低挡，尤其是倒挡制动器活塞的回位弹簧。它的工作行程和工作压力最大，所以最容易损坏。损坏后弹簧折断、弯曲变形，同时许多弹簧散落在弹簧座外边。检查时一目了然，维修时需整组更换回位弹簧。

离合器活塞回位弹簧工作行程和油压较小，很少损坏。拆卸离合器时，外观上看回位弹簧没有折断、散乱，就不必拆回位弹簧的卡环。回位弹簧卡环安装时如没有专用压具，将十分困难，而且很容易造成回位弹簧座变形损伤。回位弹簧主要检查其自由长度。凡变形、过短、折断的弹簧必须更换。

（2）压盘和从动片的检查。

① 压盘和从动片上的齿要完好，不能拉毛，拉毛易造成卡滞。

② 压盘和从动片表面如有蓝色过热的斑迹，则应放在平台上用高度尺测量其高度，或将两片叠在一起，检查其是否变形。出现变形或表面有裂纹的必须更换。

（3）锥形盘变形的检查。锥形盘应放在平台上，检查与平台之间是否漏进光线。

3. 离合器装配时注意事项

（1）注意锥盘的装配方向。离合器片最里端为锥形盘（在低挡、倒挡制动器中部分为膜片弹簧），大部分变速器锥形盘的凸起面一般对着摩擦片。但具体装配时需注意活塞的锥面，膜片弹簧和锥盘的锥面以及活塞锥面锥角的方向是一致的。

（2）离合器片装配技巧。如能先装花键毂后装离合器片的，一律先装花键毂，再逐片装入离合器片。前后离合器组合在一起的，装后离合器时，固定住后离合器壳或鼓，保持不动，用手旋转前离合器，花键毂即可轻松入位。

（3）压盘的装配。压盘的装配应注意装配方向，调整、选择压盘的厚度。绝大部分离合器压盘的平面应朝向摩擦片，但也有少数例外，拆卸前应做好标记。

（4）卡环的装配。离合器卡环的拆装通常用小扁螺丝刀，如缝隙过小可用磨尖的旋具。

自动变速器里所有的卡环即使是同一离合器壳内装两组离合器也不具有互换性，装配时，卡环的缺口要避开离合器壳上的切口。

（5）离合器活塞密封性和工作行程的检查。离合器活塞的工作行程，也是离合器的工作间隙。离合器工作间隙的大小与作用在离合器上的工作压力有关。通常超速挡离合器和前进挡离合器的工作间隙为 0.8 ~ 1.5 mm（具体间隙因车型而异）。高挡、倒挡离合器工作间隙通常为 1.6 ~ 1.8 mm。前者使用极限为 2.0 mm，后者使用极限为 2.2 mm。

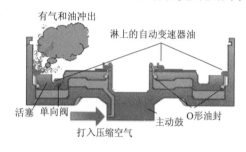

图 5 - 22　检查活塞的密封性

检测工作行程时，需用空气压缩机、压缩空气枪先检查活塞的密封性。然后再用空气压缩机、压缩空气枪、百分表和磁力表架检查离合器的工作行程。图 5 - 22 所示为检查活塞的密封性。如有气和油冲出，说明油封不密封或离合器鼓变形。

压缩空气保持在 2 kg/cm²① 的压力。把压缩空气枪对准进油孔，固定好离合器，把百分表抵住挡圈高台，开动压缩空气枪，从百分表摆差可

看出活塞的工作行程。如果间隙值太大应更换厚挡圈，如果间隙值太小应磨薄厚挡圈。修理上，如果自由间隙在未更换新件时突然变小，说明离合器片上沾了脏东西或片子已经变形。

如果没有空气压缩机，也可以用塞规检查自由间隙。把塞规片伸入卡环和压盘之间，即可测出离合器工作间隙。值得说明的是离合器的自由间隙测量前，离合器片必须用自动变速器油泡过。换新片要泡 2 h 以上，仍用旧片时一般要泡 15 min 以上。图 5 - 23 所示为检查前进挡离合器组件间隙。

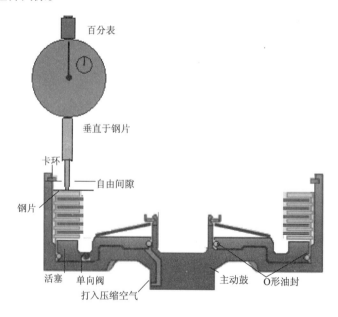

图 5 - 23　检查前进挡离合器组件间隙

---

① 1 kg/cm² = 9.806 05 × 10⁴ Pa。

（6）离合器活塞回位弹簧（压紧弹簧）的拆卸。离合器活塞回位弹簧（压紧弹簧）的预紧力较大，在拆卸或安装离合器压紧弹簧的卡簧时，最好使用专用的离合器弹簧压缩器。使用专用的离合器弹簧压缩器，一个人就可以轻松地完成拆装离合器活塞回位弹簧固定卡簧的任务。

由于不同的离合器在尺寸和外形上都略有差异，所以离合器弹簧压缩器实际上都是专用的。在没有专用工具时，通常需 3 个人配合，两个人用杠子往下压，一个人用卡簧钳进行拆装。

4. 离合器易发生的故障和维修方法

（1）总是烧蚀同一组离合器摩擦片。

① 故障原因。原因可能是蓄压器内太脏，造成蓄压器活塞卡滞，使离合器接合时间延长，或使离合器不能及时分离。离合器接合时间延长又叫上挡过迟，常常伴有换挡冲击，有明显的撞击声。在哪个挡的升挡过程中发生撞击声，就应检查负责该挡升挡离合器的蓄压器是否发生卡滞。

② 维修方法。卸下阀体，用手指按着卡滞的蓄压器活塞，用压缩空气枪将 2 kg 压缩空气从蓄压器并联油路注入，顶出蓄压器活塞；用压缩空气将蓄压器内全部脏物吹出；更换活塞密封圈，在零件上涂抹自动变速器油，重新装上即可。

（2）冷车时有挡，热车后没有挡。冷车时所有挡都有，热车后一部分挡或所有的挡都没有。

① 故障原因。此故障是由于离合器活塞发生卡滞。离合器内部工作温度过高会导致活塞变形，活塞的厚度明显大于离合器壳或离合器鼓。离合器壳和离合器鼓通常都是钢板制作的，而一部分离合器的活塞是铝做的，所以离合器活塞膨胀系数大于离合器壳和鼓的膨胀系数。冷车时二者变形量都有限，通常在冷车时不会发生卡滞。热车后活塞的膨胀系数明显大于离合器壳和鼓的膨胀系数，所以在热车时发生卡滞。出现这类故障的离合器，分解检查时，在离合器锥盘（推力盘）和从动盘上能看见离合器过热留下的蓝色过热斑迹。

② 维修方法。

a. 更换离合器总成。离合器活塞和离合器壳或鼓是配套加工的，不允许单独更换，要更换必须换总成。

b. 打磨活塞卡滞部位。热车卡滞的原因是活塞自身受热变形。将活塞变形后多出部位即发生卡滞部位，均匀地打磨，使活塞恢复正圆，换一新的活塞密封圈（活塞密封主要靠的是密封圈），离合器可以恢复正常使用，热机后不会再出现卡滞，也不会发生其他故障。

（3）离合器鼓缸套拉毛。

① 故障原因。此故障原因为主油压过高。过高的油压会把活塞油封和油封槽压在一起，使之不能转动，而造成活塞内部擦伤。主油压过高通常是由于主调压阀卡滞在不泄油一侧，或节气门油压过高造成的。

② 维修方法。

a. 更换离合器总成。

b. 主调压阀卡滞，可放在酒精中浸泡。浸泡后阀体立着放时，在干燥没有润滑的前提下，主调压阀依靠自身的质量在阀体中能滑动，故障即可消除。浸泡后如还发涩，可用 600

号金相砂纸（用自动变速器油浸泡30 min）或牙膏抛光。

c. 节气门油压过高的原因可能是节气门拉索过紧或真空调节器软管严重泄漏。维修时根据情况进行调整、更换即可。

（4）时滞时间过长。

① 故障原因。此故障是离合器工作间隙过大所造成的。离合器活塞的工作行程一般只有3～4 mm，离合器在结合过程中需先消除离合器间隙，然后才可能产生工作压力。离合器工作间隙过大，活塞的工作行程都消耗在间隙上，压紧力矩被削弱，离合器打滑。

② 维修方法。检查摩擦片的含油层和摩擦片的油槽是否被磨平，如磨损过度，应更换离合器摩擦片，如摩擦片还能继续使用，应换加厚的压盘。

（5）离合器活塞及密封圈漏油。

① 故障原因。此故障原因可能是装配不当，或自动变速器油过脏。O形密封圈不要用手直接套装。用手直接套装容易将密封圈拽长，破坏其密封性。

② 维修方法。

a. 离合器活塞的拆卸方法：先拆下离合器片和活塞的回位弹簧，然后用布将活塞包好，在离合器鼓下侧把布垫得厚些，将压缩空气气枪对准活塞的进油孔，用4 kg/cm² 的压缩空气把活塞顶出来，也可以把鼓倒过来，用塑胶锤击打鼓的底部，活塞便可慢慢滑下。小心拆下活塞内外密封圈。

b. 活塞单向阀检查：在用手摇晃活塞时，应听见单向阀在活塞内活动的声音。若听不见，说明单向阀已经卡死。用清洗剂打通单向阀后，单向阀关闭不严时更换活塞。

c. 密封圈的更换：大修包里的油封有新式和旧式两种，只能装活塞原有密封圈相同结构的。装唇形密封圈，要注意装配方向，装反了会发生卡滞。装O形密封圈不要拉伸，在活塞装配面和密封圈上涂上自动变速器油，用薄塑料片做成锥形，慢慢将油封推到位。

d. 活塞的装配。在缸筒内壁上涂上自动变速器油将活塞旋转装入。

（6）挡摘不下来。

① 故障原因。故障原因为离合器主、从动片摩擦焊接。离合器摩擦片使用时间过长，或摩擦片烧蚀后没有及时更换。在摩擦片含油层磨损后，失去了自动变速器油保护的摩擦材料会迅速磨损，发生主动片本体和从动钢片直接接触，发生摩擦焊接，离合器陷入永远结合状态，无法分离。

如前进挡离合器（前离合器）发生摩擦焊接，汽车在向前行驶状态下就会出现摘不下挡的怪现象。

如倒挡离合器发生摩擦焊接，在R位驱动状态下也会出现摘不下倒挡的故障。

高挡、倒挡离合器出现摩擦焊接，起步时会出现直接挡起步的故障。

② 维修方法。在分解离合器时如果发现下列这些现象，必须更换摩擦片。

a. 摩擦片表面出现粉末化现象，摩擦材料出现剥落。

b. 含油层被磨光，手轻按摩擦表面无渗油。

c. 摩擦片上油道被磨平。

d. 摩擦片变黑或出现一条环绕表面的黑线（工作温度过高，摩擦表面硬化）。

如离合器已经发生摩擦焊接，应更换离合器总成。

（7）冷车时所有挡都没有，热车后开始有挡。

① 故障原因。原因是离合器和制动器工作间隙过大。工作间隙过大，而活塞的工作行程是有限的，冷车时活塞压紧力矩不够，离合器和制动器处于严重打滑状态，挂不上挡。

热车后每一个摩擦片会膨胀 0.03 mm，使离合器和制动器工作间隙变小，活塞的压紧力矩相应加大，可以勉强实现升挡。但离合器和制动器的工作间隙还是超过极限，离合器和制动器在接合状况时，还是存在着严重的滑磨，所以汽车明显升挡慢，车速低，加速性能极差。

② 维修方法。必须及时更换间隙过大的离合器。如所有的离合器和制动器工作间隙都过大，而与上次维修的间隔里程又不是很长，应检查主油压是否过低。

注意：使用旧的离合器片时，要逐片检查有无翘曲变形（把两片合在一起检查），一些过热变形的钢片表面并没有过热斑迹。

5. 拆变速器前判断离合器摩擦片的早期磨损

修理工称离合器摩擦片的早期磨损为烧片子。烧片子是离合器也是自动变速器最易发生的故障。烧片子会直接导致离合器打滑。在没有拆自动变速器前，可以从以下几个方面检查离合器是否发生烧片子。

（1）检查自动变速器油的颜色和气味。颜色发黑，气味恶臭，说明发生了烧片子。

（2）上坡时做加速试验。上坡时猛踩节气门踏板，如发动机转速上去了，但汽车行驶速度没有明显增加，说明发生了烧片子。

（3）看散热器水温。烧片子后离合器打滑，由此会带来自动变速器油温急剧上升，由于自动变速器油冷却器和发动机冷却系统中的散热器设置在一起，发动机冷却液温度也随之上升，进而开锅。

注意：在任何情况下，自动变速器维修中都不要使用润滑脂和底盘润滑油。这些油脂不能被自动变速器油溶解，会堵塞小孔及通道，甚至会使单向球排油阀与它的座圈隔开，使油压建立不起来，而造成离合器打滑。在装配钢的或塑料的止推垫片或轴承时，为防止其位移，可以用凡士林黏结。离合器烧片子后必须彻底清洗变速器、变矩器和自动变速器油冷却器。清洗过程中禁止用汽油和棉纱。油压低是造成离合器打滑和烧片子的主要原因。如丰田佳美车油压低于 3.5 kg/cm^2 时，离合器就会打滑烧片子。所以出现离合器打滑和烧片子故障时，除了检查离合器自身外，还需检查活塞的密封情况和蓄压器等的工作情况。

6. 清洗零件时的注意事项

全部清洗过程严禁使用汽油。正确的清洗方法：首先把所有的摩擦件、离合器、制动器的摩擦片和制动带拿出来，合成纤维具有很强的吸附能力，对于它们只能用洁净的自动变速器油清洗，而不能用任何清洗剂。

其次在清洗过程中严格按程序办，才能保证质量。先用清洗剂，如酒精、化油器清洗剂（后者使用时浸泡不要超过 5 min）清洗；无论用什么清洗剂，清洗干净后，都必须用温水再次清洗，以彻底清除清洗剂；然后用干燥洁净的压缩空气吹干每一个部件；最后再在所有部件上均匀地抹上一层洁净的自动变速器油。为防止纤维会堵塞油道，擦拭零件时必须使用无毛布。

有些修理厂习惯于用汽油清洗零件，包括控制阀放到汽油盆里泡上几分钟，拿出来用压缩空气吹干后就进行装配，这是错误的。最好用酒精清洗，而且价格也比汽油低，挥发性还小，作为修理厂应该储备一些。

7. 在密封圈上需要注意的问题

密封圈更换的范围：在维修变速器时，拆到什么地方，密封圈就更换到什么地方。分解中凡是看到的密封圈基本上都应更换。新换上的密封圈在尺寸上一定要合适。如油泵上的密封圈应稍小于油泵的直径，蓄压器、伺服装置和离合器及片式制动器活塞上的密封圈内径应略小于活塞，外径又应略大于缸径。这样才能保证良好的密封性能。诸如离合器活塞的密封环等是靠外径密封的，往鼓内径里装时应感觉紧才对。安装前应检查密封圈环槽处有无刻痕和划伤，如有伤痕，可在自动变速器油中浸泡后用金相砂纸研磨其表面，然后清洗干净。

在密封件和它的装配面上，均匀地涂抹上自动变速器油，轻轻地推动，使密封件滑到装配位置，避免密封件被拽长，保证其密封性。密封圆环有铸铁的或聚四氟乙烯两种。其中铸铁密封圈装配时应略感发紧。而聚四氟乙烯的密封圈装配时若略感发紧，则可能是密封圈变形。这两种密封圈不仅材质不同，而且接口处搭钩形式也不相同。

这些密封环并不要求闭口密封。离合器支撑轴和变速器中其他轴一样也承担油道的任务。支撑轴上的密封环槽上有给离合器活塞提供工作油压的油眼，如密封环完全密封，离合器活塞就无法获得工作油压。但这些油封环又要保持相对的密封性，如漏装了密封环，或密封环搭钩形式不符合要求，或密封环变形严重（如聚四氟乙烯密封环过度膨胀，装配时感觉发紧），都会使其密封性严重受损，造成它所负责的离合器工作油压不足，离合器无法进入完全结合状态，工作时打滑严重，使离合器摩擦片过早地烧蚀。油泵支撑轴上铸铁密封环的使用寿命和工作的可靠性都明显好于聚四氟乙烯密封环。铸铁密封环也是分解自动变速器过程中见到的所有密封件中可以不需要每次都更换的。

8. 行星齿轮和行星架轴向间隙的检查

行星齿轮机构由于不承受换挡冲击，所以行驶40万千米以内通常不会有问题，即使行驶40万千米以上汽车的太阳轮，齿圈通常也不会出问题。只是老车的行星轮和行星架间的轴向间隙可能超标。不同的自动变速器行星齿轮和行星架的正常工作间隙略有区别，一种是0.20～0.70 mm，另一种是0.20～0.60 mm。但使用极限是一致的，都是0.80 mm。超过0.80 mm 工作时容易产生异响。所以间隙超过0.80 mm 应更换行星齿轮机构，行星齿轮和行星架的轴向间隙的检查用塞规即可。

三、制动器的结构与工作原理

制动器的作用是将行星排中的太阳轮、内齿圈、行星架这3个基本元件之一固定到变速器壳上，使之不能旋转。在自动变速器中作为换挡执行机构的制动器的结构型式较多，目前最常见的是带式制动器和片式制动器两种。

1. 带式制动器结构与工作原理（相当于鼓式制动）

带式制动器又称制动带，它由制动鼓、制动带、液压缸及活塞等组成。制动鼓与行星排的某一基本元件连接，并随之一同旋转。制动带的一端支撑在变速器壳体上的制动带支架或制动带调整螺钉上，另一端与液压缸活塞上的推杆连接。制动带内表面为一层摩擦系数较高的摩擦衬片。制动带的工作由作用在活塞上的液压油压力控制。当液压缸的施压腔无液压油时，带式制动器不工作，制动带与制动鼓之间有一定的间隙，制动鼓可以随着与它相连接的行星排基本元件一同旋转。图 5 – 24 所示为二挡跟踪惯性制动器实物图。

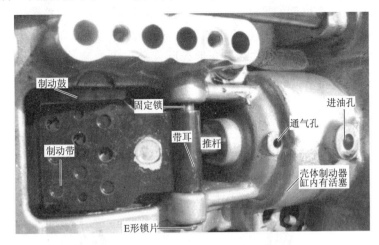

图 5 – 24　二挡跟踪惯性制动器实物图

　　当液压油进入制动器液压缸的施压腔时，作用在活塞上的液压油压力推动活塞，使之克服回位弹簧的弹力移动，活塞上的推杆随之向外伸出，将制动带箍紧在制动鼓上，于是制动鼓被固定住而不能旋转，制动鼓又与基本元件相连，则太阳轮相对变速器壳体不动，此时制动器处于制动状态。油液从制动缸内经油道泄出后，制动带释放。

　　也有一些车在需要分离时控制系统控制液压油进入活塞左腔（释放腔），马自达车系和尼桑车系多用这种控制释放的方法，由于释放腔活塞面积大于施压腔一侧的活塞面积，活塞两侧所受的液压油压力不相等，释放腔一侧的压力大于施压腔一侧的压力，因此活塞在这一压力差及回位弹簧弹力的共同作用下向后移，推杆随之回缩，制动带被放松，使制动器由制动状态转变成释放状态。图 5 – 25 所示为二挡跟踪惯性制动器组成。

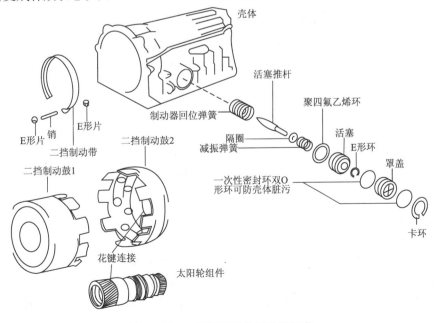

图 5 – 25　二挡跟踪惯性制动器组成

制动带和鼓装配时必须先装制动带后装制动鼓，如先装了鼓，制动带就装不进去了。有的车制动带的对面有一个可调的推杆，当自由间隙不正确时，可以调整推杆，待鼓完全装配到位后，再装制动间隙调整装置（有的为横销）和伺服装置。注意推杆必须完全入位，如有一侧推杆不能入位，说明制动带已经变形失圆，必须更换新的制动带。除倒挡制动带（工作压力大）拧到头需退回5圈外，其余制动带拧到头退回2圈左右，用手转动一下鼓没有丝毫卡滞才行。

有的车系里活塞回位只靠弹簧，不设调节螺丝，这种控制方式可以使靠油压回位的控制系统得到简化。这种车的自由间隙调整一般为换新推杆，例如本例中LS400的A342E变速器大修包里有4种推杆长度。图5-26所示为带式制动器。

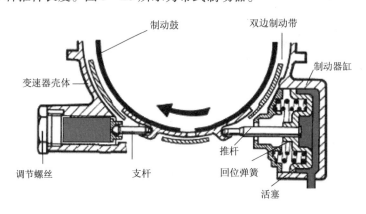

图 5 - 26　带式制动器

带式制动器结构简单，轴向尺寸小，维修方便。在早期的自动变速器中应用较多，但它的工作平顺性较差。为克服这一缺陷，可在控制油路中设置缓冲阀或减振阀，使之在开始接合时液压缸内的油压能缓慢上升，以缓和制动力的增长速度，改善工作平顺性。

2. 片式制动器结构与工作原理（相当于盘式制动）

片式制动器由制动器鼓、制动器活塞、回位弹簧、钢片、摩擦片及制动器毂等组成。

它的工作原理和多片湿式摩擦离合器基本相同。但片式制动器的制动鼓（相当于离合器鼓）是固定在变速器壳体上的（图5-27所示为膜片弹簧片式制动器释放基本元件）。钢片通过外花键齿安装在固定于变速器壳体上的制动鼓内花键齿圈中，或直接安装在变速器壳体上的内花键齿圈中，摩擦片则通过内花键齿和制动毂上的外花键齿连接。当制动器不工作时，钢片和摩擦片之间没有压力，制动器毂可以自由旋转。当制动器工作时，来自控制阀的液压油进入制动器鼓内的液压缸中，油压作用在制动器活塞上，推动活塞将制动器摩擦片和钢片紧压在一起，与行星排某一基本元件连接的制动器毂就被固定住而不能旋转。图5-28所示为膜片弹簧片式制动器制动基本元件，图5-29所示为超速挡制动器制动缸图，图5-30所示为超速挡制动器组成。

片式制动器的工作平顺性优于带式制动器，因此近年来在轿车自动变速器中，采用片式制动器的越来越多，就跟汽车应用盘式刹车的越来越多一样。另外，片式制动器也易于通过增减摩擦片的片数来满足不同排量发动机的要求。片式制动器的检修参考离合器即可。

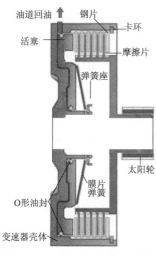

图 5 - 27　片式制动器不工作

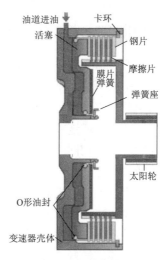

图 5 - 28　片式制动器工作

图 5 - 29　圆周均布弹簧式超速挡制动器制动缸

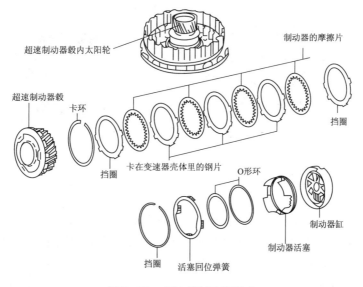

图 5 - 30　超速挡制动器组成

四、单向超越离合器结构与工作原理

单向超越离合器在行星齿轮变速器中的作用和离合器、制动器相同，也是用于固定或连接几个行星排中的某些太阳轮、行星架、齿圈等基本元件，让行星齿轮变速器组成不同传动比的挡位。因此，它也是行星齿轮变速器的换挡元件之一。不同之处在于，它是依靠其单向锁止原理来发挥固定或连接作用的，其连接和固定也只能是单方向的。当与之相连接的元件受力方向与锁止方向相同时，该元件即被固定或连接；当受力方向与锁止方向相反时，该元件即被释放或脱离连接。

单向超越离合器无需控制机构，其工作完全由与之相连接的元件的受力方向来控制。它能随着行星齿轮变速器挡位的变换，在与之相连接的基本元件受力方向发生变化的瞬间即产生接合或脱离。可保证换挡平顺无冲击（想想自行车的单向超越离合器是不是很平顺），同时还能大大简化液压控制系统。

单向超越离合器有多种型式，目前最常见的是滚柱斜槽式和楔块式两种。

1. 滚柱斜槽式单向超越离合器

滚柱斜槽式单向超越离合器由外环、内环、滚柱、滚柱回位弹簧等组成，如图5－31所示。内环通常用内花键和行星排的某个基本元件连接或者和变速器壳体连接，外环则通过外花键和行星排的另一个基本元件连接或者和变速器外壳连接。在外环的内表面制有与滚柱相同数目的楔形槽，内外环之间的楔形槽内装有滚柱和弹簧。弹簧的弹力将各滚柱推向楔形槽较窄的一端。当外环相对于内环朝顺时针方向转动时，在刚刚开始转动的瞬间，滚柱便在摩擦力和弹簧力的作用下被卡死在楔形槽较窄的一端，于是内外环互相连接为一个整体，不能相对转动，此时单向超越离合器处于锁止状态，与外环连接的基本元件便被固定住或者和与内环相连接的元件连成一个整体。当外环相对于内环朝逆时针方向转动时，滚柱在摩擦力的作用下，克服弹簧的弹力，滚向楔形槽较宽的一端，出现打滑现象，外环相对于内环可以作自由滑转，此时单向超越离合器脱离锁止而处于自由状态。

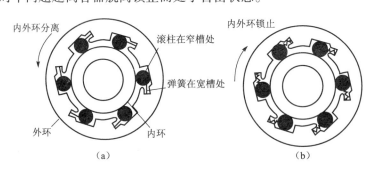

图5－31　滚柱斜槽式单向超越离合器
（a）自由状态；（b）锁止状态

单向超越离合器的锁止方向取决于外环上楔形槽的方向。在装配时不可装反，否则会改变其锁止方向，使行星齿轮变速器不能正常工作，切记装配前一定判断好方向。此种单向超越离合器应用在大众01M一挡，别克4T60E一、二挡及奔驰722.3或722.4一、二挡。

有些单向超越离合器的楔形槽开在内环上，其工作原理和楔形槽开在外环上的相同。

2. 楔块式单向超越离合器

楔块式单向超越离合器的构造和滚柱斜槽式单向超越离合器相似，也有外环、内环、滚子（楔块）等，如图 5-32 所示。不同之处在于，它的外环或内环上都没有楔形槽，其滚子不是圆柱形的，而是特殊形状的楔块。楔块在 A 方向上的尺寸略大于内外环之间的距离 B，而 C 方向上的尺寸则略小于 B。当外环相对于内环朝顺时针方向旋转时，楔块在摩擦力的作用下立起，因自锁作用而被卡死在内外环之间，使内环和外环无法相对滑转，此时单向超越离合器处于锁止状态；当外环相对于内环朝逆时针方向旋转时，楔块在摩擦力的作用下倾斜，脱离自锁状态，内外环可以相对滑转，此时单向超越离合器处于自由状态。

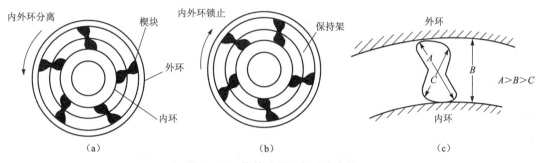

图 5-32　楔块式单向超越离合器
(a) 自由状态；(b) 锁止状态；(c) 楔块尺寸

楔块式单向超越离合器的锁止方向取决于楔块的安装方向。在维修时不可装反，以免影响自动变速器的正常工作。日本车系和美国车系多用此种结构。

3. 单向超越离合器维修时的注意事项

单向超越离合器的使用寿命主要取决于润滑的效果。由于单向超越离合器大部分时间都是满负荷工作的，所以自动变速器油一旦供应不足就可能导致单向超越离合器早期磨损。

对于结构为滚柱式的单向超越离合器，由于其旋转时易将自动变速器油抛出，而经常处于半干润滑状态，易发生损坏。所以检修时，应拆开检查滚柱式离合器的每一个独立零件，特别是要注意滚柱表面应光滑，没有局部磨平的痕迹，与之配合的座圈也应光滑，没有任何剥落的痕迹，在旋转方向上不应有丝毫的卡滞。在行驶中放松节气门踏板时，单向超越离合器在运动方向上如发生卡滞，就会导致和它配套的行星齿轮机构也停止运动，而发出严重的异响声。

部分变速器内的滚柱式单向超越离合器的骨架是塑料的，如奥迪等。塑料骨架的单向超越离合器是不能维护的，维修时只需检查它在运动方向上有无卡滞，在非运动方向上能否锁止就行了。塑料骨架的单向超越离合器如随意分解，重新组装后往往出现离合器打滑的现象。此种单向超越离合器如出现故障应整体更换。

楔块式单向超越离合器使用寿命比滚柱式单向超越离合器要长。楔块式单向超越离合器上有自动变速器油的油孔。在配有支柱式单向超越离合器的前后离合器的花键毂上各有一个自动变速器油油孔。变速器长期在恶劣环境下使用，工作温度过高，或自动变速器油使用的时间过长，氧化的自动变速器油产生的积炭一旦堵塞了单向超越离合器上的自动变速器油油孔，单向超越离合器就会因半干摩擦而早期磨损。所以维修时要反复地用化油器清洗剂冲洗自动变速器油油孔，使其恢复完全畅通。

欧美的自动变速器单向超越离合器装错方向后通常装不进去。日韩自动变速器上的单向超越离合器装错了方向时比正确装配方向时显得略感费劲，新手往往感觉不出来，但能够装配到位。装好旋转时能听到轻微的"咔咔"声，拆下检查时，可以看见部分滚柱已经发生弯斜。

滚柱式单向超越离合器由于和它所固定的工件间隙非常小，装配时稍有歪斜就很难入位。装配时最好用双手（保持平行）一边旋转一边往里压，待压入一小部分后，即可用离合器鼓底部压它（接触面积大，容易保持平行），一边旋转一边往下压，可轻松地装配到位。

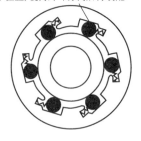

滚柱式单向超越离合器内外环过紧时，可用牙签插在这个位置,使内外环分离后再装配

装完后把牙签拔下，不要把木屑留在单向离合器内

图 5 – 33　牙签法下滚柱式单向超越离合器

若仍下不进去可用下面的牙签法协助下入，譬如，大众车系和奔驰车系采用的滚柱式单向超越离合器，采用此法效果非常理想。图 5 – 33 所示为牙签法下滚柱式单向超越离合器，图 5 – 34 所示为牙签法下滚柱式单向超越离合器实物图。

行星架

牙签

单向超越离合器

外环

内环

图 5 – 34　牙签法下滚柱式单向超越离合器实物图

金属的滚柱式单向超越离合器上、下平面大都是薄铜片制成的。装配时严禁敲打，只要打出一个小凹坑，汽车在这个单向超越离合器负责的挡位上行驶时，一收节气门就可以听到"嗡嗡"的异响声。若缺少经验，这类故障很难找到。

🎛 第三节　典型行星齿轮机构结构与工作原理

不同车型的自动变速器在结构上往往有很大差异，主要表现在：前进挡的挡数不同，离合器、制动器及单向超越离合器的数目和布置方式不同，所采用的行星齿轮机构的类型不同。现在的自动变速器的行星齿轮变速器常采用 4 个前进挡，新型轿车自动变速器的行星齿轮变速器大部分采用 5、6、7 个前进挡。前进挡的数目愈多，行星齿轮变速器中的离合器、制动器及单向超越离合器的数目就愈多，但单向超越离合器有减少的趋势，现在一般只用一个，只有美国车和日本车仍有很多单向超越离合器。离合器、制动器、单向超越离合器的布置方式主要取决于行星齿轮变速器前进挡的挡数及所采用的行星齿轮机构的类型。对于行星齿轮机构类型相同的行星齿轮变速器来说，其离合器、制动器及单向超越离合器的布置方式及工作过程基本上是一致的。因此，了解各种不同类型行星齿轮机构所组成的行星齿轮变速器的结构和工作原理，是掌握各种不同车型自动变速器结构和工作原理的关键。目前轿车自动变速器所采用的行星齿轮机构的类型主要有 4 类，即辛普森式行星齿轮机构、改进辛普森式行星齿轮机构、拉维娜尔赫式行星齿轮机构及类拉维娜尔赫式行星齿轮机构。

辛普森式行星齿轮机构主要应用在丰田车系、宝马车系；改进辛普森式行星齿轮机构主要应用在马自达、尼桑、通用、福特等车系；拉维娜尔赫式行星齿轮机构主要应用在国内大众捷达、宝来、高尔夫的 01M 变速器、帕萨特的 01N 变速器、奥迪 A6 的 01V 变速器等，新型宝马 6 速、现代索纳塔的 KM175、KM176、KM177 及三菱的 F4A33/32 等；类拉维娜尔赫式行星齿轮机构主要应用在奔驰四挡 722.3、722.4，五挡 722.5 及 722.6，七挡变速器 722.9（奔驰没有六挡变速器）。

一、辛普森式行星齿轮变速器结构与工作原理

辛普森式行星齿轮变速器是由辛普森式行星齿轮机构和相应的换挡执行元件组成的，目前丰田轿车自动变速器都采用这种行星齿轮变速器。辛普森式行星齿轮机构是一种十分著名的双排行星齿轮机构，它是由两个内啮合式单排行星齿轮机构组合而成的，其结构特点是：前后两个行星排的太阳轮连接为一个整体，称为前后太阳轮组件；前一个行星排的行星架和后一个行星排的齿圈连接为另一个整体，称为前行星架和后齿圈组件；输出轴通常与前行星架和后齿圈组件连接。经过上述的组合后，该机构成为一种具有 4 个独立元件的行星齿轮机构。这 4 个独立元件是前齿圈、前后太阳轮组件、后行星架、前行星架和后齿圈组件。根据前进挡挡数的不同，可将辛普森式行星齿轮变速器分为辛普森式三挡行星齿轮变速器、辛普森式四挡行星齿轮变速器及辛普森式五挡行星齿轮变速器 3 种。图 5 – 35 所示为辛普森式两种行星齿轮机构的啮合方式。

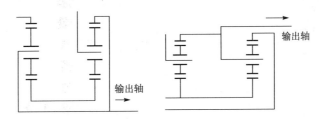

图 5 – 35　辛普森式两种行星齿轮机构的啮合方式

1. 辛普森式三挡行星齿轮变速器结构与工作原理

在实践中，已经没有车型采用辛普森式三挡行星齿轮变速器，但编者认为本部分知识相当重要，它是理解复杂变速器的基础。

在辛普森式行星齿轮机构中设置 5 个换挡执行元件（两个离合器、两个制动器、一个单向超越离合器），即可使之成为一个具有 3 个前进挡和一个倒挡的行星齿轮变速器。这 5 个换挡执行元件的布置如图 5 – 36 所示。离合器 C1 用于连接输入轴和前后太阳轮组件，离合器 C2 用于连接输入轴和前齿圈，制动器 B1 用于固定前后太阳轮组件，制动器 B2 和单向超越离合器 F1 都是用于固定后行星架。制动器 B2 和 B1 可以采用带式制动器，也可以采用片式制动器。

这 5 个换挡执行元件在各挡位的工作情况见表 5 – 1。由表中可知，当行星齿轮变速器

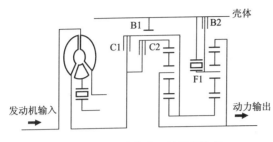

图 5-36　辛普森式三挡行星齿轮
变速器结构示意图

处于停车挡和空挡之外的任何一个挡位时，5 个换挡执行元件中都有两个处于工作状态（接合、制动或锁止状态），其余 3 个不工作（分离、释放或自由状态）。处于工作状态的两个换挡执行元件中至少有一个是离合器 C1 或 C2，以便使输入轴与行星排连接。当变速器处于任一前进挡时，离合器 C2 都处于接合状态，此时输入轴与行星齿轮机构的前齿轮圈接合，使前齿圈成为主动件，因此，离合器 C2 也称为前进

离合器。倒挡时，离合器 C1 接合，C2 分离，此时输入轴与行星齿轮机构的前后太阳轮组件接合，使前后太阳轮组件成为主动件；另外，离合器 C1 在 3 挡（直接挡）时也接合，因此，离合器 C1 也称为倒挡及高挡离合器。制动器 B1 仅在 2 挡才工作，称为 2 挡制动器。制动器 B2 在 1 挡和倒挡时都有工作，因此称为低挡及倒挡制动器。由此可知，换挡执行元件的不同工作组合决定了行星齿轮变速器的传动方向和传动比，从而决定了行星齿轮变速器所处的挡位。下面分析辛普森式三挡行星齿轮变速器各挡的传动路线和传动比。

表 5-1　辛普森式三挡行星齿轮变速器换挡执行元件工作规律

操纵手柄位置	挡位	换挡执行元件				
		C1	C2	B1	B2	F1
D	1 挡		○			○
	2 挡		○	○		
	3 挡	○	○			
R	倒挡	○			○	
2 或 L	1 挡		○		○	
	2 挡		○	○		

注：○表示接合、制动或锁止。

（1）1 挡：此时前进离合器 C2 接合，使输入轴和前齿圈连接，同时单向超越离合器 F1 处于自锁状态，后行星架被固定。来自液力变矩器的发动机动力经输入轴、前进离合器 C2 传给前齿圈，使前齿圈朝顺时针方向转动。在前行星排中，由于前行星架经输出轴和汽车驱动轮连接，在汽车起步之前其转速为零，汽车起步后以 1 挡行驶时其转速也很低，因此前行星轮在前齿圈的驱动下一方面朝顺时针方向做公转，带动前行星架朝顺时针方向转动，另一方面做顺时针方向的自转，并带动前后太阳轮组件朝逆时针方向转动。在后行星排中，由于和输出轴连接的后齿圈转速很低，当后行星轮在后太阳轮的驱动下朝顺时针方向做自转时，对后行星架产生一个逆时针方向的力矩，而低挡单向超越离合器 F1 对后行星架在逆时针方向具有锁止作用，因此后行星架固定不动，使后齿圈在后行星轮的驱动下朝顺时针方向转动，如图 5-37 所示。由此可知，在前进 1 挡时，由输入轴传给行星齿轮机构的动力是经过前后行星

排同时传给前行星架和后齿圈组件，再传给与之相连接的输出轴，从而完成动力输出的。

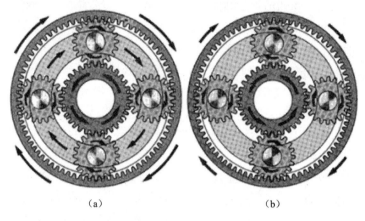

图 5 –37　1 挡时前后行星排的工作原理示意图

(a) 前行星排；(b) 后行星排

设前齿圈、前后太阳轮组件、后行星架、前行星架和后齿圈组件的转速分别为 n_1、n_2、n_3、n_4，并设前后行星排的齿圈和太阳轮的齿数之比分别为 α_1 和 α_2。根据单排行星齿轮机构的运动特性方程，可以分别得出前后行星排的运动特性方程，求得 $i = n_1/n_4$。

前行星排运动特征方程为

$$n_2 + \alpha_1 \times n_1 = (1 + \alpha_1) \times n_4 \tag{1}$$

后行星排运动特征方程为

$$n_2 + \alpha_2 \times n_4 = (1 + \alpha_2) \times n_3 \tag{2}$$

由于后行星架的转速 $n_3 = 0$，故式（1）减去式（2）消去 n_2 得

$$\alpha_1 \times n_1 - \alpha_2 \times n_4 = (1 + \alpha_1) \times n_4$$

$$\alpha_1 \times n_1 = (1 + \alpha_1 + \alpha_2) \times n_4$$

乘积化交叉得 $n_1/n_4 = (1 + \alpha_1 + \alpha_2)/\alpha_1$。

可以得到 1 挡的传动比为　　　　$i = (1 + \alpha_1 + \alpha_2)/\alpha_1$

当汽车在行驶中处于 1 挡工作状态时，若驾驶员突然松开油门踏板，发动机转速将立即降至怠速。此时汽车在惯性的作用下仍以原来的车速前进，即车身推车轴，车轴推车轮。驱动轮将通过主减速器增速后再经自动变速器输出轴顺时针（从变速器前向后看）向前带动行星齿轮变速器运转，行星齿轮机构的前行星架和后齿圈组件成为主动件，前齿圈则成为从动件。当前行星架朝顺时针方向带动前行星轮转动时，由于前齿圈转速较低，前行星轮在向顺时针方向做公转的同时也朝逆时针方向做自转。从而带动前后太阳轮组件以较高转速向顺时针方向转动，导致后太阳轮和后齿圈同时以较高的转速朝顺时针方向带动后行星齿轮转动，使后行星轮在自转的同时对后行星架产生一个顺时针方向的力矩。由于低挡单向超越离合器 F1 对后行星架在顺时针方向无锁止作用，后行星架在后行星轮的带动下朝顺时针方向自由转动，在这种情况下，辛普森式行星齿轮机构的 4 个独立元件中有两个处于自由状态，使行星齿轮机构失去传递动力的作用，与驱动轮连接的输出轴的反向驱动力无法经过行星齿轮变速器传给变速器输入轴，此时汽车相当于做空挡滑行。这种情况在一般使用条件下有利于提高汽车的乘坐舒适性和燃油经济性，但在汽车下陡坡时却无法利用发动机的怠速运转阻

力来实现发动机制动，让汽车减速。为了使装用自动变速器的汽车也能在下坡和平道滑行时实现发动机制动，必须让它的前进1挡或2挡有两种不同的选择状态，即无发动机制动和有发动机制动两种。这两种状态的选择通常通过改变自动变速器操纵手柄的位置来实现。当操纵手柄位于D位时，自动变速器的1挡处于不能产生发动机制动作用的状态；当操纵手柄位于L位或1位时，自动变速器的1挡处于能产生发动机制动作用的状态。

具有发动机制动作用的1挡是由低挡及倒挡制动器B2来实现的。当操纵手柄位于L位或1位而行星齿轮变速器处于1挡时，前进离合器C2和低挡及倒挡制动器B2同时工作。此时行星齿轮变速器的工作状态和传动比与1挡相同。但由于低挡及倒挡制动器B2处于制动状态，不论是踩下油门踏板加速或松开油门踏板滑行，后行星架都是固定不动的，因此行星齿轮变速器的传动比也都是固定不变的。当汽车滑行，发动机处于怠速工况而车速仍较高时，驱动轮在汽车惯性的作用下通过变速器输出轴和行星齿轮变速器，驱动行星齿轮变速器输入轴以原来的转速旋转，导致与行星齿轮变速器输入轴连接的涡轮的转速高于与发动机曲轴连接的泵轮的转速，来自汽车驱动轮的反向驱动力通过变矩器作用于发动机曲轴。同样，发动机怠速运转的牵制阻力通过变矩器和行星齿轮变速器作用于驱动轮，使驱动轮转速下降，汽车随之减速，实现了发动机制动。

（2）2挡：当前进离合器C2和2挡制动器B1同时工作时，行星齿轮变速器处于2挡。此时输入轴仍经前进离合器C2和前齿圈连接，同时前后太阳轮组件被2挡制动器B1固定，如图5-38所示。发动机动力经液力变矩器和行星齿轮变速器输入轴传给前齿圈，使之朝顺时针方向转动。由于前太阳轮转速为零，因此前行星轮在前齿圈的驱动下一方面朝顺时针方向做自转，另一方面朝顺时针方向做公转，同时带动前行星架及输出轴朝顺时针方向转动。此时后行星排处于自由状态，后行星轮在后齿圈的驱动下朝顺时针方向一边自转一边公转，带动后行星架朝顺时针方向空转。由此可知，2挡时发动机的动力是全部经前行星排传至输出轴。

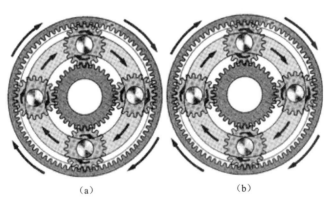

图5-38 2挡时前后行星排的工作原理示意图
（a）前行星排；（b）后行星排

前行星排的运动特性方程为

$$0 + \alpha_1 \times n_1 = (1 + \alpha_1) \times n_4$$

故2挡的传动比为

$$i = (1 + \alpha_1)/\alpha_1$$

在上述2挡状态下，汽车滑行时驱动轮的反向驱动力可经过行星齿轮变速器传至发动机，即具有发动机制动作用。

（3）3挡：当行星齿轮变速器处于3挡时，前进离合器C2和倒挡及高挡离合器C1同时接合，把输入轴与前齿圈及前后太阳轮组件连接为一个整体，如图5-39所示。

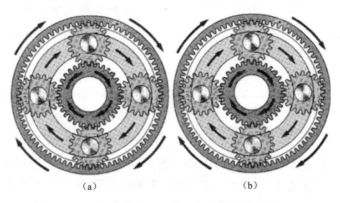

（a）　　　　　　　　　　　（b）

图5-39　3挡时前后行星排的工作原理示意图

（a）前行星排；（b）后行星排

由于这时前行星排中有两个基本元件互相连接，从而使前行星排固定地连成一体而旋转。输入轴的动力通过前行星排直接传给输出轴，其传动比 $i=1$，即为直接挡。此时后行星排处于自由状态。后行星轮在后齿圈的驱动下向顺时针方向一边自转一边公转，带动后行星架朝顺时针方向空转，收油门时，在3挡状态下的发动机制动效果已经非常不明显。

（4）倒挡：倒挡时，倒挡及直接挡离合器C1接合，使输入轴与前后太阳轮组件连接，同时低挡及倒挡制动器B2产生制动，将后行星架固定，如图5-40所示。此时发动机动力经输入轴传给前后太阳轮组件，使前后太阳轮朝顺时针方向转动，由于后行星架固定不动，因此在后行星排中，后行星轮在后太阳轮的驱动下朝逆时针方向转动，并带动后齿圈朝逆时针方向转动，与前行星架和后齿圈组件连接的输出轴也随之朝逆时针方向转动，从而改变了传动方向。此时，前行星排中由于前齿圈可以自由转动，因此前行星排处于自由状态，前齿圈在前行星轮的带动下朝逆时针方向自由转动。

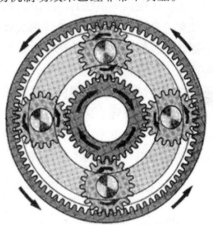

**图5-40　倒挡时后行星排的
工作原理示意图**

倒挡时的动力是由后行星排传给输出轴的，根据单排行星齿轮机构的运动特性方程，可得 $n_2 + n_1 \times \alpha_2 = (1 + \alpha_2) \times n_3$，由于 $n_3 = 0$，解得倒挡传动比 $i = -\alpha_2$。

2. 改进后的辛普森式三挡行星齿轮变速器结构与工作原理

辛普森式三挡行星齿轮变速器由2挡换至3挡时。一方面，2挡制动器B1要释放；另一方面倒挡及高挡离合器C1要接合，这两个换挡执行元件的工作交替应及时准确，太快或太慢都会影响换挡质量和变速器的使用寿命。例如：若2挡制动器B1释放后倒挡及高挡离合器C2来不及接合，会使行星齿轮变速器出现打滑现象，使发动机出现空转，并出现换挡

第五章　齿轮变速器结构与工作原理

冲击；若 2 挡制动器 B1 未完全释放，倒挡及高挡离合器 C1 便过早接合，则行星齿轮机构各独立元件之间会产生运动干涉，迫使换挡执行元件打滑，加剧摩擦片或制动带的磨损。

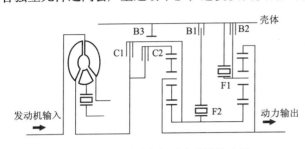

图 5 - 41　2 挡单向超越离合器的布置

为了防止出现上述情况，改善 2、3 挡的换挡平顺性，可在前后太阳轮组件和 2 挡制动器 B1 之间串联一个单向超越离合器 F2，称为 2 挡单向超越离合器，如图 5 - 41 所示。其内环和前后太阳轮组件连接，外环和 2 挡制动器 B1 连接，在逆时针方向对前后太阳轮组件具有锁止作用。当行星齿轮变速器处于 2 挡时，前进离合器 C2 和 2 挡制动器 B1 仍同时工作。汽车加速时，前后太阳轮组件的受力方向为逆时针方向，由于 2 挡单向超越离合器 F2 的外环被 2 挡制动器 B1 固定，因此前后太阳轮朝逆时针方向的旋转趋势被 2 挡制动器 B1 及单向超离合器锁止，使 2 挡得以实现。当行星齿变速器由 2 换至 3 挡时，即使倒挡及直接挡离合器 C1 在 2 挡制动器 B1 释放之前就已接合，但由于倒挡及直接挡离合器 C1 接合之后，前后太阳轮组件的受力方向改变为顺时针方向，而在顺时针方向上 2 挡单向超越离合器 F2 对前后太阳轮组件没有锁止作用，前后太阳轮组件仍可以向顺时针方向旋转，因此使换挡得以顺利进行。

增加了 2 挡单向超越离合器之后，若汽车在行星齿轮变速器处于 2 挡时松开油门踏板减速或下坡，则在汽车惯性的作用下，驱动轮将通过变速器输出轴反向带动行星齿轮机构的前行星架和后齿圈组件以较高的转速旋转。由于此时发动机处于怠速运转状态，在汽车滑行时前齿圈转速较低。前行星轮在前行星架的带动下朝顺时针方向做公转的同时，对前后太阳轮组件产生一个顺时针方向的力矩，而在顺时针方向上 2 挡单向超越离合器 F1 对前后太阳轮组件没有锁止作用，因此即便 2 挡制动器 B1 仍处于制动状态，前后太阳轮组件还是可以朝顺时针方向自由旋转。这样，在辛普森行星齿轮机构的 4 个独立元件中有两个处于自由状态，从而使该行星齿轮机构失去传递动力的能力，驱动轮和发动机脱离连接关系，不能产生发动机制动作用。改进后的辛普森式行星齿轮变速器各换挡执行元件的工作情况见表 5 - 2。

表 5 - 2　改进后的辛普森式三挡行星齿轮变速器换挡执行元件工作规律

操纵手柄位置	挡位	换挡执行元件						
		C1	C2	B1	B2	B3	F1	F2
D	1 挡		○				○	
	2 挡		○	○				○
	3 挡	○	○					
R	倒挡	○			○			
2 或 L	1 挡		○		○			
	2 挡		○			○		
注：○表示接合、制动或锁止。								

为了在需要时让 2 挡也能产生发动机制动作用，必须在前后太阳轮组件和变速器壳体之间另外再设置一个制动器 B3，即 2 挡强制制动器。制动器 B3 在 2 挡是否工作是由操纵手柄的位置决定的，当操纵手柄位于前进挡位置（D）时，制动器 B3 不工作；当操纵手柄位于前进低挡位置（2 或 L）而行星齿轮变速器处于 2 挡时，制动器 B3 工作。这样不论汽车加速或减速，前后太阳轮组件都被该制动器固定，此时的 2 挡在汽车松开油门踏板减速或下坡时能产生发动机制动作用。目前大多数轿车自动变速器已采用这种结构。

3. 四挡辛普森式行星齿轮变速器结构与工作原理

早期的轿车自动变速器多采用三挡行星齿轮变速器，其最高挡 3 挡是传动比为 1 的直接挡。进入 20 世纪 90 年代后，随着发达国家对汽车燃油经济性的要求日趋严格，越来越多的轿车自动变速器采用了四挡、五挡行星齿轮变速器。其最高挡 4 挡是传动比小于 1 的超速挡，对于五挡变速器 5 挡为超速挡。这种自动变速器的优点除了能降低汽车燃油消耗外，还可以使发动机经常处于较低转速的运转工况，以减小运转噪声，延长发动机的使用寿命。

辛普森式四挡行星齿轮变速器是在辛普森式三挡行星齿轮变速器的基础上发展起来的，它有两种类型：一种是在辛普森式三挡行星齿轮变速器原有的双排行星齿轮机构的基础上再增加一个单排行星齿轮机构，用 3 个行星排组成四挡行星齿轮变速器；另一种是对辛普森式双排行星齿轮机构进行改进，通过改变前后行星排各基本元件的组合方式和增加换挡执行元件，使之成为带有超速挡的四挡行星齿轮变速器（也就是改进辛普森机构）。

3 个行星排辛普森式四挡行星齿轮变速器结构与工作原理：这种四挡行星齿轮变速器是在不改变原辛普森式三挡行星齿轮变速器的主要结构和大部分零部件的情况下，另外再增加一个单排行星齿轮机构和相应的换挡执行元件来产生超速挡的。这个单排行星齿轮机构称为超速行星排，它安装在行星齿轮变速器的前端（图 5 - 42），其行星架是主动件，与变速器输入轴连接；齿圈则作为被动件，与后面的双排行星齿轮机构连接。超速行星排的工作由直接离合器 C0 和超速制动器 B0 来控制，直接离合器 C0 用于将超速行星排的太阳轮和行星架连接，超速制动器 B0 用于固定超速行星排的太阳轮。根据行星齿轮变速器的变速原理，当超速制动器 B0 放松、直接离合器 C0 接合时，超速行星排处于直接传动状态，其传动比为 1；当超速制动器 B0 制动、直接离合器 C0 放松时，超速行星排处于增速传动状态，其传动比小于 1。

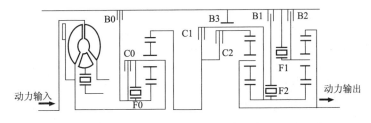

图 5 - 42 3 个行星排的辛普森式四挡行星齿轮变速器

元件名称：C0 为直接离合器；C1 为倒挡及高挡离合器；C2 为前进离合器；B0 为超速制动器；B3 为 2 挡制动器；B2 为低挡及倒挡制动器；B3 为 2 挡强制制动器；F0 为直接单向超越离合器；F1 为低挡单向超越离合器；F2 为 2 挡单向超越离合器。

图 5 - 42 中的后两排有这样的特点，双星排的前后太阳轮共用，行星架和内齿圈共同作

为输出，前内齿圈独立，后行星架独立。以后凡是有上述特点双行星排就称为辛普森机构，把含有辛普森机构的变速器称为辛普森式变速器。由 3 个行星排组成的辛普森式四挡行星齿轮变速器各换挡执行元件在不同挡位的工作情况见表 5 – 3。

表 5 – 3　3 行星排辛普森式四挡行星齿轮变速器换挡执行元件工作规律

操纵手柄位置	挡位	换挡执行元件										停车锁
		C1	C2	B1	B2	B3	F1	F2	C0	B0	F0	
P	P								○			○
R	R	○			○				○		○	
N	N								○			
D	D1		○				○		○		○	
	D2		○	○					○		○	
	D3	○	○	●					○			
	D4		○	●						○		
2	21		○				○		○		○	
	22		○	●		○			○			
	23		○	●					○			
L	L1		○						○		○	
	L2		○	●	○	○			○		○	

注：○表示接合、制动或锁止；●表示接合或制动，在汽车滑行时不传递动力。

当行星齿轮变速器处于 1 挡、2 挡、3 挡或倒挡时，超速行星排中的超速制动器 B0 放松，直接离合器 C0 和 F0 接合（加油时 C0 和 F0 的作用都使行星架和太阳轮同步，收油门时仅由 C0 产生发动机制动），使超速行星排处于传动比为 1 的直接传动状态。更准确地说是内齿圈有阻力时，行星架使太阳轮顺时加速转动，太阳轮通过 F1 主动去锁止行星架。在发动机顺时针带动自动变速器输入轴转动时，它就让超速行星排的太阳轮和行星架锁止为一个整体，就可以实现传动比为 1（注：但不能实现发动机制动）。由于直接离合器 C0 在自动变速器处于超速挡之外的任何挡位（包括停车挡、空挡和倒挡）都处于接合状态，有了发动机制动，似乎可以把 F0 拿掉，但当发动机刚起动而油泵尚未建立起正常的油压时，直接离合器 C0 就已处于半接合状态，这样容易使其摩擦片因打滑而加剧磨损。为了防止出现这种情况，在直接离合器 C0 并列的位置上布置了一个直接单向超越离合器 F0，使超速行星排的行星架能在逆时针方向上对太阳轮产生锁止作用，防止直接离合器 C0 的摩擦片在半接合状态下打滑。但记住最终设计 C0 的目的是实现动力可以由车轮反传回发动机，近而实现发动机制动。F0 设计主要为实现直接传动，而防止直接离合器 C0 的摩擦片在半接合状态下打滑是它的一个连代效果。

直接单向超越离合器 F0 的另一个作用是改善由 3 挡升至超速挡的换挡平顺性。在 3 挡升至超速挡的换挡过程中，超速制动器 B0 制动晚，直接离合器 C0 释放早，造成超速行星排各基本元件之间的空转，使发动机转速升高，同时伴随换挡冲击；反之超速制动器 B0 制动过早，直接离合器 C0 释放晚，则必然造成运动干涉，从而损坏超速制动器 B0 和直接离合器 C0。为了防止发动机空转和运动干涉，设计上可以让直接离合器 C0 释放早些，再让超速制动器 B0 接合。若离合器 C0 释放后超速制动器 B0 仍来不及接合而使行星齿轮变速器出现打滑现象，直接单向超越离合器 F0 仍可以在直接离合器 C0 已释放而超速制动器 B0 尚未完全接合时代替直接离合器的工作，将超速行星排的太阳轮和行星架锁止在一起，防止超速行星排出现打滑现象，并在超速制动器 B0 接合后又能及时自动脱离锁止，让超速行星排顺利进入超速挡工作状态。

由超速排可知传动比在小于 1 和等于 1 之间切换，可以试想当在 1、2 挡时，只要超速排传动比为 1，1、2 挡传动比由辛普森机构来实现减速即可。3 挡超速排和前两挡一样传动比也为 1，若辛普森机构传动比为 1，则整个变速器的传动比为 1。4 挡时若辛普森机构传动比为 1，超速排传动比小于 1，则整个变速器的传动比小于 1。

知识点滴：这里再介绍一个口诀：对于四挡辛普森式变速器，1 挡固定行星架，2 挡固定太阳轮，3 挡同步，4 挡行星架带内齿圈超速，倒挡太阳轮传内齿圈。此口诀对于四挡拉维娜式变速器也适用。

1 挡时 C0 和 F0 工作实现传动比为 1，C2 离合器接合把动力传至前内齿圈。在起步时，前行星架和后内齿圈与车轮相连，阻力大于太阳轮（太阳轮自由），前内齿圈顺时针带动太阳轮逆时针超速转动，在后排由于后内齿圈与车轮相连，则动力传至行星架且使行星架逆时针转动，行星架刚一动就被单向超越离合器 F1 锁止，此时行星架阻力远大于内齿圈，动力只好由后太阳轮传后内齿圈，后内齿圈顺时针转动，这时不要认为动力输出了。试想若前内齿圈和前太阳轮的齿数比等于后内齿圈和后太阳轮的齿数比，则这时传动比为 1:1，不能用于起步，但后圈的转动马上会带动前行星架顺时针转动。可设太阳轮转速为 n_1、前内齿圈转速为 n_2、前架转速为 n_3、后架转速为 n_4。设顺时针为正。

起步：　　前排　$n_1 + \alpha_1 n_2 = (1 + \alpha_1) n_3$

　　　　　后排　$n_1 + \alpha_2 n_3 = (1 + \alpha_2) n_4$

通过把前后排方程消去 n_1，得 $n_2/n_3 = (1 + \alpha_1 + \alpha_2)/\alpha_1$，这个式子含有 α_1 和 α_2，表明前后排全参与了变速。

在口诀里，1 挡固定行星架：是指在 D1、2_1 用 F1 固定行星架；在 L1 由 B2 固定行星架。区别在固定有发动机制动，发动机制动要理解成发动机帮助汽车减速，而不要理解成制动发动机，即动力可以由发动机传到车轮，也可由车轮反传回发动机。而单向超越离合器制动基本元件没有发动机制动，即动力可以由发动机传到车轮，但却不能由车轮反传回发动机。这个道理和骑自行车一样，向前骑车人可带动车轮，滑行时车轮不能带人运动。本书若是用于教学，先熟悉利用行星排转速关系求传动比，再讲此口诀，最后再讲哪个挡的哪几个执行元件工作，可以达到事半功倍的效果。

2 挡固定太阳轮：是指前内齿圈传前行星架若在 D 位 2 挡时，用 B1 和 F2 串联阻止太阳轮逆时针，若在 2 位 2 挡或 L 位 2 挡用 B3 阻止太阳轮逆时针。区别很简单 D 位 2 挡无发动机制动，2 位 2 挡和 L 位 2 挡有发动机制动。

3 挡同步：是指前内齿圈和太阳轮同步共同夹行星架转动，传动比很显然是 1:1，理论上有发动机制动，但实际上由于传动比较小，车轮反拖发动机时效果不明显，一般认为没有发动机制动效果。4挡时因为辛普森机构传动比为1:1，超速排超速形成4挡。

R挡时，后行星架固定，后太阳轮传后内齿圈。其他挡位见表5-3。

这种型式的四挡行星齿轮变速器可以使原辛普森式三挡行星齿轮变速器的大部分零部件都得到利用，有利于减少生产投资，降低成本。目前大部分轿车都采用这种型式的四挡自动变速器。

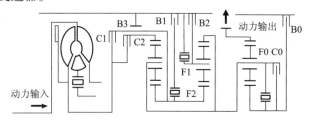

图5-43 佳美A540E变速器示意图

有些车型的这种自动变速器将超速行星排设置在原辛普森式三挡行星齿轮变速器的后端，其工作原理是相同的，只需注意F0在倒挡时不工作，例如宝马4HP-24或佳美A540E等，如图5-43所示。

有些车型自动变速器的辛普森式行星齿轮机构的前后行星排排列顺序相反，即输入轴通过前进离合器C2和后齿圈连接，输出轴与前齿圈和后行星架组件连接，但工作原理是一样的。

4. 变速器后坐控制功能和减速降挡控制功能

（1）后坐控制功能。当换挡手柄从N移至D准备起步时，车辆一般会产生一定的振动和车后部下沉的现象，这是由于在发动机转矩传递的同时要消除行星齿轮之间的间隙，在这个过程中会产生一定的冲击振动。为了减少冲击和后坐，丰田电控自动变速器在起步时不是直接进入D1挡，而是先进入D2甚至D3挡，此过程时间非常短，然后马上降为D1挡起步，这个过程称为后坐控制。进行后坐控制时，先进入D2或D3挡，由于D2和D3挡的传动比小于D1挡，通过齿轮变速器转矩增加的比例小于D1挡，产生的冲击也就小于D1挡。另外在D1挡时，辛普森行星齿轮系统中所有的齿轮都要参加动力的传递，齿侧间隙的总和较大，产生的冲击就大，在D2挡只有一排行星齿轮参与工作，齿侧间隙的总和较小，降入D1挡后再消除另一部分间隙，使得全部的齿侧间隙由两个阶段消除，一次较大的冲击变成两次较小的冲击。这样总体的感觉好了，也提高了乘坐的舒适性。

（2）减速降挡控制功能。车辆在OD挡行车，如果车速不断降低就会导致降挡，但降挡时不是直接降入D3挡，而是先降入D2挡0.8 s，然后再回升到D3挡以减小降挡引起的冲击和振动，这个过程称为减速降挡控制。ECU进行减速降挡控制要接收下列信号：①发动机水温超过70 ℃；②换挡手柄在D挡位置；③节气门位置传感器IDL怠速触点闭合。

知识点滴：有些变速器为减少挂挡后的冲击，即使D1挡为单个行星排传力也由2挡起步。

二、改进辛普森式四挡行星齿轮变速器

这种四挡行星齿轮变速器是对原辛普森式三挡行星齿轮变速器中的双排行星齿轮机构进行改进而成的。它增加了换挡执行元件的个数，让前后行星排的各个基本元件之间有更多、更复杂的组合，从而使前进挡的个数增多，形成包括超速挡在内的4个前进挡。

改进后的辛普森式行星齿轮机构除了前齿圈和后行星架仍互相连接为一起之外，前行星排和后行星排的其他基本元件全部各自独立，形成一种具有5个独立元件的辛普森式行星齿轮机构。在这 5 个独立元件中，后太阳轮始终和输入轴连接，输出轴则与前齿圈和后行星架组件连接。图 5 - 44 所示为马自达 R4A - EL 双行星排辛普森式四挡行星齿轮变速器。

在这种辛普森式行星齿轮机构中只要设置 4 个离合器、两个制动器及两个单向超越离合器，就能使之成为具有 4 个前进挡和 1 个倒挡的四挡行星齿轮变速器，并且在 1 挡、2 挡、3 挡都有两种工作状态，即有发动机制动或无发动机制动。这 8 个换挡执行元件的布置方式如图 5 - 44 所示。

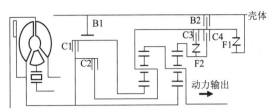

图 5 - 44　双行星排辛普森式四挡行星齿轮变速器

其中离合器 C1 用于连接输入轴和前太阳轮；离合器 C2 用于连接输入轴和前行星架；离合器 C3 和单向超越离合器 F1 串联布置，一同用于连接前行星架和后齿圈，单向超越离合器 F1 在逆时针方向对后齿圈产生锁止作用；离合器 C4 也用于连接前行星架的后齿圈和离合器 C1，单向超越离合器 F1 并联布置；制动器 B1 用于固定前太阳轮；制动器 B2 和单向超越离合器 F2 并联布置，一同用于固定前行星架，单向超越离合器 F2 在逆时针方向对前行星架产生锁止作用。

这 8 个换挡执行元件在行星齿轮变速器各挡位的工作情况见表 5 - 4。由表中可知，在停车挡和空挡之外的任一挡位中都只有 2 ~ 3 个换挡执行元件处于工作状态。其中，离合器 C3 在操纵手柄位于前进挡位置时始终都处于接合状态，故称为前进离合器；离合器 C4 在操纵手柄位于前进低挡位置时始终处于接合状态，其作用是使行星齿轮变速器的前进挡具有发动机制动作用，故称为前进强制离合器；离合器 C2 只在 3 挡或超速挡时才接合，故称为高挡离合器；离合器 C1 只在倒挡时才接合，故称为倒挡离合器；制动器 B1 在 2 挡或 4 挡（超速挡）时工作，故称为 2 挡及 4 挡制动器；制动器 B2 在 1 挡（操纵手柄位于前进低挡位置）及倒挡时工作，故称为低挡及倒挡制动器；单向超越离合器 F1 在 1 挡、2 挡、3 挡（操纵手柄位于前进挡）时工作，故称为前进单向超越离合器；单向超越离合器 F2 只在操纵手柄位于前进低挡时的 1 挡才工作，故称为低挡单向超越离合器。

表 5 - 4　双行星排改进辛普森式四挡行星齿轮变速器换挡执行元件工作规律

操纵手柄位置	挡位	换挡执行元件							
		C1	C2	C3	C4	B1	B2	F1	F2
	1挡			○				○	○
	2挡			○		○		○	
	3挡		○	○				○	
	超速挡		○	●		○			
R	倒挡	○					○		
S 或 L	1挡			●	○		○		
	2挡			●	○				
	3挡		○	●	○				
注：○表示接合、制动或锁止；●表示接合或制动，但不传递动力。									

下面分析双行星排辛普森式四挡行星齿轮变速器在各挡时的动力传递路线和传动比。

（1）1挡：在自动变速器操纵手柄位于前进挡（D）位置而行星齿轮变速器处于1挡时，前进离合器C3接合，使前行星架和前进单向超越离合器F1的外环连接。当输入轴驱动后太阳轮朝顺时针方向转动时，带动后行星轮做逆时针方向的自转。由于后行星架经输出轴和驱动轮连接，当汽车起步或以1挡行驶时，其转速为零或很低，因此后行星轮在自转的同时对后齿圈产生一个朝逆时针方向的力矩。后齿圈在这一力矩作用下产生的朝逆时针方向转动的趋势因前进单向超越离合器F1的锁止及前进离合器C3的接合而被传至前行星架，而前行星架随同后齿圈一起朝逆时针方向的转动趋势被低挡单向超越离合器F2锁止，因此前行星架固定不动，后齿圈也因此固定不动，从而使后行星轮在自转的同时朝顺时针方向公转，带动后行星架和输出轴朝顺时针方向转动，如图5-45所示。由此可知，在1挡时，发动机动力是经后太阳轮、后行星轮和后行星架传至输出轴的。

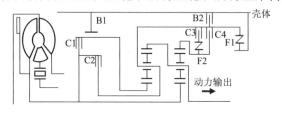

图5-45　1挡动力传递路线

工作元件：前进离合器C3；前进单向超越离合器F1；
低挡单向超越离合器F2

设输入轴和后太阳轮的转速为n_1，前太阳轮的转速为n_2，前行星架的转速为n_3，后齿圈的转速为n_4，前齿圈和后行星架组件及输出轴的转速为n_5，前行星排的齿圈和太阳轮齿数比为α_1，后行星排齿圈和太阳轮齿数比为α_2，则后行星排的运动特性方程为

$$n_1 + 0 \times \alpha_2 = (1 + \alpha_2) \times n_5$$

解这一方程，可得1挡的传动比为

$$i_1 = 1 + \alpha_2$$

当汽车松开油门踏板滑行时，驱动轮经输出轴反向驱动行星齿轮变速器。此时在后行星排中，由于后太阳轮转速较低，而后行星架在输出轴和驱动轮的带动下转速较高。因此后行星轮在随同后行星架做顺时针方向公转的同时，还做顺时针方向的自转，从而带动后齿圈朝顺时针方向旋转。此时前进单向超越离合器F1将脱离锁止状态，使后齿圈可以朝顺时针方向自由转动，后行星排因此而失去传递动力的能力，驱动轮上的反向驱动力无法经过自动变速器传给发动机。在这种状态下，自动变速器不能实现发动机制动作用。

有发动机制动作用的1挡：当自动变速器的操纵手柄位于前进低挡（S或L）位置而行星齿轮变速器处于1挡时，前进强制离合器C4和低挡及倒挡制动器B2同时工作，此时后齿圈经前进强制离合器C4、低挡及倒挡制动器B2和变速器壳体连接。汽车加速时，发动机动力经输入轴和后行星排传给输出轴，其传递路线及传动比和上述1挡时完全相同；当汽车滑行时，驱动轮经输出轴反向驱动行星齿轮变速器。由于此时后齿圈在前进强制离合器C4和低挡及倒挡制动器B2的作用下仍保持固定不动，因此输入轴上的反向驱动力可以通过后行星排传给输出轴，完成反向动力传递，如图5-46所示，使

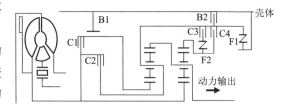

图5-46　有发动机制动作用的1挡动力传递路线

工作元件：前进强制离合器C4；低挡及倒挡制动器B2

驱动轮和发动机互相连接，从而利用发动机怠速运转的阻力实现发动机制动。

（2）2挡：在自动变速器操纵手柄位于前进挡（D）位置而行星齿轮变速器处于2挡时，除了前进离合器C3仍保持接合之外，2挡及4挡制动器也产生制动作用，使前太阳轮固定不动。在后行星排中，发动机动力经输入轴、后太阳轮、后行星轮驱动后行星架使前齿圈和后行星架组件朝顺时针方向转动；在前行星排中，由于前太阳轮固定不动，而前齿圈朝顺时针方向转动，因此前行星轮在前齿圈的带动下也将朝顺时针方向转动，同时带动前行星架做顺时针方向转动，并通过前进离合器C3和前进单向超越离合器F1、后齿圈和后行星轮驱动后行星架朝顺时针方向转动，如图5-47所示。由此可知，在2挡中，发动机动力由输入轴至后太阳轮之后，一部分直接经后行星齿轮传给和输出轴相连的后行星架，另一部分则先通过前行星排传至后齿圈，再经后行星齿轮传给后行星架和输出轴。

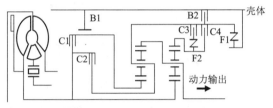

图5-47　2挡动力传递路线

工作元件：前进离合器C3；2挡及4挡制动器B1；
前进单向超越离合器F1

根据前后行星排的运动特性方程，可得方程如下。

前行星排：$n_2 + \alpha_1 \times n_5 = (1 + \alpha_1) \times n_3$

后行星排：$n_1 + \alpha_2 \times n_4 = (1 + \alpha_2) \times n_5$

由于 $n_2 = 0$，$n_3 = n_4$

因此可得 $\alpha_1 \times n_5 = (1 + \alpha_1) \times n_3$ 和
$n_1 + \alpha_2 \times n_3 = (1 + \alpha_2) \times n_5$

解方程组，可得2挡传动比

$$i_2 = (1 + \alpha_1 + \alpha_2) / (1 + \alpha_1)$$

汽车松开油门踏板滑行时，驱动轮通过输入轴反向带动行星齿轮变速器。在前行星排中，由于前齿圈在输入轴驱动下仍以较高的转速转动，因此前行星架的转速基本保持不变。在后行星排中，由于发动机怠速运转，后太阳轮转速随之下降，而后行星架在输入轴的驱动下转速仍然较高，因此后齿圈在后行星架和后行星轮的驱动下朝顺时针方向转动时，其转速高于前行星架，从而使前进单向超越离合器脱离锁止状态，让后齿圈处于自由状态，导致行星齿轮机构失去传递动力的能力，驱动轮和发动机脱离连接，不能产生发动机制动作用。

有发动机制动作用的2挡：当自动变速器操纵手柄位于前进低挡（S或L）位置，而行星齿轮变速器处于2挡时，前进强制离合器C4和2挡及4挡制动器B1同时工作，前行星架经前进强制离合器C4和后齿圈连接。汽车加速时，发动机动力经输入轴、后太阳轮、前行星排和后行星排传给输出轴，此时动力传递路线、前后行星排各基本元件的运动状态及传动比和前述2挡时完全相同。汽车滑行时，驱动轮通过输出轴反向驱动行星齿轮变速器，由于此时后齿圈和前行星架在前进强制离合器C4的连接下仍以相同的转速旋转，使前后行星排的各基本元件的运动状态和正向传递时相同。在这种情况下，输出轴的反向驱动力可以经过前后行星排传给输入轴，如图5-48所示，完成反向动力传递，使驱动轮和发动机保持连接状态，因此可以实现发动机制动。

（3）3挡：在自动变速器操纵手柄位于前进挡（D）位置而行星齿轮变速器处于3挡时，前进离合器C3和高挡离合器C2同时接合，使前太阳轮、前行星架及前进单向超越离合器F1的外环连接为一体，和输入轴一同转动，如图5-49所示。由于在2挡中，输出轴及后行星架的转速低于输入轴的转速，因此后齿圈的转速也要低于输入轴的转速。进入3挡后，和输出轴一同转动的前行星架及前进单向超越离合器F1外环的转速，要高于后齿圈及与之相连的前进单向超越离合器F1内环的转速，从而使单向超越离合器F1处于锁止状态，把前行星架和后齿圈连接为一体。这样，在后行星排中，后太阳轮和后齿圈转速相同。根据单排行星齿轮机构的运动特性，此时后行星排处于直接传动状态，其传动比为1，发动机动力经过后行星排直接传给输出轴，同时前太阳轮处于自由状态，使前行星排失去传递动力的能力而处于自由状态。

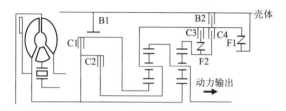 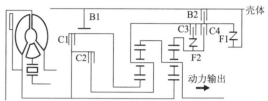

图5-48　有发动机制动作用的2挡动力传递路线
工作元件：前进离合器C3；2挡及4挡制动器B1；
前进强制离合器C4

图5-49　3挡动力传递路线
工作元件：前进离合器C3；高挡离合器C2；
前进单向超越离合器F1

汽车滑行时，由高挡离合器C2连接在一起的后太阳轮、前行星架和前进单向超越离合器F1外环的转速因发动机怠速运转而下降，但后行星架在输出轴的反向驱动下仍在高速转动。在后行星架和后行星轮的带动下，后齿圈及前进单向超越离合器F1内环朝顺时针方向的转速大于前行星架及前进单向超越离合器F1外环的转速，从而使前进单向超越离合器F1脱离锁止，后齿圈处于自由状态，后行星排也因此而失去传递动力的能力。此时驱动轮和发动机脱离连接，不能产生发动机制动作用。

有发动机制动作用的3挡：当自动变速器操纵手柄位于前进低挡（S或L）位置而行星齿轮变速器处于3挡时，前进强制离合器C4和高挡离合器C2一起接合。汽车加速时，后太阳轮、前行星架和后齿圈因高挡离合器C2、前进强制离合器C4的接合而连为一体，使后行星排的运动状态和前述3挡时相同，处于传动比为1的直接挡状态。当汽车滑行时，后太阳轮、前行星架和后齿圈仍在高挡离合器C2、前进强制离合器C4的作用下连为一体，使后行星排仍处于直接传动状态，驱动轮上的反向驱动力可以通过行星齿轮变速器传至发动机，从而可以利用发动机的怠速运转阻力实现发动机制动作用，如图5-50所示。

（4）超速挡：在超速挡时，2挡及4挡制动器B1和高挡离合器C2一起工作。在前行星排中，前行星架经高挡离合器C2和输入轴连接，为主动件；前齿圈和输出轴连接，为从动件。由于前太阳轮被2挡及4挡制动器B1固定，发动机的动力经前行星架和前行星轮传给与输出轴连接的前齿圈，完成动力传递如图5-51所示。此时后行星排因后齿圈处于自由状态而无法传递动力。根据前述单排行星齿轮机构的运动分析，可知此时前行星排处于增速传动状态，其传动比为 $i = \alpha_1/(1 + \alpha_1)$。

由于在超速挡中，单向超越离合器F1和F2都不工作，因此不但可以进行正向动力传递，也可以在汽车滑行时实现反向动力传递，以产生发动机制动作用。

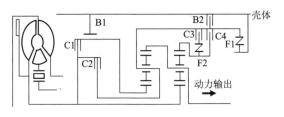

图 5-50　有发动机制动作用的 3 挡动力传递路线

工作元件：前进强制离合器 C4（无意义）；

高挡离合器 C2；前进强制离合器 C4

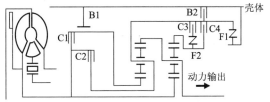

图 5-51　超速挡动力传递路线

工作元件：前进离合器 C3 工作（无意义）；

高挡离合器 C2；制动器 B1

（5）倒挡：在倒挡时，倒挡离合器 C1
和低挡及倒挡制动器 B2 同时工作，输入轴
与前太阳轮连接，同时前行星架固定不动。
在前行星排中，前太阳轮在朝顺时针方向
转动时带动行星轮朝逆时针方向转动，同
时驱动前齿圈和后行星架组件及输出轴朝
逆时针方向转动，如图 5-52 所示。此时
后行星排因后齿圈处于自由状态而不能传

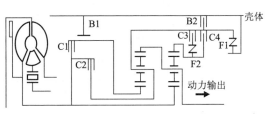

图 5-52　倒挡动力传递路线

工作元件：倒挡离合器 C1 工作；

制动器 B2

递动力，发动机动力全部由前行星排传至输出轴，其传动比 $i = -\alpha$，倒挡时的行星齿轮变
速器也具有反向传递动力的能力，可实现发动机制动作用。

日本 JATCO（捷达柯）自动变速器公司生产的 R4A-EL 自动变速器就是采用这种结
构。国内现在的马自达多采用前驱，即把变矩器带着输入轴移至右侧，动力由右边输入，右
边输出。图 5-53 所示为国内现在的福美来家庭轿车四挡前驱变速器 FN4A-EL。

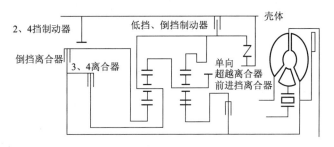

图 5-53　国内现在的马自达四挡前驱 FN4A-EL 变速器

三、大众拉维娜尔赫式自动变速器

1. 四挡 01M 变速器

捷达、宝来、高尔夫采用横置前驱四挡自动变速器 01M；帕萨特采用四挡纵置前驱自动
变速器 01N；奥迪 A6 采用五挡纵置前驱自动变速器 01V；Sagitar、Magotan 采用六挡横置前
驱自动变速器 09G，它们都是拉维娜尔赫式行星齿轮变速机构。

针对大众汽车在我国采用拉维娜尔赫式行星齿轮变速器，而且拉维娜尔赫式行星齿轮
变速器是今后的发展趋势，本书将详细介绍。这是一种复合式行星齿轮机构，它由一个
前面单行星轮式行星排和后面一个双行星轮式行星排组合而成。大太阳轮和长行星轮、

行星架、齿圈共同组成一个单行星轮式行星排；小太阳轮、短行星轮、长行星齿轮、行星架和齿圈共同组成一个双行星轮式行星排。在很多书（包括很多关于它们的专门资料）里面介绍的拉维娜机构的前后排顺序给颠倒了。实际上大众只有图5-54这种结构型式。

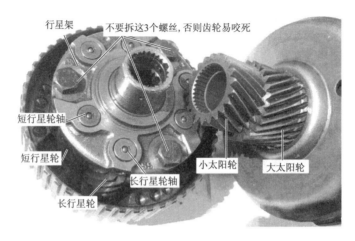

图5-54 01M拉维娜机构

（1）1挡：1挡时，只有1～3挡离合器K1工作。图5-54发动机动力经输入轴和前进离合器K1传至后太阳轮，使后太阳轮朝顺时针方向转动，并通过短行星轮带动长行星轮朝顺时针方向转动。由于内齿圈与车轮相连有阻力，因此行星架要做逆时针转动，但F1阻止行星架逆时针转动。行星架阻力大于齿圈，这时动力由后小太阳轮传递给齿圈。从而带动齿圈至输出轴以较慢转速朝顺时针方向转动。此时发动机动力是由后太阳轮经短行星轮、长行星轮传到齿圈至输出轴。若设前排的内齿圈齿数与太阳轮的齿数比为 α_1，后排内齿圈齿数与太阳轮的齿数比为 α_2，则传动比为 α_2。

当汽车滑行、输出轴反向驱动行星齿轮变速器时，齿圈通过长行星轮对行星架产生一个顺时针方向的力矩，此时1挡单向超越离合器F1脱离锁止状态，使行星架朝顺时针方向自由转动，行星齿轮机构因此失去传递动力的能力，无法实现发动机制动。

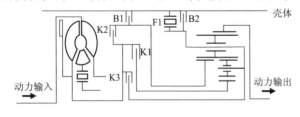

**图5-55 有发动机制动作用的
1挡动力传递路线**

工作元件：1—1～3挡离合器K1；2—单向超越离合器F1

为了使1位1挡能产生发动机制动作用，可将操纵手柄拨入前进低挡1位置。这样在1挡时，前进离合器K1和低挡及倒挡制动器B2同时工作。行星架由低挡及倒挡制动器B2固定，此时动力传递路线及传动比和前述1挡时完全相同，如图5-55所示，而且不论汽车加速或滑行，行星架都固定不动，在汽车下坡或滑行时，驱动轮可以通过行星齿轮变速器同向带动发动机，利用发动机怠速运转阻力实现发动机制动作用。

（2）2挡：2挡时，1～3挡离合器K1和2、4挡制动器B1一起工作。发动机动力经输入轴和1～3挡离合器K1传至后太阳轮，使后太阳轮朝顺时针方向转动，并通过短行星轮带动长行星轮朝顺时针方向转动。由于前太阳轮被 2、4 挡制动器 B1 固定，因此长行星轮在做顺时针自转时，还将朝顺时针方向做公转，从而带动齿圈和输出轴以较快转速朝顺时针方向转动。此时发动机动力是由后太阳轮经短行星轮、长行星轮传至前行星排，再由前行星排传至齿圈和输出轴，如图 5 - 56 所示。

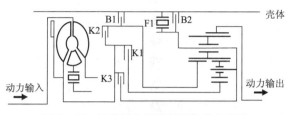

图 5 - 56　拉维娜尔赫式行星齿轮变速器
2 挡动力传递路线

工作元件：1 ~ 3 挡离合器 K1；2、4 挡制动器 B1

根据分析，拉维娜尔赫式 2 挡行星齿轮变速器 2 挡的传动比为 $i_2 = (\alpha_1 + \alpha_2)/(1 + \alpha_1)$，此结果说明前后排全参与了变速，即拉维娜机构整体变速。想计算的读者只需将前排列一个单行星轮基本元件转速关系式和后排列一个双行星轮基本元件转速关系式。忘了两个公式的读者可回头参考行星轮基本知识章节。再求输入与输出的转速比，即为传动比。

这种拉维娜尔赫式四挡行星齿轮变速器在 2 挡时具有向发动机传递动力的能力，在汽车滑行时能产生发动机制动作用。

（3）3 挡：3 挡时，1 ~ 3 挡离合器 K1 和 3、4 挡离合器 K3 同时接合，使输入轴同时和后太阳轮及行星架连接。由于后太阳轮和行星架成为一个整体，两者以相同的转速随输入轴转动，因此短行星轮和长行星轮不能做自转，只能和前后太阳轮及行星架一起做公转，从而导致齿圈一同转动，如图 5 - 57 所示。发动机动力由后小太阳轮和行星架传至齿圈和输出轴，此时传动比 i 等于 1，因此 3 挡是直接挡。

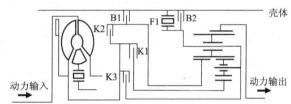

图 5 - 57　拉维娜尔赫式行星齿轮
变速器 3 挡动力传递路线

工作元件：1—1 ~ 3 挡离合器 K1；2—3、4 挡离合器 K3

在上述 3 挡状态下，该行星齿轮变速器还具有反向传递动力的能力，在汽车滑行时会产生发动机制动作用，但效果不明显。

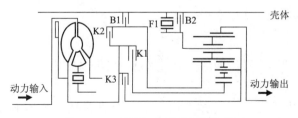

图 5 - 58　拉维娜尔赫式行星齿轮
变速器 4 挡动力传递路线

工作元件：1—3、4 挡离合器 K3；2—2、4 挡制动器 B1

（4）4 挡：在 3 挡工作时，1 ~ 3 挡离合器 K1 和 3、4 离合器 K3 同时工作，如图 5 - 58 所示，使后行星排有两个基本元件互相连接，形成直接挡。4 挡时，3、4 挡离合器 K3 和 2、4 挡制动器 B1 同时工作，使输入轴与行星架连接，同时前太阳轮被固定，发动机动力经 3、4 挡离合器 K3 传至行星架，行星架带动长行星轮朝顺时针方向一边自转一边公转，并带动齿圈和输出轴朝顺时针方向转动，其传动比为 $i_4 = \alpha_1/(1 + \alpha_1)$。由于其值小于

1，所以4挡为超速挡。

在4挡状态下，该行星齿轮变速器还具有反向传递动力的能力，在汽车滑行时会产生发动机制动作用，但效果已经很不明显。

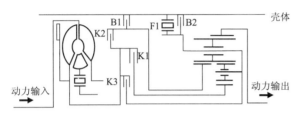

图 5-59 拉维娜尔赫式行星齿轮
变速器 R 挡动力传递路线

工作元件：1—倒挡离合器 K2；2—倒挡制动器 B2

（5）倒挡：倒挡时，倒挡及直接挡离合器 K2 接合，使输入轴同前太阳轮连接，同时低挡及倒挡制动器 B2 产生制动，将行星架固定。发动机动力经输入轴传给前太阳轮，使前太阳轮朝顺时针方向转动，并带动长行星轮朝逆时针方向转动。由于行星架固定不动，长行星轮只能做自转，从而带动齿圈和输出轴朝逆时针方向转动，如图 5-59 所示，此时的传动比 i 等于 $-\alpha_1$。在倒挡时，该行星齿轮变速器也能实现发动机制动作用。

拉维娜尔赫式 01M 四挡行星齿轮变速器换挡执行元件工作规律见表 5-5。

表 5-5　拉维娜尔赫式 01M 四挡行星齿轮变速器换挡执行元件工作规律

操纵手柄位置	挡位	执行元件规律					
		K1	K2	K3	B1	B2	F1
D 位	1 挡	○					○
	2 挡				○		
D 位	3 挡	○		○			
	4 挡			○	○		
1 位	1 挡	○				○	
R 位	倒挡		○			○	
注：○表示接合、制动或锁止。							

由于此车只有一个单向超越离合器 F1，所以很容易得出 D 位 1 挡 = 3 位 1 挡 = 2 位 1 挡，D 位 2 挡 = 3 位 2 挡 = 2 位 2 挡，D 位 3 挡 = 3 位 3 挡。

2. 奥迪 A6 01V 五挡自动变速器

在拉维娜尔赫式四挡行星齿轮变速器的输出轴后增加一个行星排，就可以使之成为具有五挡的奥迪 A6 01V（即5HP-19变速器）行星齿轮变速器。

与四挡01M变速器相比，它仅在输出轴后的星行排上增加了一个直接挡离合器 K4，1、2 挡制动器 B3。图 5-60 所示为奥迪 A6 01V 五挡拉维娜尔赫式行星齿轮变速器结构。这种行星齿轮变速器在不同挡位下各换挡执行元件的工作情况见表 5-6。由表中可知，这种行星齿轮变速器与01M相比的工作特点是：R 挡要多减一步速；1、2 挡也要多减一步速。

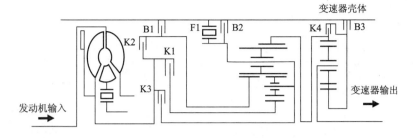

图 5 – 60　奥迪 A6 01V 五挡拉维娜尔赫式行星齿轮变速器结构

表 5 – 6　拉维娜尔赫式五挡奥迪 A6 01V 变速器换挡执行元件工作规律

操纵手柄位置	挡位	执行元件规律							
		K1	K2	K3	B1	B2	F1	K4	B3
D 位	1 挡	○					○		○
	2 挡	○			○				○
	3 挡	○			○			○	
	4 挡	○		○					
	5 挡			○				○	
2 位	1 挡	○							○
R 位	倒挡		○			○			○
注：○表示接合、制动或锁止。									

　　由于此车也只有一个单向超越离合器 F1，所以很容易得出 D 位 1 挡 = 4 位 1 挡 = 3 位 1 挡、D 位 2 挡 = 4 位 2 挡 = 3 位 2 挡 = 2 位 2 挡、D 位 3 挡 = 4 位 3 挡 = 3 位 3 挡、D 位 4 挡 = 4 位 4 挡。其他采用这种拉维娜尔赫式结构的自动变速器的车系有新款宝马六挡等轿车。

3. AISIN 六速 09G 自动变速器

　　AISIN 六速 09G 自动变速器由一个单行星轮行星排齿轮系统和一个 Ravigneaux（拉维娜尔赫式或瑞文牛斯式）行星齿轮变速机构组成。

　　可选两种换挡程序，即经济型（标准）、运动型，通过换挡杆选择"D"或"S"即可实现，在 D 位为经济型（标准），手柄移至 S 位时为运动型。

　　手动换挡功能通过在 D 位控制面板的图示右移进入手动模式，此功能通过点动电子开关 F189 内的 3 个霍尔电子开关识别。向前点动加挡，向后点动减挡。仪表自动由自动模式切换为手动模式。图 5 – 61 所示为 AISIN 六速 09G 自动变速器的外围识别，图 5 – 62 所示为 AISIN 六速 09G 自动变速器示意图，AISIN 六速 09G 六挡变速器换挡执行元件工件规律见表 5 – 7。

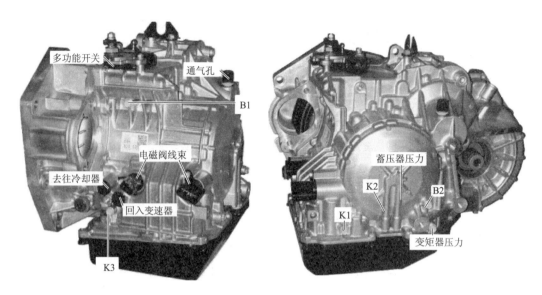

图 5-61   AISIN 六速 09G 自动变速器的外围识别

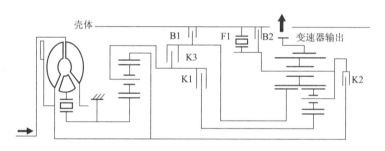

图 5-62   AISIN 六速 09G 自动变速器示意图

表 5-7   拉维娜尔赫式 AISIN 六速 09G 六挡变速器换挡执行元件工作规律

操纵手柄位置	挡位	执行元件规律					
		K1	K2	K3	B1	B2	F1
D 位	1 挡	○				○	○
	2 挡	○			○		
	3 挡	○		○			
	4 挡	○	○				
	5 挡		○	○			
	6 挡		○		○		
R 位	倒挡		○			○	
注：○表示接合、制动或锁止。							

四、奔驰瑞文牛斯式行星齿轮变速机构

奔驰轿车应用瑞文牛斯式行星（拉维娜尔赫式机构）齿轮变速机构的自动变速器，因其结构复杂，所以很少有书介绍。随着汽车工业技术的发展，轿车自动变速器的设计构造也在发生变化，特别是自动变速器的控制系统，成为各大汽车公司努力改进和更新的重点。

随着奥迪公司2002年A62.8L无级变速器01J和宝马公司GA6HP26Z六速自动变速器的应用，2003年7月奔驰公司推出了世界上最早的七速自动变速器。

奔驰公司自动变速器从722.3、722.4、722.5、722.6到最新的七速变速器722.9，传动机构上的设计大致分为4个阶段。其中722.7为五速普通齿轮式变速器。

1. 722.3/722.4 自动变速器传动机构分析

722.3和722.4变速器是奔驰公司早期的研发的四速自动变速器，5年内仍有修理意义，主要应用在1996年以前的大部分车型中，如W140底盘的S600、300SEL。图5-63所示为722.3/722.4变速器实物图，图5-64所示为722.6变速器实物图。

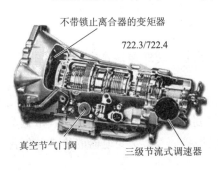

图 5-63　722.3/722.4 变速器实物

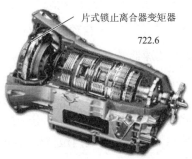

图 5-64　722.6 变速器实物

齿轮变速器部分由前部的拉维娜尔赫式行星齿轮变速机构与后部单行星轮排组成。发动机动力直接输入到拉维娜尔赫式行星齿轮机构的大太阳轮，经变速后，由后部的单排行星齿轮机构的行星架输出给传动轴。

此变速器的换挡控制为全液压式，液压控制阀体为控制单元，阀体根据节流阀压力（反映节气门开度大小）与调速器压力（反映变速器输出轴转速）的比较，决定增挡还是降挡与合适的换挡时机。722.3变速器的传动路线图如图5-65所示。

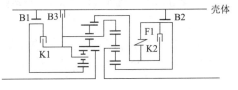

图 5-65　722.3 变速器的传动路线图

执行元件由两组离合器K1、K2，两个制动带B1、B2，一个制动离合器B3和一个单向超越离合器F1组成。

（1）1挡时：制动带B2和单向超越离合器F1工作（手动1挡时，K2工作，可实现发动机制动），将后部单排行星齿轮机构的太阳轮和前部拉维娜尔赫式行星齿轮机构的齿圈固定，使输入动力从前部大太阳轮经减速后，传递到前部行星架（即后部单排行星齿轮机构的齿圈），经再次减速后传递给后部行星架即输出轴，完成1挡的动力传递。

（2）2挡时：制动带B2和B1同时工作，将后部单排行星齿轮机构的太阳轮和前部小

太阳轮固定，使输入动力从前部大太阳轮经减速后，传递到前部行星架（即后部齿圈），经再次减速后传递给后部行星架，即输出轴。

（3）3挡时：制动带B2和离合器K1工作，将后部单排行星齿轮机构的太阳轮固定，并将前部行星架与前部小太阳轮连接为整体，使输入动力从前部大太阳轮无变速地传递给后部齿圈，经减速后传递给后部行星架，即输出轴。

（4）4挡时：离合器K1和K2同时工作，将前部行星架与前部小太阳轮连接为整体，并将后部太阳轮与前部齿圈连接为整体，使输入动力无变速地传递到输出轴，即直接挡。

（5）R挡时：离合器K2和制动离合器B3工作，将后部太阳轮与前部齿圈连接为整体，并将前部行星架固定，使输入动力从前部大太阳轮经减速并反向传递给后部齿圈，经再次减速后传递给输出轴。

知识点滴：对于722.3和722.4这两款液控自动变速器来讲，不同的车型有不同的控制方式。在有的车型上，变速器是以2挡起步的，因此在维修试车过程中应特别注意，不能把从2挡起步当故障来修，而应看该车是从1挡起步，还是从2挡起步。

另外，722.3和722.4这两款液控四挡自动变速器变矩器内没有锁止机构。

2. 奔驰公司722.5自动变速器传动机构分析

722.5变速器是奔驰公司在722.4基础上研发的五速自动变速器，主要应用在W140底盘中一部分300SEL和S320车型。

此变速器的换挡控制为半电子式控制，1~4挡的自动变速原理和构造与722.4变速器相同，除液压控制阀体外另有一电子控制单元负责控制4、5挡之间的变换，其根据为输出轴转速传感器信号和节气门位置信号控制电脑来完成换挡。722.5变速器的传动路线图如图5-66所示。

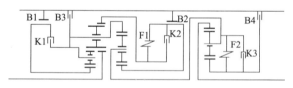

图5-66 722.5变速器的传动路线图

传动齿轮部分在722.4变速器（前部的拉维娜尔赫式行星齿轮机构与中部单排行星齿轮机构的组合）的基础上，加装了后部单排行星齿轮机构。

发动机动力直接输入到前部拉维娜尔赫式行星齿轮机构的大太阳轮，经变速后，由后部的单排行星齿轮机构的齿圈输出给传动轴。

执行元件在722.4的基础上又加装了一个制动离合器B4、一个离合器K3和一个单向超越离合器F2。

当执行1、2、3、4挡与R挡传动时，前部与中部的执行元件和传动路线与722.4变速器完全相同，后部元件为离合器K3工作，将后部的太阳轮和行星架连接为一个整体，动力经前部与中部变速后，传递到后部行星架，再无变速地传递到后部齿圈，即输出轴，完成动力传递，传动比与722.4变速器相同。

5挡时，前部与中部执行元件和执行4挡时一样，离合器K1和K2同时工作，将前部行星架与前部小太阳轮连接为整体，并将中部太阳轮与前部齿圈连接为整体，而后部执行元件为制动离合器B4工作，使后部太阳轮固定。输入动力经前部与中部行星齿轮无变速地传递到中部行星架（即后部行星架），再经后部行星齿轮机构增速完成动力传递，即超速挡。

知识点滴：奔驰722.5型自动变速器是在四速变速器的基础上改进开发出来的，由于设计上存在不足，其尾部超速挡行星排受润滑油量的限制，极易出现烧毁故障。因此，在维修装配此类变速器时。必须保证输出轴与中间轴的轴向间隙在标准范围（0.1～0.3 mm）内，同时还应保持变速器的润滑及冷却系统工作良好。

3. 奔驰722.6自动变速器传动机构分析

722.6变速器是奔驰公司研发的五速全电子控制换挡的自动变速器，主要应用在1996年以后的大部分车型中，如W140底盘的S320、W220底盘的S320。

此变速器的控制电脑根据变速器内的2个速度传感器与控制器区域网络（CAN）提供的加速踏板位置、车速、发动机转速等信号综合分析，通过3个换挡电磁阀，2个压力调节阀和一个锁止离合器控制阀来决定控制增挡还是降挡与合适的换挡时机。图5-67所示为722.6变速器内部结构，722.6变速器的传动路线图如图5-68所示。

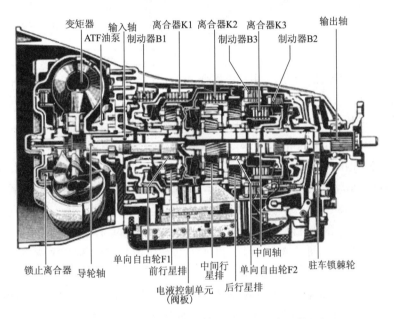

图5-67 奔驰722.6五速变速器的内部结构

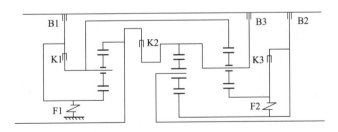

图5-68 722.6变速器的传动路线图

齿轮变速机构由前、中、后3个单行星轮行星排机构组成。发动机动力直接输入到前部行星齿轮机构的齿圈，经变速后，由中部的行星齿轮机构的行星架输出给传动轴。

执行元件由3组离合器K1、K2、K3，3个制动离合器B1、B2、B3和两个单向超越离合器 F1、F2 组成。表 5 - 8 所示为奔驰 722.6 变速器五速变速器换挡执行元件工作规律。

表 5 - 8　奔驰 722.6 变速器五速变速器换挡执行元件工作规律

挡位	传动比	B1	B2	B3	K1	K2	K3	F1	F2
1	3.59	×③	×				×③	×	×
2	2.19		×		×		×③		×
3	1.41		×		×	×			
4	1				×	×	×		
5	0.83	×				×	×		×③
N	—		×				×		
R①	-3.16	×③		×			×	×	
R②	-1.93			×	×		×		

注：① 在 S 模式下；② 在 W 模式下；③ 在滑行时的发动机制动挡位。

（1）1 挡时：制动离合器 B1、B2 和离合器 K3 工作。将前、中、后 3 部分行星齿轮机构的太阳轮全部固定，使输入动力从前部齿圈经前部行星齿轮机构减速后，传递到前部行星架（即后部行星齿轮机构的齿圈），经后部行星齿轮机构再次减速后传递给后部行星架（即中部齿圈），再经中部行星齿轮机构第三次减速后，传递到中部行星架（即输出轴），共经过 3 次减速完成 1 挡的动力传递。

（2）2 挡时：制动离合器 B2 和离合器 K1、K3 工作，B2、K3 将中部和后部的行星齿轮机构的太阳轮固定，K1 将前部行星架和前部太阳轮连接为一个整体，使输入动力从前部齿圈未经减速直接传递到前部行星架（即后部行星齿轮机构的齿圈），经后部行星齿轮机构减速后传递给后部行星架（即中部齿圈），再经中部行星齿轮机构第二次减速后，传递到中部行星架（即输出轴），共经过两次减速完成 2 挡的动力传递。

（3）3 挡时：制动离合器 B2 和离合器 K1、K2 工作，B2 将中部行星齿轮机构的太阳轮固定，K2 将中部齿圈和前部齿圈（即输入轴）连接为一个整体，使输入动力从中部齿圈经中部行星齿轮机构减速后，传递到中部行星架（即输出轴），共经过一次减速完成 3 挡的动力传递。

（4）4 挡时：离合器 K1、K2、K3 工作，将前、中、后三部分行星齿轮机构连接为一个整体，使输入动力直接传递到输出轴，即直接挡。

（5）5 挡时：制动离合器 B1 和离合器 K2、K3 工作，B1 将前部太阳轮固定，K3 将中部和后部的太阳轮连接为一体，输入轴动力从前部齿圈经前部行星齿轮机构减速后，传递到前部行星架（即后部行星齿轮机构的齿圈），另外输入轴动力也同时经 K2 直接传递到后部行星架。由于后部行星架转速高于后部齿圈，所以后部太阳轮（即中部太阳轮）转速高于输入轴转速，再经中部行星齿轮机构减速后，传递到中部行星架（即输出轴），共经过一次减速和一次增速完成了 5 挡的动力传递。最终输出轴转速高于输入轴转速，即超速挡。

（6）R 挡时：在 R 挡时有标准（Standard）、冬季（Winter）两种模式，由控制手柄下的 W/S 开关进行选择。倒挡传动路线也因此不同。标准模式时，制动离合器 B1、B3 和离合器 K3 工作，B1 将前部太阳轮固定，B3 将后部行星架和中部齿圈固定，K3 将中部和后部的太阳轮连接为一体，输入轴动力从前部齿圈经前部行星齿轮机构减速后，传递到前部行星架（即后部行星齿轮机构的齿圈），经后部行星齿轮机构增速，并反方向传递到后部太阳轮（即中部太阳轮），再经中部行星齿轮机构减速传递到中部行星架（即输出轴），共经过两次减速和一次反方向增速完成了标准模式下倒挡的动力传递。冬季模式时，制动离合器 B3 和离合器 K1、K3 工作，B3 将后部行星架和中部齿圈固定。K1 将前部太阳轮和前部行星架连接为一体，K3 将中部和后部的太阳轮连接为一体，输入轴动力从前部齿圈未经减速传递到前部行星架（即后部行星齿轮机构的齿圈），经后部行星齿轮机构增速，并反方向传递到后部太阳轮（即中部太阳轮），再经中部行星齿轮机构减速传递到中部行星架（即输出轴），共经过一次减速和一次反方向增速完成了冬季模式下倒挡的动力传递。

由此可见，冬季模式下的倒挡输出扭矩小于标准模式，便于冬季倒挡起步，避免打滑。

4. 七速 722.9 变速器的传动机构分析

此变速器是奔驰公司最新研发的七速全电子控制换挡的自动变速器。应用在 2003 年以后投产的部分最新车型中。此七速变速器的传动路线图如图 5 - 69 所示。

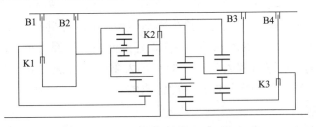

图 5 - 69　七速变速器的传动路线图

此七速变速器的传动齿轮机构由前部的拉维娜尔赫式行星齿轮组和中部、后部的单排行星齿轮机构组成。此变速器的中部和后部设计与 722.6 的中部和后部结构相同。发动机动力直接输入到前部拉维娜尔赫式行星齿轮机构的小齿圈，经变速后，由中部的行星齿轮机构的行星架输出给传动轴。

执行元件由 3 组离合器 K1、K2、K3，4 个制动离合器 B1、B2、B3、B4 组成。

（1）1 挡时：B2、B4、K3 工作，B2 将前部齿轮机构的大齿圈固定，B4、K3 将中部和后部太阳轮固定，输入轴动力经前部拉维娜尔赫式行星齿轮组大速比减速后，传递到前部行星架（即后部齿圈），再经后部行星齿轮机构再次减速后，传递到后部行星架（即中部齿圈），再经中部行星齿轮机构第三次减速后，传递到中部行星架（即输出轴），经过 3 次减速完成 1 挡传动。

（2）2 挡时：B1、B4、K3 工作，B1 将前部行星齿轮机构的太阳轮固定。B4、K3 将中部和后部太阳轮固定，输入轴动力经前部拉维娜尔赫式行星齿轮组小速比减速后，传递到前部行星架（即后部齿圈），再经后部行星齿轮机构再次减速后，传递到后部行星架（即中部齿圈），再经中部行星齿轮机构第三次减速后，传递到中部行星架（即输出轴）。经过 3 次减速完成 2 挡传动。

（3）3 挡时：K1、B4、K3 工作，K1 将前部行星齿轮机构的大齿圈和太阳轮连接为一体，B4、K3 将中部和后部太阳轮固定，输入轴动力未经减速直接传递到前行星机构的行星架（即后部齿圈），经后部行星齿轮机构减速后，传递到后部行星架（即中部齿圈）。再经中部行星齿轮机构再次减速后，传递到中部行星架（即输出轴），经过两次减速完成 3 挡传动。

（4）4 挡时：K1、B4、K2 工作，K1 将前部行星齿轮机构的大齿圈和太阳轮连接为一体，B4 将中部太阳轮固定，输入轴动力经 K2 直接传递到中部齿圈经中部行星齿轮机构减速后，传递到中部行星架（即输出轴），经过一次减速完成 4 挡传动。

（5）5 挡时：K1、K2、K3 工作，前、中、后部的行星齿轮机构全部连接为一体，输入轴动力直接传递给输出轴，完成 5 挡传动，即直接挡。

（6）6 挡时：B1、K2、K3 工作，B1 将前部行星齿轮机构的太阳轮固定，K3 将中部和后部太阳轮连接为一体，输入轴动力经前部拉维娜尔赫式行星齿轮组小速比减速后，传递到前部行星架（即后部齿圈），另外输入轴动力经 K2 直接传递到后部行星架，由于后部齿圈转速低于后部行星架转速，所以后部太阳轮（即中部太阳轮）转速高于输入轴转速，而中部齿圈与输入轴转速相同，故中部行星架（即输出轴）以高于输入轴的转速传递动力，6 挡为超速挡。

（7）7 挡时：B2、K2、K3 工作，B2 将前部齿轮机构的大齿圈固定，K3 将中部和后部太阳轮连接为一体，输入轴动力经前部拉维娜尔赫式行星齿轮组大速比减速后，传递到前部行星架（即后部齿圈），另外输入轴动力经 K2 直接传递到后部行星架，由于后部齿圈转速低于后部行星架转速，所以后部太阳轮（即中部太阳轮）转速更高于输入轴转速，而中部齿圈与输入轴转速相同，故中部行星架（即输出轴）以更加高于输入轴的转速传递动力，7 挡为速比更高的超速挡。

（8）R 挡时：在 Winter 冬季模式下倒挡传动时，B1、B3、K3 工作。B1 将前部太阳轮固定，K3 将中部和后部太阳轮连接为一体，B3 将中部齿圈和后部行星架固定，输入轴动力经前部拉维娜尔赫式行星齿轮组小速比减速后，传递到前部行星架（即后部齿圈）。再经后部行星齿轮机构换向增速后，传递到后部太阳轮（即中部太阳轮），再经中部行星齿轮机构减速后，传递到中部行星架（即输出轴）。经过两次减速、一次增速和一次换向后完成倒挡传动。

在标准（Standard）模式下倒挡传动时，B2、B3、K3 工作，B2 将前部齿轮机构的大齿圈固定，K3 将中部和后部太阳轮连接为一体，B3 将中部齿圈和后部行星架固定，输入轴动力经前部拉维娜尔赫式行星齿轮组大速比减速后，传递到前部行星架（即后部齿圈），再经后部行星齿轮机构换向增速后，传递到后部太阳轮（即中部太阳轮），再经中部行星齿轮机构减速后，传递到中部行星架（即输出轴）。经过两次减速、一次增速换向后完成速比更大的倒挡传动。

第六章

"人机"控制系统

本章讲的控制系统与其他车的控制系统有区别，区别在于其他车的控制系统是指阀板和电控系统（传感器、电脑、执行器）共两部分。这里讲的控制系统是相对阀板（即不包括阀体）而言的控制系统，也称"人机"控制系统，人指人的右手和右脚，机指电子计算机（标准名称叫单板机，缩写成 TCU、ECT、TCM、ETC 等，发动机电脑通常缩写成 ECU、ECM、PCM 等），包括人右手控制的手控阀，人右脚控制的油门踏板，电控系统包括传感器、电脑、执行器三部分。

🟦 第一节　丰田汽车控制系统

一、手控阀

阀板上的手控阀由驾驶员操纵选挡杆，通过连杆机构控制移动。其作用在 P 位阻止油进入，N 位阻止油流出，由于 P 位主油路的油经泄油口泄出，N 位主油路的油只进手控阀但不出手控阀，D、2、L 位接通前进离合器，R 位接通倒挡离合器，在 2 位能阻止 3～4 挡换挡阀移动，限制升 4 挡，在 L 位能阻止 2～3 挡换挡阀移动，限制升 3 挡。其结构及油路通道如图 6－1 所示。读者可自己在图中通过移动手控阀找出油路走向。

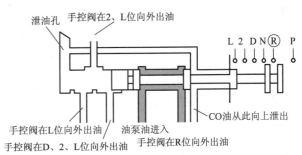

图 6－1　手控阀

知识点滴：选挡手柄移动和手控阀移动必须是一一对应的，如果不能对应，应加以调整。调整位置为手柄和拉杆之间的铰接部位，要在手柄和手控阀都在 N 位时紧固。

丰田四速自动挡变速器只是在 D、2、L 位由电脑控制自动换挡，P、R、N 仍为手动。大众四速变速器 D、3、2 位由电脑控制自动换挡，P、R、N、1 由手控阀控制换挡。

近年来在 6 速以上高档轿车变速器出现用电磁阀实现手控阀油路的接通，而不采用机械式手控阀。这种控制思路来源于过于运动型赛车自动变速器手动换挡控制在方向盘下点动控制，没有地板上的变速器手柄，所以最好设计成电控电磁阀控制的手控阀结构。

二、节气门阀

节气门阀的作用是产生与节气门开度成正比的节气压力信号，经节气门压力修正阀修正后，作用于主调压阀的阀芯下端，使主调压阀所调节的管路压力随节气门开度增大而增大。在电控变速器里只控制调节主油压，在液控变速器里不仅控制调节主油压，而且也控制升降挡。节气门阀的工作原理如图6-2所示。

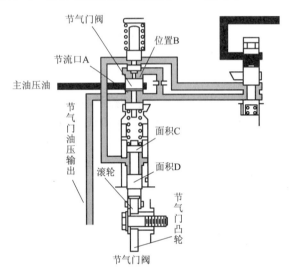

图6-2 节气门阀的工作原理示意图

当加速踏板被踩下，节流阀柱塞受到节气门拉索及凸轮作用而向上移动，压缩节流阀阀芯与柱塞之间的弹簧弹力增大，使阀芯亦上移，管路油压阀口A被打开，产生节气门压力。同时，节气门压力亦作用在节流阀B处，此处液压力将阀芯往下压。当该压力与弹簧压力平衡时，阀芯处于稳定状态。

当弹簧压力增大（节气门开大）时，节气门压力随之增大并达到新的平衡。总之，节气门压力是依据节气门开度变化而变化节流阀产生的节气门压力。一方面送至节气门压力修正阀，另一方面由止回阀控制反作用于节流阀的柱塞上。

知识点滴： 新款丰田变速器应用了电子节气门，取消了发动机节气门拉索，自然也就无节气门阀了，代之为节气门位置传感器的信号进入电脑，由电脑控制一个脉冲电磁阀模拟产生节气门油压。

止回阀的作用是当变速器进入2挡以后节气门开度稍大时，减少加速踏板的作用力，使加速踏板的操作变得轻快。其阀芯下端受弹簧弹力作用，上端则受来自通往制动器B2的液压作用，阀芯受此二力的作用而上下移动。当变速器处于1挡和倒挡时，B2不动作，即无液压作用，止回阀阀芯在弹簧弹力作用下向上移动，将节气门压力通道关断，节流阀柱塞无节气门压力作用；当变速器处于2挡、3挡和4挡时，B2动作，即有液压作用，止回阀阀芯受来自B2的管路压力作用，克服弹簧张力向下滑动，使节气门压力通道打开，节气门压力作用于节流阀柱塞中部，因柱塞C面较D面截面积大，所以液压作用力方向朝上，此时即减轻了凸轮对柱塞的作用力，使加速踏板操作轻便。其结构及原理如图6-3所示。

三、开关电磁阀和脉冲电磁阀

丰田四速变速器通常有3个电磁阀或4个电磁阀，阀板由节气门拉索来控制主油压。3个电磁阀中NO.1和NO.2控制换挡，NO.3用于控制锁止。4个电磁阀的情形除前两个阀作用相同外，NO.3由电脑通过脉冲信号可以使锁止离合器由部分打滑锁止到完全锁止，可以更省油，又增加了NO.4（SLN）脉冲阀用于控制蓄压器背压，在正常换挡瞬间，通电降低蓄压器背压，使执行元件接合更加柔和，防止换挡冲击，而在急踩油门换挡时不降低蓄压器背压背压，使执行元件接合快速，防止接合过于柔和，打滑过多，磨损执行元件。

5 个电磁阀的情形除与 4 个电磁阀情形完全一样外，多出的一个电磁阀（SLT）用于模拟产生节气门油压，控制主油压，从而省略了变速器拉索。

丰田四速变速器通常有两个换挡电磁阀，五速变速器 A350E 有 3 个换挡电磁阀，A650E 有 4 个换挡电磁阀。

知识点滴：两个换挡电磁阀控制阀板上 3 个换挡阀时，只能

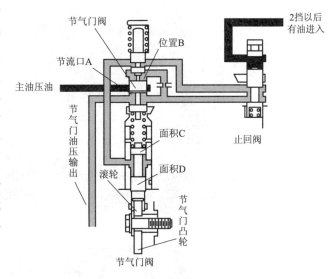

图 6-3 止回阀的工作原理

完成 4 挡。3 个换挡电磁阀控制同样阀板上 3 个换挡阀时可以分别控制，灵活性增加，在 1 挡基础上让超速排超速，即可完成 2 挡，不超速的 2 挡作 3 挡，变速器则成为 5 挡变速器。

SLN 用于蓄压器背压控制。SLT 用于主油压控制，同时进行蓄压器背压控制和第二调压阀的控制。SLU 用于离合器、制动器、锁止离合器的油压控制，防止发生冲击。SLN、SLT、SLU 的电磁阀作用参考阀体章节。换挡电磁阀都是 12 V 电压开关阀，且都为通电泄压型。锁止电磁阀可以是开关阀，也可以是脉冲阀。

阀板电磁阀有越来越多的趋势，阀间的互锁可由电脑程序控制，代替液压控制，这样可简化液压系统的设计。图 6-4（a）、（b）所示为丰田凌志 400 A341E 的控制系统下阀板元件。

1. 四挡变速器 1、2 号换挡电磁阀电路

变速速器自 1 挡换到 O/D 挡可在 ECU 控制的 1 号和 2 号电磁阀 ON 和 OFF 的组合来进行。图 6-5 所示为线路图。

如果电磁阀电路发生短路或断路，ECU 控制其他电磁阀换挡，此时 D 挡位只有两个挡。如果两个电磁阀都发生故障，则变速器不能控制电磁工作。现在变速器挡位只能由手柄所在位置油路和此时电磁阀断电后决定的油路决定，具体见失效应急功能。

知识点滴：本电路电脑控制换挡电磁阀正极，图 6-5 中未画三极管控制正极，只画了自诊断电路，此自诊断电路向电磁阀供电，但因电脑内电阻关系，通过电磁阀的电流很小，不足以使电磁阀动作。平时在拔下插头用表测量时，两根线都有电压。

4 挡时控制 2 个电磁阀正极的 2 个三极管截止断电。上坡时，4 挡降 3 挡巡航，S2 通电，并把 12 V 反馈信号反回巡航电脑。

2. 3 号锁止电磁阀电路（锁定控制压力调节）

早期的电子控制自动变速器中控制锁止离合器工作的锁止电磁阀是采用开关电磁阀，即通电时锁止离合器接合，断电时锁止离合器分离。而且早期的电子控制自动变速器锁止时锁

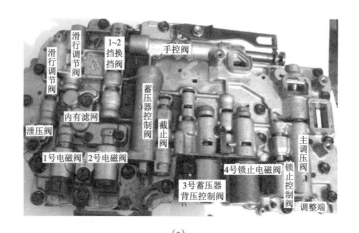

（a）

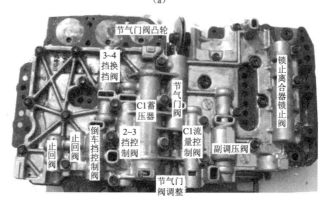

（b）

图6-4 丰田凌志 400 A341E 变速器下阀板元件

止压力一直不变，大小由阀板的副调压阀弹簧决定，例如3个电磁阀的阀板上的NO.3号电磁阀。

新车型采用新型线性电磁线圈控制锁定工作压力。流经电磁线圈的电流由ECU输出信号的占空比来控制。当进行锁定时，占空比越大，锁定液压也越高。控制方式是占空比在锁止时越来越大，锁止压力越来越高，以减小锁止离合器接合时产生的冲击，使锁止离合器的接合过程变得柔和。

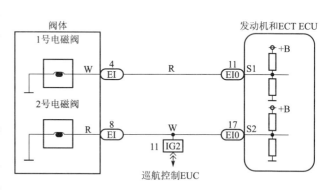

图6-5 线路图

占空比指的是在一个循环中导通时间的比值。例如，如图6-6所示，A为一个循环中的导通时间，B为不导通时间，则

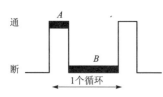

图6-6 占空比概念图

$$负载率 = \frac{A}{A+B} \times 100\%$$

电脑检查电磁阀故障时，向 3 号电磁阀输出的占空比为 90%，电脑检测 3 号电磁线圈电路没有电流流过时，则电脑上故障码为 64。图 6-7 所示为电磁阀 3 号电路图和占空比与锁止压力的关系。

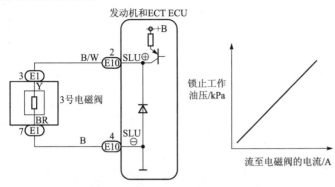

图 6-7　电磁阀 3 号电路图和占空比与锁止压力的关系

电脑在进行锁止离合器控制时，还要根据自动变速器的工作条件，在下述一些特殊工况下禁止锁止离合器接合，以保证汽车的行驶性能，这些禁止锁止的条件有：液压油温度低于 60 ℃，车速与巡航车速误差大，急速开关接通，制动灯开关闭合。目前几乎所有车系的新车型电子控制自动变速器，都采用脉冲线性式电磁阀作为锁止电磁阀，控制锁止离合器锁止。

3. 4 号电磁阀电路（蓄压器背压调节）

当换挡时，4 号电磁阀控制作用在行星齿轮组的制动器和离合器上的油压进行平稳换挡。ECU 根据来自节气门位置传感器、车速传感器和 O/D 挡离合器转速传感器的信号决定最佳工作压力并控制流到电磁阀的电流值。ECU 输出信号的负载比控制通过电磁线圈的电流，使换挡时作用在离合器上的液压发生瞬时变化。占空比愈高，作用在离合器的压力越低。控制系统是通过电磁阀在换挡时减小减振器活塞的背压，以减缓离合器或制动器液压缸内油压的增长速度，达到减小换挡冲击的目的。恰好与 3 号电磁阀相反，工作规律是在正常换挡时通大占空比，防止换挡冲击。在急踏油门时减小占空比，防止打滑过多。在 3 个电磁阀的阀板上，没有此电磁阀，但急踩油门时防止离合器和制动器打滑的设计仍然有，它就相当于本书 A140E 油路图中的蓄压器控制阀。

电脑检查电磁阀故障时，向 4 号电磁阀输出的负载比为 90%，电脑检测 4 号电磁线圈电路没有电流流过时，电脑上故障码为 46。图 6-8 所示为蓄压器背压与占空比的关系。

4. 油压调节电磁阀

模拟产生节气门油压。丰田四挡新车型换挡时，增加了油压调节电磁阀，作用是控制主调压阀上的控制油压，在行星齿轮组的制动器和离合器上的油压进行平稳换挡。ECU 根据来自节气门位置传感器、车速传感器和 O/D 挡离

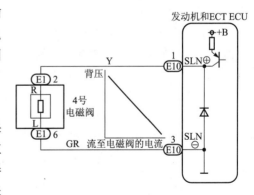

图 6-8　蓄压器背压与占空比的关系

合器转速传感器的信号决定最佳工作压力，并控制流到电磁阀的电流值。ECU 输出信号的占空比控制通过电磁线圈的电流，使换挡时作用在离合器上的液压发生瞬时变化。占空比越高，作用在离合器上的油压越低，一旦失效后，油压最高，包括其他车系的所有车，只要阀板有此电磁阀都这样的设计。

随着电脑性能的不断提高，电子控制自动变速器控制系统的控制范围越来越广，控制功能也越来越多。可以采用多种方法来控制自动变速器的换挡过程，以改善换挡感觉，提高汽车的乘坐舒适性。目前油压调节电磁阀除模拟产生节气门油压外还进行换挡油压控制：在升挡或降挡的瞬间，电脑通过油路压力电磁阀适当降低主油路油压，以减小换挡冲击，改善换挡感觉。

知识点滴： 手控阀（手）控制前进挡、倒挡、空挡以及控制倒挡增加主油压，与电控系统没有任何关系；拉索控制的节气门阀（脚）只起控制主油压的作用；此功能现在由 SLT 电磁阀代替。电磁阀的动作则由发动机上的传感器和变速器上的传感器把信号传给变速器电脑控制。

读者一定不要把手控阀和节气门阀及电磁阀当成阀板的组成部分，尽管它们确实在板上。因为人手和人脚及电控的传感器和电脑及执行器是控制系统的内容，千万不要与阀板混为一谈。在第七章会详细介绍阀板的具体作用和工作原理。

下面继续讲解控制系统的电控部分，注意执行器已经介绍完了，只剩下传感器和电脑了。之所以先讲执行器，是让读者能明白相对于阀板谁是控制系统。

四、电脑

丰田车一般将自动变速器电脑板和电控发动机电脑板做在一块印刷电路板上，图6-9所示为5S-FE电脑元件功能。

电子控制自动变速器是在电子控制装置中电脑的控制下工作的。电脑根据各个传感器测得的有关信号，按预先设定的控制程序，通过向各个执行器发出相应的控制信号来控制自动

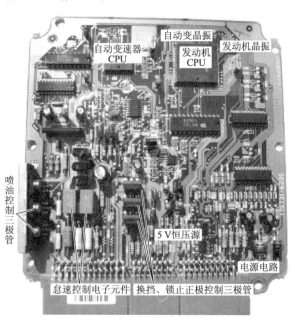

图6-9 5S-FE电脑元件功能

变速器的工作。如果电子控制装置中的某个传感器出现故障，不能向电脑输送信号，或某个执行器损坏，不能完成电脑的控制指令，就会影响电脑对自动变速器的控制，使自动变速器不能正常工作。

为了及时地发现电子控制装置中的故障，并在出现故障时尽可能使自动变速器保持最基本的工作能力，以维持汽车行驶，便于汽车进厂维修，目前许多新型电子控制自动变速器的电子控制装置都具有故障自诊断和失效保护功能。这种电子控制装置在电脑内设有专门的故障自诊断电路，它在汽车行驶过程中不停地监测自动变速器电子控制装置中所有传感器和部分执行器的工作。一旦发现某个传感器或执行器有故障，工作不正常，它立即采取以下几种保护措施。

（1）在汽车行驶时，仪表盘上的自动变速器故障警告灯亮起，以提醒驾驶员立即将汽车送至维修厂检修。目前，大部分丰田汽车是以超速挡指示灯"O/D OFF"作为自动变速器故障警告灯的，少部分用POWER灯作为故障灯。若超速挡指示灯亮起后，按动超速挡开关也不能将它熄灭，即说明电子控制装置出现故障。

（2）将检测到的故障内容以故障代码的形式储存在电脑的存储器内。只要不拆除汽车蓄

电池，被测到的故障代码就会一直保存在电脑内。即使是汽车行驶中偶尔出现的一次故障，电脑也会及时地检测到，并记录下来。在维修时，检修人员可以采用一定的方法将储存在电脑内的故障代码读出，为查找故障部位提供可靠的依据。

五、凌志 A342E 电路图讲解

如图 6－10 所示为凌志 400A342E 变速器电路图。

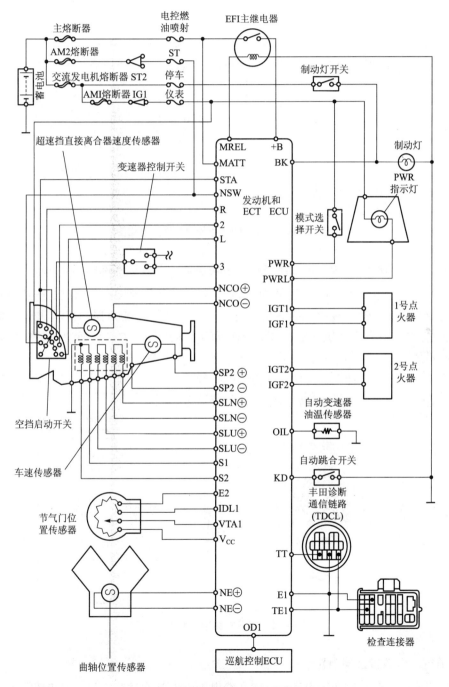

图 6－10　凌志 400A342E 变速器电路图

第六章　「人机」控制系统

1. 2 号车速传感器电路（参考凌志 400 变速器电路图）

2 号车速传感器（SP2）用来测量变速器输出轴转速，并将信号送至"发动机和 ECT ECU"。ECU 根据这些信号确定车速。当安装在输出轴上的转子转动时，2 号车速传感器线圈中产生交变电压并送至 ECU。ECU 根据来自该车速传感器的信号和节气门位置传感器的信号控制换挡和锁止时机。如果 2 号车速传感器发生故障，ECU 则利用来自作为备用信号的 1 号车速传感器（SP1）的输入信号。图 6－11 所示为 2 号车速传感器（SP2）电路图。

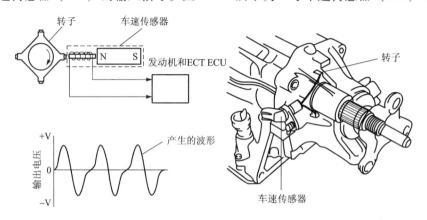

图 6－11　2 号车速传感器（SP2）电路图

2. OD 直接挡离合器转速传感器电路（参考凌志 400 变速器电路图）

目前一些新型电子控制自动变速器设有输入轴转速传感器，电脑通过这一传感器可以检测出自动变速器输入轴的转速，即涡轮轴速。并由此计算出变矩器的传动比（即泵轮和涡轮的转速之比），以及发动机曲轴和自动变速器输入轴的转速差，从而使电脑更精确地控制自动变速器的工作。特别是电脑在进行换挡油路压力控制、减扭矩控制、锁止离合器控制时，利用这一参数进行计算，可使这些控制的持续时间更加准确，从而获得最佳的换挡感觉和乘坐舒适性。图 6－12 所示为输入轴转速传感器电路图。

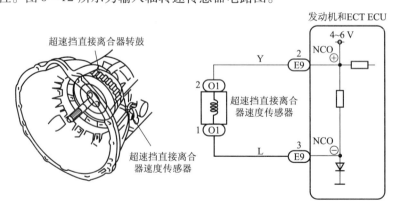

图 6－12　输入轴转速传感器电路图

3. 节气门位置传感器电路

节气门开度的变化转变为电压信号输送给电脑。电脑通过节气门位置传感器可以获得表示节气门由全闭到全开的所有开启角度的连续变化的模拟信号以及节气门开度的变化速率，以作为控制不同行驶条件下的挡位变换的主要依据之一。

节气门位置传感器安装在节气门体中，用它检测节气门开度角。当节气门全闭时，节气门位置传感器中的触点 IDL 闭合，所以在 ECU 的端子 IDL 上电压为 0.7 V。这时在滑动变阻器上也约有 0.7 V 的电压加在 ECU 的端子 VTA 上。当节气门打开时，IDL 触点断开，于是，大约为 5 V 的 ECU 电源电压加到 ECU 的端子 IDL 上。加到 ECU 端子 VTA 上的电压随节气门的开度角成比例地增加，当节气门全开时，电压为 3.5 ~ 5.0 V。ECU 根据从端子 VTA 和 IDL 输入的信号来判断汽车驾驶状况，决定换挡和锁止时机。节气门位置传感器电路如图 6-13 所示。

在车辆行驶时，并非节气门开度的每一个微小的变化都应该引起换挡的需要，因此在发动机与变速器电脑之间并不是将节气门开度信号进行简单的传递，而是根据节气门的开度将其转变为怠速位置；加上节气门确定的 8 个位置，即从 0% ~ 7% ~ 15% ~ 25% ~ 35% ~ 50% ~ 65% ~ 85% ~ 100% 共 9 个位置信号。怠速位置只由怠速开关决定即可，滑动变阻器决定其他 8 个位置。

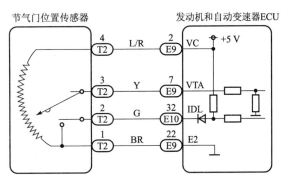

图 6-13　节气门位置传感器电路图

知识点滴：在电脑内节气门开度为 36% 和 49% 对换挡点来讲没有区别，它都反映节气门在第 5 个节气门开度内。

换挡控制即控制自动变速器的换挡时刻，也就是在汽车达到某一车速时，让自动变速器升挡或降挡，它是自动变速器电脑最基本的控制内容。自动变速器的换挡时刻（即换挡车速，包括升挡车速和降挡车速）对汽车的动力性和燃料经济性有很大的影响。对于汽车的某一特定行驶工况来说，有一个与之相对应的最佳换挡时刻或换挡车速。电脑应使自动变速器在汽车的任意行驶条件下都按最佳换挡时刻进行换挡，从而使汽车的动力性和燃料经济性等各项指标达到最优。

汽车的最佳换挡车速主要取决于汽车行驶时的节气门开度，不同节气门开度下的最佳换挡车速可以用节气门开度和车速（本质为输出轴转速）对应的自动换挡图来表示，如图 6-14 所示。

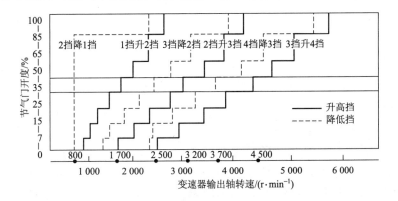

图 6-14　电控自动变速器换挡图

知识点滴：由图6-14可知，节气门开度愈小，汽车的升挡车速和降挡车速愈低；反之，节气门开度愈大，汽车的升挡车速和降挡车速愈高。

节气门在第5个开度时，即开度在35%～50%时，输出轴转速必须超过1 700 r/min时才能由D1升至D2，输出轴转速必须超过3 200 r/min时才能由D2升至D3，输出轴转速必须超过4 500 r/min时才能由D3升至D4。

节气门在第5个开度时，即开度在35%～50%时，输出轴转速必须低于3 700 r/min时才能由D4降至D3，输出轴转速必须低于2 500 r/min时才能由D3降至D2，输出轴转速必须低于800 r/min时才能由D2降至D1。

这种换挡规律十分符合汽车的实际使用要求。例如，车在良好路面上缓慢加速时，行驶阻力较小，油门开度也小，升挡车速可相应降低，即可以较早地升入高挡，从而让发动机在较低的转速范围内工作，减小汽车油耗；反之，当汽车急加速或上坡时，行驶阻力较大，为保证汽车有足够的动力，油门开度应大，换挡时刻应相应延迟，也就是升挡车速应相应提高，从而让发动机工作在较高的转速范围内，以发出较大的功率，提高汽车的加速和爬坡能力。

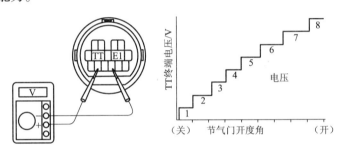

图6-15 节气门9个开度的测量

节气门9个开度的测量如图6-15所示。将电压表连接TDCL的端子TT和E1；将点火开关转到ON（不起动发动机）；从全关至全开位置，逐渐踏加速踏板，节气门电压连续增大，同时检查端子TT的电压。电压自0～8 V呈1 V的阶梯形变化。

进行检测时不得踩制动踏板，否则，电压将停留在0 V。这个能证明节气门实际开度传至电脑后变为9个位置。

4. 液压油温度传感器和发动机水温传感器

液压油温度传感器安装在自动变速器油底壳内的阀板上，用于检测自动变速器液压油的温度，以作为电脑进行换挡控制、油压控制和锁止离合器控制的依据。电脑还可以根据液压油温度传感器的信号，在液压油温度未达到正常工作温度时（低于60 ℃），将主油路油压调整为低于正常值，以防止因液压油在低温下黏度较大而产生换挡冲击。当液压油温度过低时（低于零下30 ℃）。电脑使主油路油压升到最大值，以加速离合器、制动器的接合，当温度过低时，因液压油黏度过大而使换挡过程过于缓慢。图6-16所示为油温传感器电路图。

液压油温度传感器内部是一个半导体热敏电阻，它具有负的温度电阻系数。温度愈高，电阻愈低，电脑根据其电阻的变化测出自动变速器液压油的温度，与水温传感器有相同的检测方法。但最好用激光温度仪测油底壳实际温度，与解码仪读得温度相对比来检测。

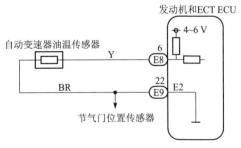

图6-16 油温传感器电路图

5. 开关信号类

（1）多功能开关电路。多功能开关测定换挡杆的位置并将信号送至 ECU。ECU 接收来自空挡起动开关的信号（R、NSW、2 和 L）。当空挡起动开关不向 ECU 发送信号时，ECU 就判断空挡起动开关处于 D 挡位。除此之外还有控制倒车灯给仪表指示信号，控制 P/N 挡起动。图 6-17 所示为多功能开关电路图。

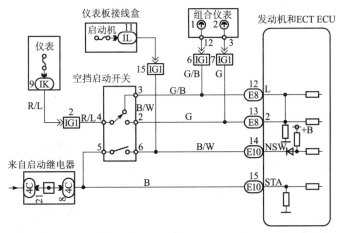

图 6-17　多功能开关电路图

（2）自动跳合开关（强制降挡开关）电路。当踩下加速踏板超过节气门全开位置时，自动跳合开关会接通并对 ECU 发送信号。当自动跳合开关接通时，ECU 按照换挡一览表编制的程序控制换挡。图 6-18 所示为自动跳合开关电路图。

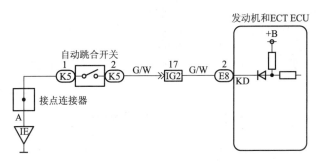

图 6-18　自动跳合开关电路图

如果自动跳合发生短路，ECU 不计自动跳合开关的信号，控制换挡在手动换挡位置。当自动跳合开关电路发生故障时，与通常检查出故障时的情况不一样，O/D OFF 指示灯不闪亮。按正常状态诊断时，仅检查出自动跳合开关或配线的短路。在试验状态下诊断时，能检查出开路。

（3）停车灯电路。本电路的目的是防止车辆在锁定的情况下行驶时突然踩刹车使发动机熄火。当制动踏板动作时，此开关将信号送至 ECU。然后在制动系统起作用前先对 ECU 解除离合锁定。图 6-19 所示为停车灯电路图。

（4）模式选择开关电路。ECU 存储器有 NORMAL 和 POWER 模式、2 挡位、L 挡位及锁定模式的换挡程序。根据来自模式选择开关、空挡起动开关和其他各种传感器信号的程序，

ECU 会控制电磁阀的接通和关断，从而控制变速器换挡和锁止离合器锁止。

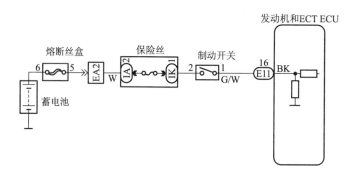

图 6-19　停车灯电路图

　　汽车自动变速器的操纵手柄或模式开关处于不同位置时，对汽车的使用要求也有所不同，因此其换挡规律也应作相应的调整。电脑将汽车在不同使用要求下的最佳换挡规律以自动换挡图的形式储存在存储器内。图 6-20 所示为模式选择开关电路图。在汽车行驶中，电脑根据挡位开关和模式开关的信号从存储器内选择出相对应的自动换挡图，再将车速传感器和节气门位置传感器测得的车速、节气门开度与自动换挡图进行比较；根据比较结果，在达到设定的换挡车速时，电脑便向换挡电磁阀发出电信号，以实现挡位的自动变换，如图 6-21 所示。

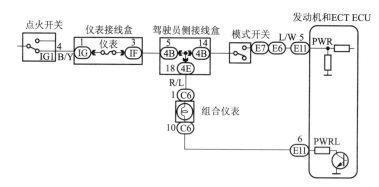

图 6-20　模式选择开关电路图

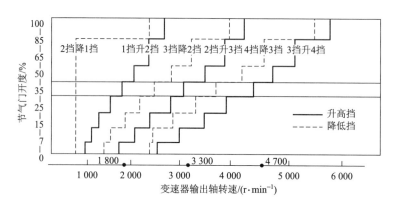

图 6-21　D 位动力驾驶模式换挡图

知识点滴：丰田车 D 位 4 挡变速器只有两套换挡图，即 NORMAL 和 POWER 模式。

图 6 - 21 中节气门开度在 35% ~ 50% 时，相对正常模式，对应输出轴转速由 4 500 r/min 推迟到 4 700 r/min。

（5）O/D 开关电路。开关推入，O/D 开关关断，开关推出，O/D 开关接通。在 O/D 开关 OFF 位置，OFF 指示灯亮。ECU 阻止换入超速挡行驶。当检测到故障时，ECU 还使 O/D OFF 指示灯闪亮。这时通过短接 TDCL 内的各连接端子或检查连接器能通过此灯闪烁显示故障代码。图 6 - 22 所示为 O/D 开关电路图。

知识点滴：丰田 4 挡变速器有的有 O/D OFF 开关，有的没有此开关，此时可用变速器"控制开关"关闭超速挡。若没有 O/D 开关，自然仪表没有 O/D OFF 指示灯，此时故障码从 PWR 灯读出。

6. 巡航 O/D 挡解除信号电路

当在行驶速度控制起作用的情况下，为了使换挡最少且上坡行驶速度平稳，在某些情况下，超速挡和锁止离合器的锁止会被暂时停止。当有需要时，巡航控制 ECU 会向"发动机和 ECT ECU"送出 OD 切断信号，在这个电信号改变之前，"发动机和 ECT ECU"一直解除超速挡换挡。具体是车速误差大时，巡航电脑上的 ECT 引脚（例如 5S - FE 发动机和自动变电脑配的巡航电脑）输出 12 V 高电位，发动机变速器电脑 OD 引脚收到后解除 D4 挡航巡，改用 D3 挡航巡。在凌志 400 车里电脑 OD1 引脚发生了变化，如图 6 - 23 所示为巡航 O/D 解除信号电路。

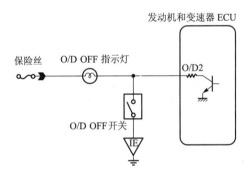

图 6 - 22　O/D 开关电路图

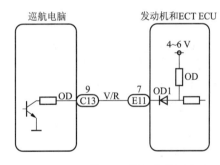

图 6 - 23　巡航 O/D 挡解除信号电路

知识点滴：因 D4 挡两个电磁阀都断电，降为 D3 挡后 2 号电磁阀变为通电，此信号要反馈给巡航电脑进行确认。

7. 故障读出电路

当用短接线短接 TDCL 或检查连接器端子 TE1 与 E1 时，ECU 用 O/D OFF 指示灯显示诊断代码。图 6 - 24 所示为自诊断插头，图 6 - 25 所示为自诊断电路图。

检查 TDCL 或检查连接器端子 TE1 与 E1 之间的电压。测量 TDCL 或检查连接器端子 TE1 与 E1 之间的电压应为蓄电池电压，也有为 5 V 的电压，这与电压源电压有关。

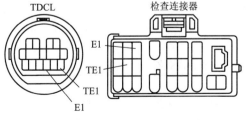

图 6 - 24　自诊断插头

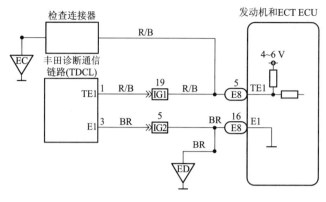

图 6 - 25　自诊断电路图

8. 用万用表充当检测仪

可以用测量 ECU 连接器端子 TT 的电压来检查与节气门位置传感器、制动器、换挡控制信号和其他电路有关的输入和输出信号。图 6 - 26 所示为检查连接器电路图。

（1）主节气门位置传感器的检查。将伏特表连接 TDCL 的端子 TT 和 E1；将点火开关转到 ON（不起动发动机）；节气门从全关至全开位置，逐渐踏加速踏板，同时检查端子 TT 的电压。电压自 0 ~ 8 V 阶梯形变化。进行检测时不得踩制动踏板。否则，电压将停留在 0 V。

（2）刹车灯开关的检测。打开点火开关，不要起动发动机；将油门踏板踩到底；踩下或松开制动踏板，同时观察电压表指针的指示情况；若踩下制动踏板时，电压表读数为 0 V；松开制动踏板时，电压表读数为 8 V，说明刹车灯开关工作正常。

（3）换挡控制信号的检测。起动发动机并运转至正常工作温度；按下超速挡开关，置于 ON 位置；按下模式开关，使之位于普通模式或经济模式位置；将操纵手柄拨至前进挡（D）位置，踩下油门踏板，让汽车行驶并加速；观察电压表指针指示情况。此时电压表指示的电压与电脑发出的换挡信号的关系见表 6 - 1。

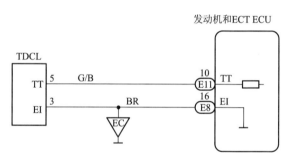

图 6 - 26　检查连接器电路图

表 6 - 1　电压与换挡信号的关系

挡　　位	电压/V
1 挡	0
2 挡	2
2 挡、锁止离合器接合	3
3 挡	4
3 挡、锁止离合器接合	5
4 挡	6
4 挡、锁止离合器接合	7

由表 6 - 1 可知，随着挡位的升高，电压表指示的电压将作阶跃性增大。每次电压增大的时刻即为电脑发出升挡信号或锁止信号的时刻。此第三项换挡控制信号的检测电压与换挡信号的关系，可以与 7 个道路试验相结合判断变速器故障。在无解码仪的情况下特别有用。

六、自动变速器的应急功能和失效替代功能

电脑按设定的失效保护程序控制自动变速器的工作，保持汽车的基本行驶能力。在这种工作状态下，自动变速器的性能会受到很大的影响。

1. 传感器出现故障后，电脑所采取的相应的失效保护功能

节气门位置传感器出现故障时，电脑根据怠速开关的状态进行控制。当怠速开关断开时（加速踏板被踩下），按节气门开度为 1/2 进行控制，同时节气门油压为最大值。当怠速开关接通时（加速踏板完全放松），按节气门处于全闭状态进行控制，同时节气门油压为最小值。车速传感器出现故障时，电脑不能进行自动换挡控制，此时自动变速器的挡位由操纵手柄的位置决定。丰田四速变速器在 D 位锁 4 挡；2 位锁 3 挡；在 L 位锁定 1 挡；以保持汽车最基本的行驶能力。许多车型的自动变速器有两个车速传感器，其中一个用于自动变速器的换挡控制，另一个为仪表盘上车速表的传感器。这两个传感器都与电脑连接，当用于换挡控制的车速传感器损坏时，电脑可利用车速表传感器的信号来控制换挡。输入轴转速传感器出现故障时，电脑停止减扭矩控制，换挡冲击有所增大。液压油温度传感器出现故障时，电脑按液压油温度为 80 ℃进行控制。

2. 执行器出现故障后，电脑所采取的相应的失效保护功能

换挡电磁阀出现故障时，不同的电脑有两种不同的失效保护功能。

一种是不论有几个换挡电磁阀出现故障，电脑都将停止所有换挡电磁阀的工作，此时自动变速器的挡位将完全由操纵手柄的位置决定，大众车采用此种方式。

另一种是换挡电磁阀中有一个出现故障时，电脑控制其他无故障的电磁阀工作，以保证自动变速器仍能自动升挡或降挡，但会失去某些挡位，而且升挡或降挡规律有所变化，例如：可能直接由 1 挡升至 3 挡或超速挡。

表 6 - 2 所示为凌志 400 A342E 变速器电磁阀工作规律。

表 6 - 2　凌志 400 A342E 变速器电磁阀工作规律

手柄位置	挡位	1 号电磁阀	2 号电磁阀
D 位	1 挡	1	0
	2 挡	1	1
	3 挡	0	1
	4 挡	0	0

如果 1 号电磁阀损坏，电磁阀工作规律见表 6 - 3。

表 6 - 3　1 号电磁阀损坏时电磁阀的工作规律

手柄位置	挡位	1 号电磁阀	2 号电磁阀
D 位	4 挡	0	0
	3 挡	0	1
	3 挡	0	1
	4 挡	0	0

根据表6－3推出1号电磁阀损坏，凌志400 A342E变速器会4挡起步，车速到3挡时升3挡，车速到4挡时再换回4挡。

故障现象为起步冲击，起步很慢，发动机转速一直低，车速上升慢，不过跑高速仍然省油，最高车速也正常。

原因是辛普森式变速器正常起步为2挡起步，消除双排的齿轮间隙，0.8 s后为1挡起步，如4挡起步为一个行星排，齿轮间隙冲击倒没有，但发动机的负载太大，发动机降速太多，产生冲击，此时冲击来自发动机，不是变速器。车速上升慢是因为牵引力过小，加速度不够。跑起来省油是因为高挡省油。

如果2号电磁阀损坏，电磁阀工作规律见表6－4。

表6－4　2号电磁阀损坏时电磁阀的工作规律

手柄位置	挡位	1号电磁阀	2号电磁阀
D位	1挡	1	0
	1挡	1	0
	4挡	0	0
	4挡	0	0

根据表6－4可推出，如果2号电磁阀损坏，凌志400 A342E变速器会1挡起步，车速高时升4挡。

故障现象为起步冲击，起步较快，发动机转速一直高且噪声大，车速上升还可以，跑高速挺省油，最高车速也正常。

原因是辛普森式变速器正常起步为2挡起步，消除双排的齿轮间隙，0.8 s后为1挡起步。如直接1挡起步为两个行星排运作，齿轮间隙冲击很大，此时冲击来自变速器，不是发动机。1挡时发动机的负载小，发动机转速高，转速高且噪声大。跑起来省油是因为高挡省油。

如果两个电磁阀全损坏时，电磁阀工作规律见表6－5，一直保持在4挡。

表6－5　两个电磁阀全损坏时电磁阀的工作规律

手柄位置	挡位	1号电磁阀	2号电磁阀
D位	4挡	0	0
	4挡	0	0
	4挡	0	0
	4挡	0	0

故障现象为起步冲击，起步很慢，发动机转速一直低，车速上升慢，不过跑高速挺省油，最高车速也正常。

4挡起步为一个行星排，齿轮间隙冲击倒没有，但发动机的负载太大，发动机降速太多，产生冲击，此时冲击来自发动机，不是变速器。车速上升慢是因为牵引力过小，加速度不够。跑起来省油是因为高挡省油。

如果两个电磁阀全损坏手柄在2和L位时分别保持在3挡和1挡，这是由手控阀和两个断电的电磁阀决定的。

在修理时为确定变速器内是否有机械故障，常将电磁阀插头拔下试车。对于A342E变速器在D位应出现上述的现象，如果现象不对则为箱内有故障。只有确定箱内有故障才能抬变速器，否则容易造成新的故障，新旧故障现象掺杂在一起，给进一步分析增加了难度。

锁止电磁阀出现故障时，电脑停止锁止离合器控制，使锁止离合器始终处于分离状；主油压电磁阀出现故障时，电脑停止锁止离合器控制，使油路压力保持为最大。

✳ 第二节　大众汽车控制系统

大众汽车控制系统的特点：由于采用全电控控制系统，所以在控制部分只包括手控阀和电控的传感器、电脑、执行器两个组成部分。由于手控阀简单，且作用与丰田车的相当，结构参考后边的油路图，在此不作介绍。

大众变速器与丰田四挡变速器是有区别的，如大众01M变速器无节气门拉索，这就要求主调压由电脑根据节气门信号控制电磁阀（N93），产生模拟的节气门油压进行调节控制。这在第七章阀板中讲解。

一、大众典型变速器电控系统组成图和电路图

图6-27~图6-30为大众01M变速器电控系统组成图和电路图。

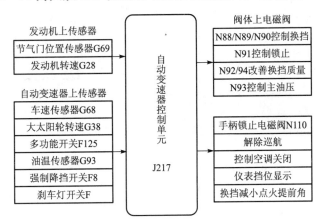

图6-27　大众01M变速器电控系统元件组成图

G69：节气门电位计；G38：变速器转速传感器；G68：车速传感器；

G28：发动机转速传感器；F125：多功能开关；F：制动灯开关；

F8：强制低速挡开关；G93：油温度传感器

知识点滴：

（1）发动机上传感器信号可由发动机电脑J220传入自动变速器电脑J217；

（2）自动变速器电脑通知发动机电脑控制解除巡航；

（3）自动变速器电脑通知空调电脑关闭空调；

（4）自动变速器电脑通知发动机电脑减小点火提前角。

从"2001年捷达01M变速器电路图"到"捷达二次优化线束01M变速器电路图"，再到"2005捷达01M变速器电路图"，01M变速器已几经变化。

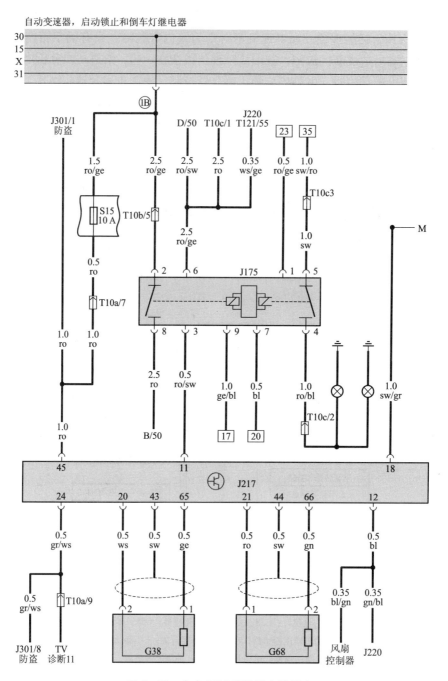

图 6-28　大众 01M 变速器电路图 1

二、电控系统传感器元件

1. 节气门位置传感器

1997—2005 年国产大众车的节气门部分是拉索控制，部分是没有拉索的电子节气门控制。带拉索控制的节气门位置传感器称为半电子节气门位置传感器。图 6-31 所示为捷达半

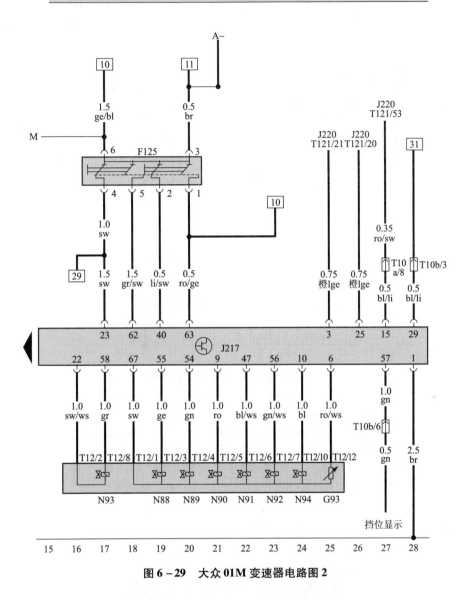

图 6 - 29　大众 01M 变速器电路图 2

电子节气门位置传感器。2005 年以后捷达采用电子节气门。

　　知识点滴：半电子节气门内有 3 个弹簧，一个阻止开大的回位弹簧，一个阻止关小的弹簧，一个应急弹簧。

　　大众节气门体代码为（J338）。节气门体也叫节流阀体，它是一个传感器和执行器结合的一个组件，它由急速直流电动机 V60、怠速节气门电位计 G88、节气门电位计 G69、怠速开关 F60、应急弹簧等组成。如图 6 - 32 所示为大众捷达半电子节气门位置传感器电路图。其电路功能如下。

　　（1）怠速控制：怠速开关闭合，发动机控制单元判明发动机进入怠速工况，节气门电动

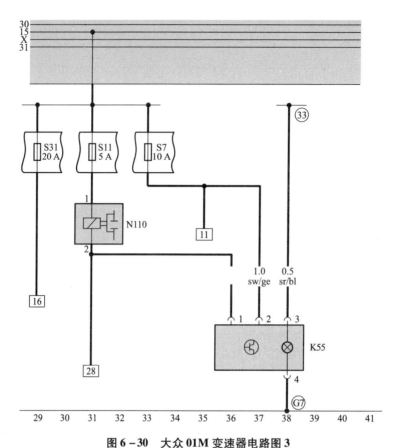

图6-30　大众01M变速器电路图3

J217：自动变速器电脑；J175：倒车/起动继电器；J301：防盗器控制电脑；

B/50：起动机磁力开关接柱；D/50：点火开关起动挡供电；A：蓄电池Accumulator；

N110：手柄P/N位锁止电磁阀；K55：挡位指示灯；G7：接地点，前流水槽左侧；

TV：即K线，接自诊断口OBD第七脚；F125：多功能开关，控制起动电路、

倒车灯电路、给电脑手柄位置信号，电脑把位置再传给仪表；

VG38：监测大太阳轮转速，变速器在2、4挡时无信号输出

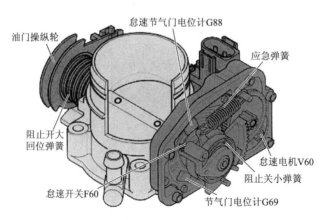

图6-31　大众捷达半电子节气门位置传感器

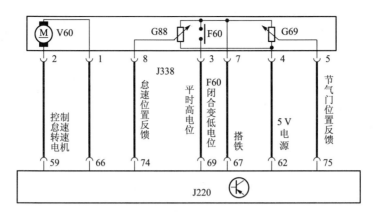

图 6 - 32　大众捷达半电子节气门位置传感器电路图

机 V60 在急速控制范围内对节气门开度起控制作用。司机踩油门时，拉索对节气门起控制作用，急速开关 F60 断开，电动机断电。

（2）应急功能：若电动机控制急速失效，即电动机不能控制节气门关小，应急弹簧将节气门拉回到应急运转开度（1 500 r/min），急速不会下降为 840 r/min。此时驾驶员仍可通过油门踏板拉动节气门，两者互不干预。

（3）关闭缓冲功能：驾驶员迅速将脚抬离油门踏板时，节气门迅速回落到急速控制范围内的最大开度上（即应急开度），此时 F60 闭合，节气门控制单元根据急速开关或两电位计的信号关闭节气门，直至发动机达到最适宜的急速转速。

按技术要求，节流阀体外壳不能打开检修，也不允许人工调整，可用大众公司专用故障诊断仪 V. A. G1551/1552 或 V. A. S5051/5052 的 04 功能"基本调整"来对 G69 作基本设定（也可用其他非专用诊断仪作基本设定）。对于发动机只能对 G88 急速节气门电位计作基本设定。

节气门电位计（G69）：节气门电位计反映了节气门在全部开度范围的位置，此信号作为发动机主要的负荷辅助信号，影响发动机急加速喷油量和点火角，电脑根据节气门信号的变化率来识别加减速工况。当节气门位置信号中断时。ECU 用发动机转速信号和空气流量计信号计算出一个替代值，发动机仍能运转。对于自动变速器节气门电位计 G69 则相当重要，G69 显示主要的降挡控制信号。

知识点滴：节气门电位计（G69）和车速信号 G68 共同来控制变速器的升降挡及锁止离合器的锁止，所以节气门电位计（G69）即与发动机有关，又与变速器有关。

急速节气门电位计（G88）：急速节气门电位计向控制单元 J220 提供节气门的当前开启位置。当急速节气门到达调节范围内极限（应急开度），如果节气门继续开启，急速节气门电位计将不再起作用。如果其信号中断，应急弹簧将节气门拉动进入机械应急运转状态，发动机急速转速将有所提高，与发动机有关。

急速开关（F60）：急速开关在整个急速调节范围内闭合，ECU 通过急速开关的闭合信号来识别急速工况。若急速开关信号中断，ECU 将比较节气门电位计和急速节气门电位计的值，根据两者的相位关系判别节气门的急速位置，与发动机有关。

急速调节电动机（V60）：它是一个直流电动机，能在急速调节范围内通过齿轮驱动来操纵节气门开度。ECU 不断地采集转速传感器送来的转速信号并与理论怠速转速进行比较，如果存在偏差，ECU 将根据节气门电位计当时的位置信息，在怠速范围内通过控制怠速直流电动机来调节节气门开度，实现对怠速进气量的调节，以控制发动机怠速转速，与发动机有关。

半电子节气门会在未来几年淘汰，取而代之的是全电子节气门。全电子节气门能实现多种控制功能，结构如图 6 - 33 所示。电子节气门的节气门体由节气门、驱动电机、减速齿轮、回位弹簧、节气门开度传感器等组成。驱动电机通过两级齿轮减速带动节气门运动，在怠速时节气门并不完全关闭，而是由两只扭簧定位在应急开度位置，并通过驱动电机的双向转动进行控制，与节气门轴相连的滑片式线性电位器用于采集节气门开度。

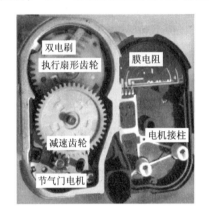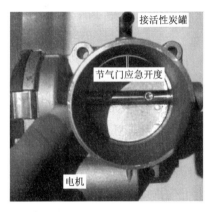

图 6 - 33　电子节气门实物图

知识点滴：电子节气门省略了怠速触点，电机反向电流可使节气门在应急开度向小关闭，实现怠速区域的自动控制，电机正向电流可使节气门从应急开度向大开启。

电机的输出力矩与回位弹簧力矩平衡时，节气门开度才能保持不变；占空比增大时，电机驱动力矩大于回位弹簧阻力矩，节气门开度增加；当占空比减小时，电机驱动力矩小于回位弹簧阻力矩，节气门开度减小，占空比越小节气门开度也越小。在减小节气门开度时，为了克服由于电机磁滞造成的节气门换向滞后现象，采用在 PWM 驱动信号中加反向电压脉冲的办法保证响应快速、动作灵敏。与节气门轴相连的开度传感器将节气门开度信号反馈给电控单元，构成闭环位置控制系统。节气门开度不仅由加速踏板控制，而且还要由其他控制系统控制，最终按照发动机的扭矩需求，精确调节节气门开度。现在许多电子节气门产品已将节气门控制器与发动机 ECU 集成为一体，从而使系统的结构进一步简化，可靠性也一步提高。图 6 - 34 为宝来汽车电子节气门电路图。

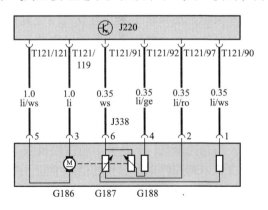

图 6 - 34　宝来汽车电子节气门电路图

知识点滴：半/全电子节气门因电机工作中电机轴受挠向弯力，所以电机轴承套损坏的概率很高，导致电机齿轮与减速齿轮顶齿或啮合不上，电机对节气门控制失灵。可更换电机轴铜套或电机解决，也可更换节气门解决，别忘了对发动机和变速器分别作基本设定。

电脑主要根据油门踏板位置传感器 G79 和 G185 的信号（图 6-34 中未画出）控制电机 G186，同时 G187 和 G188 把信号反馈给电脑以利于更精确的控制。

节气门位置传感器是节气门状态检测元件。从控制的角度讲，只需一个位置传感器就够了，采用双传感器可大大增加识别硬件故障的可靠性，这些传感器都是线性电位器，两个传感器由同一电源 5 V 供电，设计成电阻值同向或反向变化，反向即一个电阻值增加时另一个减小，其输出电压成互补的方式（图 6-35），两个传感器输出电压信号之和始终等于供电电压，这样可保证当其中一个传感器出现故障或电源电压低于规定值时，及时识别。同向时，两个信号间的差值不允许超过一定范围，否则也视为故障。

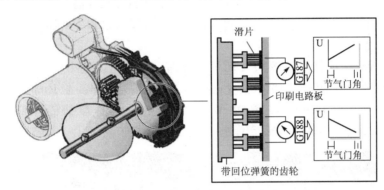

图 6-35 节气门位置和怠速节气门位置信号输出相反

油门踏板位置传感器 G185 和 G79 安装在油门踏板支架上，油门踏板位置传感器将油门踏板移动量转换成带有不同输出特性的两类电子信号，然后信号被输入发动机 ECU。

电脑主要根据油门踏板位置传感器 G79 和 G185 信号识别司机是否正在踩油门踏板，如果输出电压低于一个限定值，电脑自动识别怠速，电脑控制电机 G186 在怠速控制范围内控制节气门。如果输出电压高于一个限定值，电脑自动识别非怠速，电脑控制电机 G186 在大于怠速控制范围内控制节气门。节气门位置传感器 G187 和怠速节气门位置 G188 用于把信号反馈给电脑以利于更精确的控制。

知识点滴：节气门位置传感器和油门位置传感器都为双滑动变阻器，节气门位置传感器只需 4 根线，油门位置传感器则需 6 根线。

节气门信号的传输：发动机电脑 J220 根据节气门电位计 G69 提供的发动机负荷信息确定换挡时刻和调整主油路油压（该油压与挡位有关）。电脑还根据节气门电位计提供的油门踏板操纵速度信息调整换挡点。图 6-36 所示为 G69 信号经发动机电脑后再进变速器电脑。

节气门电位计失效时，电脑取一适中的发动机负荷作为节气门电位计的替代信号，用于确定换挡点，同时将变速器操纵油压根据相应的挡位调整

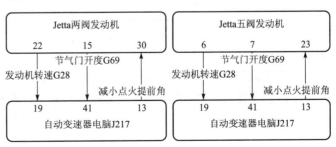

图 6-36 电脑之间的信号传递

至全负荷油压。

当 G69 出现故障，J217 不进入应急状态，此时以中等负荷信号（50%）来进行工作，但此时停止逻辑控制。锁止离合器停止工作（变速器此时不再锁止）。信号通过发动机控制单元传递至自动变速器控制单元，如图 6-36 所示，在 2 V 发动机中信号通过 J220 的 15 脚传给 J217 的 41 脚；5 V 发动机中信号由 J220 的 7 脚传给 J217 的 41 脚。

知识点滴：有 CAN BUS 功能后，共用信号从 CAN BUS 中共享。

2. 变速器转速传感器 G38

G38 位于变速器壳体上，用于测量变速器中大太阳轮的转速，其转速用于精确识别换挡时刻。当电脑通过该转速传感器识别出换挡时，将发动机点火提前角延迟以减小换挡过程中的发动机转矩。同时对换挡过程中片式离合器和制动器结合过程中的油压进行控制，识别变速器内打滑。

图 6-37 所示为换挡时 G38 将发动机点火提前角延迟以减小发动机转矩示意图，图 6-38 所示为变速器电脑向发动机电脑发送减小点火角信号线路，在 Jetta 2 V 发动机中信号通过 J217 的 30 脚给 J220 的 13 脚；5 V 发动机中由 J217 的 23 脚传给 J220 的 13 脚。图 6-39 所示为 G38 变速器转速传感器位置。

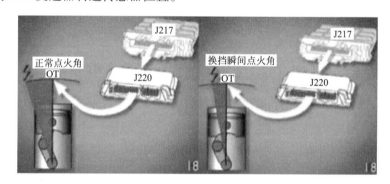

图 6-37　换挡时 G38 将发动机点火提前角减小

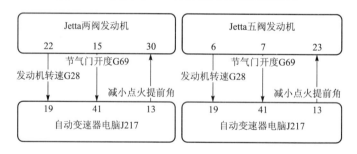

图 6-38　变速器电脑向发动机电脑发送减小点火角信号线路

如 G38 出现故障，变速器进入紧急状态，并且可以用 V. A. G1551 的 02 功能进行查询。换挡时推迟点火提前角，进行减扭矩控制的信号传递如图 6-36 所示。

3. 车速传感器 G68

车速传感器 G68 采集变速器内齿圈的转速信号（变速器输出轴转速信号），用以确定换挡时刻；电脑根据车速传感器 G68 信号和 G38、G69 信号，确定锁止离合器滑差；保证巡航系统工作（D、3、2挡，车速大于 30 km/h）。

知识点滴：信号中断时用 G28 信号作为替代信号；变矩器中的锁止离合器不会锁止。由于 G68 有替代信号，因此自动变速器不会进入应急状态，如图 6-39 所示。

4. ATF 油温度传感器 G93

油温度传感器 G93 测出 ATF 油温度。图 6-40 所示为 G93 变速器油温传感器位置。

图 6-39　变速器转速传感器 G38
和车速传感器位置 G68

图 6-40　G93 变速器油温传感器位置

变速器油温传感器装在变速器的阀体的印刷线束上，并浸在油中。该温度传感器是一个负温度系数热敏电阻（即油温升高时，电阻值减小），电脑以此参数作为控制换挡正时和闭锁离合器闭锁时机的参数之一。如果该温度传感器检测到的温度达到 150 ℃的极限值，锁止离合器锁止（泵轮和涡轮几乎无转速差，几乎不生热，以利于温度下降），变速器油温降低。如果采用该措施仍不能使油温降至合适值，则电脑发出指令下降一个挡位（涡轮的负荷变小，涡轮阻碍泵轮阻力变小，生热量下降）。

电阻发生故障：故障反应为温度高，则无法进入高挡；如反应为温度低，则换挡缓慢，不容易进入高挡。如电阻发生故障，则自动变速器不进入应急状态，用 V. A. G1551 可对故障进行检测并且可用 08 功能阅读其温度反应值。

5. 发动机转速传感器 G28

感知发动机的转速，通过发动机电脑 J220 来获取。通过发动机电脑 J220 再传至自动变电脑 J217，可作为 G68 的替代信号；用来与涡轮转速（车速传感器 G68 通过传动比反算出涡轮转速）作比较，确定锁止离合器的打滑量。

如 G28 故障发生在 J220 前，则发动机熄火，如发生在 J220 与 J217 之间，则变速器进入应急状态。G28 可用 V. A. G1551 对其进行故障查询和数据读取。

图 6-36 中，2 V 发动机中信号通过 J220 的 22 脚传给 J217 的 19 脚；5 V 发动机中由 J220 的 6 脚传给 J217 的 19 脚。图 6-41 所示为发动机电脑向变速器电脑发送发动机转速信号线路。

6. 强制低速挡开关 F8

强制低挡开关位于油门踏板拉杆上。当油门踏板行程超过节气门全开点时，该开关动作。当车速大于 120 km/h 时，触动此开关，J217 不反应；当车速介于 50～120 km/h 时，触

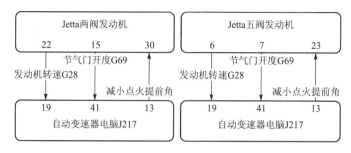

图 6-41　发动机电脑向变速器电脑发送发动机转速信号线路

动此开关，切断空调机 8 s；当车速小于或等于
50 km/h 时，触动此开关，则向下换 1 挡。如降
挡后发动机不致会超速，则立即降挡，强制低挡
开关动作后空调被暂时关闭（最长可关闭 8 s），
以提高驱动功率。当发动机转速较高时，则可按
正常换挡规律进行升挡。在 TDI 发动机（涡轮增
压直喷式柴油机）中，该开关位于加速踏板位置
传感器中。图 6-42 所示为强制低挡开关位置。

图 6-42　强制低挡开关位置

强制低挡开关失效时，当油门踏板行程为踩
到底行程的 95% 时，即可强制换低挡。开关在油
门踩到底时不能闭合将导致作不了基本设定，换
挡点和油压出现不准。若没有开关更换或应急时，如要作基本设定时，可将油门在踩到底时
用导线短接 F8 母插头，保持 3 s 后断开。如更换拉索，要作基本设定。

7. 多功能开关 F125

多功能开关 F125 用来获得操纵杆的位置信号，把操纵杆的位置信号传至电脑 J217，电
脑控制手柄在不同位置的换挡范围和油压，把信号传出给仪表指示挡位或切断巡航功能。多
功能开关 F125 在 R 位控制倒车灯电路；操纵杆位于 P/N 位控制起动机电路。如信号中断，
则变速器进入应急状态，可用 V. A. G1551 对其进行故障查询。图 6-43 所示为多功能开关
F125 位置。

多功能开关 F125 安装在变速器壳体上，选挡手柄通过硬钢丝使手控阀在阀体内移动，同
时使换挡轴及其上的塑料凸轮 1 和 2 一起转动，推动触头 A 和 B 在多功能开关内做伸缩运动。
凸轮 2 与触头 A 接触，推动其上下移动，有 3 个工作位置，凸轮 1 与触头 B 接触，也有 3 个工
作位置（图 6-44 所示为 A、B 触头和凸轮 1、2，新车型有 4 个范围），A、B 两个触头经过组
合有 9 种输出，这里只用了其中的 7 种输出，分别代表 7 个杆位 P，R，N，D，3，2，1。

多功能开关的电路图如图 6-45 所示。其中 A、B 为多功能开关的两个触头，实际上为
两个双刀三置开关，元件共有 8 个引脚，实际只用 6 个。

不同杆位 A、B 触点的位置和电路接通情况见表 6-6，向电脑输入相应的选挡杆位置信息。

知识点滴：多功能开关 F125 只有 3 组触点，手柄有 P、R、N、D、3、2、1 共 7 个位
置，决定了 A 和 B 两个触头并不总随手柄位置变化同时发生伸缩，两个触头有时是交替的
和相反的，由塑料凸轮 1 和 2 的形状决定。

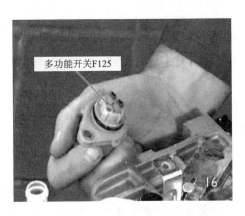

图 6-43 多功能开关 F125 位置

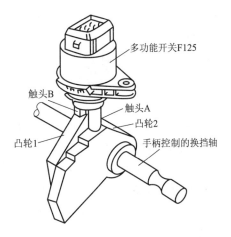

图 6-44 A、B 触头和凸轮 1、2

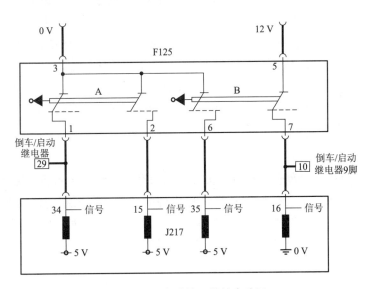

图 6-45 多功能开关的电路图

表 6-6 不同挡位下向电脑输入的电压状态

杆位 \ 引脚	34 (1)	15 (2)	35 (6)	16 (7)
P	0	1	1	1
R	1	1	1	1
N	1	0	1	1
D	1	0	1	0
3	1	0	0	0
2	1	1	0	0
1	0	1	0	0
注："1"表示高电平,"0"表示低电平。				

知识点滴：观察一下多功能开关的数据流是否与手柄位置表格内容对应。

001 组

Read measuring value block 1			
P	0.8 V	0%	00000111

显示区 1：选挡杆位置，P、R、N、D、3、2、1 用于检测多功能开关。

显示区 2：节气门电位计电压，最低怠速 0.156 V，最高怠速 0.8 V。节气门全开，最小 3.5 V，最大 4.680 V。用于检测节气门 G69 信号是否由发动机电脑传至自动变电脑。

显示区 3：节气门开度怠速 0%～1%，全开时 99%～100%，也用于检测节气门 G69 信号是否由发动机电脑传至自动变电脑。

显示区 4：第一位制动灯开关 F，踩下刹车时为 1，未踩下时为 0，用于检测刹车开关信号开关及线路故障，同时踩刹车时就不能踩油门，此时第 2 区和第 3 区应为怠速状态。第四位强制降挡开 F8 状态，油门踩到底时为 1，抬起时为 0，用于在油门踩到底时看第 2 区和第 3 区应为全开值。第五位选挡手柄在 R、N、D、3、2 时为 1，在 P、1 时为 0。第六位选挡手柄在 P、R、2、1 时为 1，在 N、D、3 时为 0。第七位选挡手柄在 P、R、N、D 时为 1，在 3、2、1 时为 0。第八位选挡手柄在 P、R、N 时为 1，在 D、3、2、1 时为 0。用于检测多功能开关 F125 给电脑 J217 的 4 根信号线上的信号。

知识点滴：多功能开关 F125 的 1 脚和 2 脚决定了倒车/起动继电器的 1、3 脚高低电位，7 脚决定了倒车/起动继电器的 9 脚电位。

8. 刹车灯开关 F

制动灯开关向电脑提供制动踏板是否被踩下的信息，一般装在制动踏板总成上。电脑还可根据制动灯开关提供的信息控制选挡杆锁止机构的动作，即当制动踏板踩下且汽车静止时，选挡杆锁止机构解锁，选挡杆才能从"P"或"N"杆位移动。也用于解除锁止离合器锁止及解除巡航系统工作。制动灯开关为一常闭开关，当制动踏板踩下时断开。此开关可用 08 功能进行查询。

三、执行器

1. 阀体电磁阀

01M 阀板电磁阀分为两种：一种为开关阀，另一种为脉冲阀（占空比阀）。开关阀有 N88、N89、N90、N92、N94（电脑通电或断电，可以用"1"表示通电，用"0"表示断电）。图 6-46 所示为电磁阀位置。

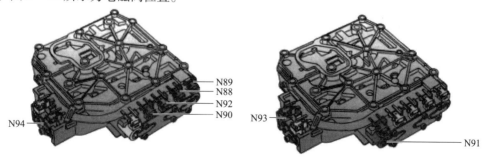

图 6-46 电磁阀位置

知识点滴：脉冲阀有 N91、N93（电脑通占空比信号，不能用 0、1 来表示占空比）。

7 个电磁阀 N88、N89、N90、N91、N92、N93、N94 及一个手动阀来共同控制阀板的油压调节和油路换向，它们是 01M 变速器的"人机控制"系统。

在电子控制系统中，电子控制单元根据各传感器和开关提供的输入信号，控制各电磁阀的接通与断开，从而实现换挡和其他操作。图 6-47 所示为 AG4 自动变速器开关型电磁阀的工作原理图。

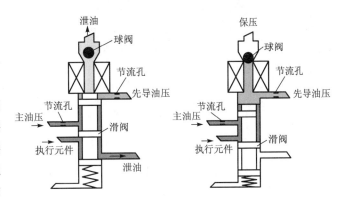

图 6-47　开关型电磁阀的工作原理

此电磁阀用来控制作用在换挡滑阀端部的先导油压。当电磁阀线圈断电时，油压将球阀口冲开，滑阀上端压力为零，滑阀在弹簧作用下处于上位，执行元件泄油。当电磁阀线圈通电时，球阀在电磁力作用下关闭阀座，经节流孔流入的先导压力油在滑阀上端建立油压，克服弹簧力使滑阀向下移动，使得主油路通向相应的执行元件。

知识点滴：此电磁阀电阻一般在 50～60 Ω，通 12 V 电压时会有一声响声。再通电时响声全无，轻轻振动一下使钢球与阀座脱离，再通电时才会有响声。这与丰田的通电泄压电磁阀有本质区别，造成此现象的主要原因是大众的开关电磁阀内无弹簧，而丰田的电磁阀内有弹簧。

在自动变速器中，为调节主油路压力和换挡离合器、制动器的接合压力，系统中设置了 PWM（Pulse Width Modulation，占空比调节）控制的比例调压阀，通过控制 PWM 电磁阀的占空比来控制主压力阀的输出油压和锁止离合器的锁止压力调节。PWM 电磁阀是正向占压力阀，即占空比越大控制油压越大。但两者控制的最终结果却是相反的，调节主油路压力的 PWM 电磁阀是通过一个机械阀中继后再作用到主调压机械阀上的，导致控制压力和主调压输出压力相反。锁止用 PWM 电磁阀是直接作用到锁止机械阀上的，导致控制电流和压力相同。

第七章中大众 Jetta、Bora、Passat 的 01M 和 01N 变速器油路图所示为其工作原理图。占空比与电磁线圈平均电压（平均电流）成正比，线圈所产生的电磁力与平均电流成正比。压力油经节流孔供给 N93 所在油路，油路中的油压受比例阀 N93 控制，由电磁力与油压力的平衡来确定。随着节气门开度的变化，发动机的转速也在变化，主压力油的压力随之变化。控制单元根据节气门开度和其他相关参数，输出相应占空比的脉冲信号，调节主油路压力。一般情况下，当发动机负荷大时，需传递的力矩大，液压系统主压力也随之上升，使结合元件传递扭矩也相应增大。这样根据传力需要来改变系统油压，可减小油泵能量消耗，降低发动机油耗。在换挡时为减小换挡冲击，会降低主油路压力（两者见 N93 所在油路）。当电子控制失效时，线圈电流为零，应使主油压压力最大，此时挂挡有冲击。

2. 排挡杆锁止电磁阀 N110

打开点火开关，将排挡杆锁定在 P、N 挡位上，阻止移出 P、N 挡。需解除时，按手柄

图6-48 N110电磁阀位置

解锁。

锁止按钮同时踩下制动踏板。图6-48所示为N110电磁阀位置。

如出现故障，变速器不进入应急状态，电脑中无故障记忆，但可以用08功能进行数据读取。按照控制单元的要求，选挡杆锁止机构可使选挡杆锁止在P、R和N杆位。按选挡杆旁的按钮，踩制动踏板，可解除选挡杆锁止状态。选挡锁止机构由电磁铁控制，当控制单元控制在电磁线圈两端加上电压时，电磁铁通电吸合，将选挡杆锁止，反之则

3. J226起动、倒车灯继电器

该继电器由两个继电器组合在一起，包括起动继电器和倒车灯继电器。继电器号为175，装在继电器盘1号位置。防止排挡杆位于行驶挡位起动，它可以控制起动机电路，使起动机电路不通电，防止误起动；挂倒挡时接通倒车灯。

如元件发生故障，则变速器不进入应急状态，同时电脑亦不记录其故障形式，要通过常规方法进行检查。

如图6-49所示为AG4自动变速器起动机及倒车灯继电器J226的工作

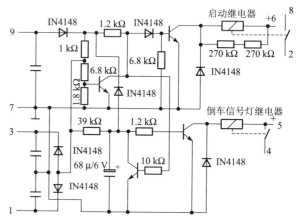

图6-49 AG4自动变速器起动电机及倒车信号灯继电器的工作原理图

原理图。它位于中央保险丝盒继电器板上，为组合式继电器。倒车信号灯继电器控制倒车信号灯开关，起动继电器可保证发动机只能在P和N杆位起动。

图6-49中2、5接电源正极，点火开关打到起动挡时，6脚供电。7接搭铁，4接倒车信号灯，8接起动电机，1、3、9接控制单元，5和4之间为倒车继电器触点，2和8之间为起动继电器触点。多功能开关的工作表见表6-7，多功能开关的1、2脚控制J226的1、3脚，7脚控制J226的9脚。

表6-7 多功能开关工作表

引脚 杆位	34（1）	15（2）	35（6）	16（7）
P	0	1	1	1
R	1	1	1	1
N	1	0	1	1

当9为低电平时，5和4不通，2和8也不通，倒车信号灯继电器开关和起动电机继电器开关均断开，对应D、3、2、1挡。

当 9 为高电平时，1 和 3 也同时为高电平时，5 和 4 接通，倒车信号灯继电器开关闭合，倒车信号灯亮，而 2 和 8 不通，起动电机继电器开关断开，对应 R 挡。

当 9 为高电平时，1 和 3 不同时为高电平时，5 和 4 不通，倒车信号灯继电器开关断开，而 2 和 8 接通，起动电机继电器开关闭合，对应 P、N 挡。

4. J220 发动机控制单元

J220 作为执行器接收 J217 信息，在换挡过程中减小点火角，减小动力输出；作为传感器把转速信号传给自动变电脑 J217，以替代 G68 信号；把节气门信号 G69 传给自动变电脑 J217；图 6-50 所示为发动机电脑 J220 位置。

5. 排挡杆位置指示

液晶仪表指示挡位，图 6-51 所示为仪表挡位显示单元。

图 6-50 发动机电脑 J220 位置

图 6-51 仪表挡位显示单元

知识点滴：多功能开关 F125 通过 4 根线以"0"、"1"编码形式把手柄位置传给自动变速器电脑 J217，用于识别手柄位置。识别后的手柄位置通过电脑 J217 上 57 引脚通往仪表液晶仪表显示挡位。有 CAN BUS 后，信号可以在 CAN BUS 中把此信号传给仪表。

6. 巡航系统

国产化的捷达车没有巡航。有巡航的大众车型中没有巡航电脑，而用发动机电脑 J220 控制电子节气门实现巡航。具体作用是在适当时取消巡航。

7. 空调机

自动变速器电脑 J217 可以在急加速时，控制空调压缩机不工作。

四、应急功能、替代功能及基本设定

1. 下列元件损坏变速器进入紧急状态

G38、J217、G28、F125、N88～N94 元件损坏后，变速器进入紧急状态，即电脑停止向所有电磁阀的通电控制。手柄在 D、3、2 位时只有 3 挡；在 1 位只有 1 挡；R 位只有 R 挡。具体原因见第七章油路图。

2. 下列元件有失效替代信号

（1）G69 失效电脑默认开度 50%。

（2）F8 失效节气门开度大开 95% 时，默认 F8 闭合。

（3）G68 失效用发动机转速 G28 替代。

3. 更换下列零件时，要对节气门体做基本设定

节气门体 G69、强制降挡开关 F8、发动机电脑 J220、变速器电脑 J217、变速器、发动机更换时，需对节气门做基本设定。

进入自动变电脑 02 对节气门体做基本设定的目的，是在怠速开关闭合时让电脑记忆 G69 的最小值，同时也要验看这个最小值是否在允许范围内，在油门踏到底 F8 闭合时，让电脑记忆 G69 开度到最大值，同时也要验看这个最大值是否在允许范围内。

知识点滴：自动变速器做基本设定与进入电喷发动机电脑 01—04—098/060 做基本设定是不同的，电喷系统是让电脑记忆电机能使节气门关闭的最小值，反馈信号由 G88 怠速电位计产生。发动机系统不做基本设定主要影响发动机怠速。

自动变速器系统不做基本设定主要影响换挡点和主油压大小。基本设定要进入自动变速器电脑 02—04—000，此时电脑记忆怠速开关闭合时的最小电压，踩下油门踏板 3 s，电脑记忆强制降挡开关闭合时的节气门电压。电脑对此范围重新分段并与车速比较，确定换挡点和油压。

第三节 捷达、宝来、高尔夫 01M 变速器数据流分析

1. 所用仪器

所用仪器为 V. A. G1551。

2. 检测条件

（1）冷却液温度最低 80 ℃。

（2）关闭用电设备（散热器风扇在检测过程中不允许运转）。

（3）关闭空调装置。

（4）故障存储器中无故障信息储存。

3. 阅读过程

（1）地址 02Q 常见其他电控单元地址码，见表 6 - 8。

表 6 - 8 电控单元地址码

01	发动机	02	变速器
03	制动系统	08	空调
17/25	仪表/防盗	15	安全气囊

（2）功能选择 08Q，见表 6 - 9。

表 6 - 9 08Q 功能选择

01	读电脑版本	02	读故障码
03	执行元件诊断	04	基本设定
05	清故障码	06	结束
07	单元编码	08	读取数据流
09	读单个数据流	10	自适应

数据组号 001、002、003、004、005、007 这 6 组与本变速器相关。

（3）显示组内容。

001 组

Read measuring value block 1

P	0.8 V	0%	00000111

显示区 1：选挡杆位置，P、R、N、D、3、2、1 用于检测多功能开关。

显示区 2：节气门电位计电压，最低怠速 0.156 V，最高怠速 0.8 V。节气门全开，最小 3.5 V，最大 4.680 V，用于检测节气门 G69 信号是否由发动机电脑传至自动变电脑。

显示区 3：节气门开度怠速 0%～1%，全开时 99%～100%，也用于检测节气门 G69 信号是否由发动机电脑传至自动变电脑。

显示区 4：第一位制动灯开关 F，踩下刹车时为"1"，未踩下时为"0"，用于检测刹车开关信号开关及线路故障，同时踩刹车时就不能踩油门，此时第 2 区和第 3 区应为怠速状态。第四位强制降挡开 F8 状态，油门踩到底时为"1"，抬起时为"0"，用于在油门踩到底时看第 2 区和第 3 区是否为全开值。第五位选挡手柄在 R、N、D、3、2 时为"1"，在 P、1 时为"0"。第六位选挡手柄在 P、R、2、1 时为"1"，在 N、D、3 时为"0"。第七位选挡手柄在 P、R、N、D 时为"1"，在 3、2、1 时为"0"。第八位选挡手柄在 P、R、N 时为"1"，在 D、3、2、1 时为"0"。用于检测多功能开关 F125 给电脑 J217 的 4 根信号线上的信号。

002 组

Read measuring value block 2

0.983 A	0.985 A	12.75 V	2.50 V

显示区 1：N93 电磁阀的实际电流，节气门全开时为 0.0 A，怠速时为 1.1 A。

显示区 2：N93 电磁阀的额定电流，节气门全开时为 0.0 A，怠速时为 1.1 A。实际和额定不能相差 0.05 A 以上。实际电流小于额定时为电磁阀本身或线路有增加的电阻，一般为印刷线束故障。

显示区 3：电瓶电压在 10.8～16.0 V。发电机的好坏可以从这里看出。

显示区 4：G68 车速传感器电压，在 2.20～2.52 V。此电压不是 G68 的实际电压，而是经频率电压转换器转换过的电压，即输入模数转换器之前的电压。测数据流时实际值可能比标准偏大，这也为正常。

003 组

Read measuring value block 3

0 km/h	900 r/min	0	0%

显示区 1：车速。

显示区 2：发动机转速。

显示区 3：挂入挡位，0 为 P/N 挡，R 为倒挡，1H、2H、3H、4H 为实际挡位，但锁止离合器未锁止。1M、2M、3M、4M 为实际挡位，锁止离合器锁止。

显示区 4：节气门开度怠速 0%～1%，全开时 99%～100%。

此组数据流最为重要：当自动变速器做 7 个道路试验时前 5 个试验非常有用，前 5 个道路试验的内容是升挡试验、升挡车速试验、升挡发动机转速试验、换挡质量检查、强制降挡试验。

004 组

Read measuring value block 4

<table>
<tr><td>1010 00</td><td>0</td><td>P</td><td>0 km/h</td></tr>
</table>

显示区1：6个电磁阀状态见表6-10。

表6-10　6个电磁阀状态

N88	N89	N90	N91	N92	N94	挡位
1	0	1	0（不考虑）	0	0	P/N
0	0	1	0（不考虑）	0	0	1H/1M
0	1	1	0（不考虑）	0	0	2H/2M
0	0	0	0（不考虑）	0	1	3H/3M
1	1	0	0（不考虑）	0	0	4H/4M
0	0	1	0（不考虑）	0	0	R

显示区2：挂入挡位，0为P/N挡，R为倒挡，1H、2H、3H、4H为实际挡位，但锁止离合器未锁止。1M、2M、3M、4M为实际挡位，锁止离合器锁止。

显示区3：选挡杆位置，P、R、N、D、3、2、1用于检测多功能开关位。

显示区4：车速。

此组用于看电脑控制执行器是否动作，其中N91为脉冲信号，不能用0/1表示，所以不用考虑，直接看M锁止即可。

005 组

Read measuring value block 5

<table>
<tr><td>45 ℃</td><td>0011011</td><td>0</td><td>900 r/min</td></tr>
</table>

显示区1：油温G93信号，30 ℃以上才准确。

显示区2：开关信号解释见表6-11。

表6-11　开关信号解释

位		内　容		
1	0	点火时刻控制	1	接通（换挡自动变电脑通知发动机电脑减小点火角时瞬间变化）
2	0		0	未接通
3	1	N110电磁阀	1	接通（在P位踩刹车时变化）
4	1	不考虑		
5	0	速度调节装置	1	接通（打开巡航开关时变化）
6	1	空调打开	0	接通（手按空调开关不变化，强制降挡时可见变化）
7	1	停车挡信号P/N	1为P/N挡	

显示区3：挂入挡位，0为P/N挡，R为倒挡，1H、2H、3H、4H为实际挡位，但锁止离合器未锁止。1M、2M、3M、4M为实际挡位，锁止离合器锁止。

显示区 4：发动机转速。

006 组

Read measuring value block 7

| 1H | 200 r/min | 900 r/min | 0% |

显示区 1：挂入挡位，0 为 P/N 挡，R 为倒挡，1H、2H、3H、4H 为实际挡位，但锁止离合器未锁止。1M、2M、3M、4M 为实际挡位，锁止离合器锁止。

显示区 2：泵轮和涡轮的转速差，锁止小于 130 r/min，反拖时显示负值。

显示区 3：发动机转速。

显示区 4：节气门开度怠速 0% ~ 1%，全开时 99% ~ 100%。

此组数据流也最为重要：当自动变速器做 7 个道路试验时后两个试验非常有用，后两个道路试验的内容是发动机制动试验、锁止离合器锁止试验。例如：第 1 区和第 2 区配合判别锁止后锁止离合器的锁止情况，在锁止时若泵轮和涡轮的转速差大于 130 r/min，则说明锁止系统有故障。在收油门发动机制动时第 2 区数据应为负值。

第四节　奔驰汽车变速器控制系统

奔驰 722.6 自动变速器是一款五速全电控带有锁止离合器的自动变速器，拥有 3 个单行星轮行星排（其他几款采用类拉维娜赫式）。5 挡为超速挡，变速器为电子液压控制自动变速器，拥有 3 个制动器、3 个离合器和两个单向超越离合器。

电控变速器有以下优势。

（1）ETC（Electronic Transmission Control）精确地根据工作条件和发动机的状态换挡，换挡质量得以提高。

（2）驾驶员可以在 S（Standard 标准）和 W（Winter 冬季）两个驱动程序之间选择不同的倒挡传动比。

（3）减少油耗，提高换挡舒适性，5 挡使发动机噪声降低，使用更耐久可靠，减少保养支出。图 6 - 52 所示为奔驰 722.6 电路框图，图 6 - 53 所示为奔驰 722.6 变速器阀体元件名称。

变速器标定：722. 6 00。722 为轿车标志，6 为销售商标定，00 为匹配的发动机，而标定 W5A580，W 为液力变矩器，5 为前进挡数，A 为内部版本，580 为最大输入扭矩（N·m）。

一、变速器控制面板

换挡手柄和模式开关允许适应各种特殊工况，手柄可以在 8 个位置之间换挡，在 D 位和 4 位可以横向换挡。手柄在 D 位是在 1 挡和 5 挡之间换挡，4 位时在 1 挡和 4 挡之间换挡，3 位时在 1 挡和 3 挡之间换挡，2 位时在 1 挡和 2 挡之间换挡，1 位在 1 挡。在 S 标准模式时，变速器静止由 1 挡起步，在 W 冬季模式时，只要手柄不在 1 位，变速器开始一瞬间会以 2 挡起步。

若此时油门全开，即强制低速挡开关闭合时也可能 1 挡起步，若手柄在 1 位时，变速器则只为 1 挡。ETC（TCM）即变速器控制模块（N15/3），根据换挡舒适性和行驶状态决定所有的换挡过程。ETC 从不同的传感器和开关接收信号。此外，ETC 通过 CAN—BUS 接收发动机电脑、ABS、ASR 等的信号，变速器电脑修正与调节油压及控制换挡有关的信号，如

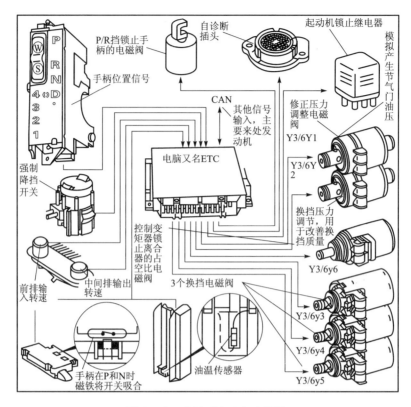

图6-52 奔驰722.6电路框图

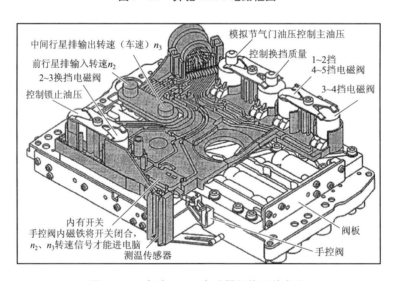

图6-53 奔驰722.6变速器阀体元件名称

发动机转速、车速、负荷及变速器油温信号。

二、电脑具有下列功能

1. 换挡

基本的换挡程序是根据驾驶风格、油门踏板位置和车速，影响因素有以下几种：

（1）道路条件。

（2）加速、减速及海拔。

（3）牵引起动、负荷。

（4）三元催化器预热。

（5）巡航起动。

（6）运动驾驶风格。

（7）过高和过低的变速器油温。

2. 安全降挡

（1）假如发动机转速过高，则通过手柄不会降挡。

（2）为了在巡航时利用发动机制动，变速器可以降为 3 挡巡航。

（3）降挡只发生在 7 ~ 125 km/h。

（4）发动机负荷和行驶阻力比较后也可以改变换挡点。

（5）降挡时可以间隔降挡。

3. 发动机管理系统

通过在换挡时减小点火提前角来降低发动机扭矩，因此，换挡质量得以优化。

4. 锁止离合器的锁止控制

（1）通过占空比电磁阀调节锁止油压。

（2）只在 3 挡、4 挡、5 挡有锁止工况。

（3）锁止离合器可是分离、半接合滑转、全接合。

5. 自适应

为了平衡磨损，自适应可以改变以下参数：

（1）换挡时刻。

（2）充油时间。

（3）充油压力。

（4）变矩器的锁止控制。

自适应数据被存储，在某些时候可以被诊断。

三、电控变速器的控制信号

变速器通过传感器直接接收一部分信号，其他信号通过 CAN BUS 传入，此外也要通过 CAN BUS 把信号传给其他模块。

1. 输入信号

（1）手柄位置。

（2）强制降挡开关。

（3）（S/W）模式选择开关。

（4）ATF 油温。

（5）起动锁止控制。

（6）n_2 速度信号（变速器输入转速）。

（7）n_3 速度信号（中间排输出转速）。

2. 通过 CAN BUS 传入的信号

（1）油门踏板信号。

（2）左、右后轮速信号。

（3）发动机转速。

（4）发动机负荷。

（5）变速器过载保护识别。

（6）发动机冷却液温度。

（7）巡航时的降挡请求。

（8）2挡起步要求。

（9）保持挡位的要求。

（10）换挡模式要求（为预热三元催化器）。

（11）分离锁止离合器的要求。

3. 输出信号

（1）1~2挡和4~5挡电磁阀。

（2）2~3挡电磁阀。

（3）3~4挡电磁阀。

（4）锁止离合器的占空比阀。

（5）压力调节电磁阀。

（6）换挡压力调节电磁阀。

（7）R/P挡锁止电磁阀。

（8）起动机锁止信号。

4. 由 CAN BUS 传出的信号

（1）内部扭矩的计算值。

（2）锁止离合器的锁止状态。

（3）变速器过载保护请求。

（4）降挡信号。

（5）应急模式。

第七章

阀 体

前面已经介绍了丰田和大众及奔驰的控制系统，现在进入变速器的最后一部分阀——体。注意：尽管其他书里把阀体归为控制系统，但在本书里阀体不是控制系统，它只是控制系统控制下的液压执行系统。具体地说：阀体的作用是在人机控制系统的控制下实现阀板的油压调节和油路换向。两个油压调节：主油压调节、变矩器油压调节；两个油路换向：锁止离合器的锁止和分离、升降挡油路切换；最后还要有一个使正常升降挡执行元件接合平顺、加速降挡执行元件接合迅速的元件。所以本书里把阀板分为五个区。即主调压区、变矩器油压区、锁止离合器锁止区、换挡油路切换区、换挡质量改善区。

❀ 第一节　丰田变速器阀体

我们以每个分区的作用、组成、工作原理和可能故障来完成五个分区的讲解，最后提出阀体失效的原因及解决办法。注：阀体五分区是根据阀板的五个作用来分的，不是在阀板上具体划出五个区域。

一、主调压区

1. 作用

根据手控阀位置（控制系统元件）和节气门开度（控制系统元件）调节系统中最重要的油泵泵口油压，此油一部分用于直接供给离合器、制动器、也作为整个阀板某个换向阀的控制油压。另一部分经变矩器阀（也叫副调压阀）再次调低后由变矩器控制阀控制供给变矩器和用于润滑。图 7 - 1 所示为主调压阀和副调压阀油路图。

2. 组成元件

组成元件有主调压阀（控制元件：由人右手控制的手柄和右脚控制的油门）。

3. 工作原理

（1）怠速时：主调压弹簧使泄油口关闭，但由于主调压阀上部油压较高，所以弹簧控制的泄油口很大，主油压很低。

知识点滴： 弹簧过软时油压过低，特别是老车，此时可以通过向阀体里推或拧滑套的方法使弹簧控制压力变大，防止起车时打滑。实车在中间弹簧和上柱塞之间还有个垫片，漏装

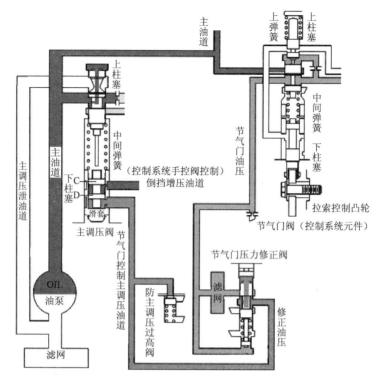

图7-1 主调压阀和副调压阀油路图

后主调压极低，甚至没有。

（2）手柄在前进挡：踩油门时，控制系统的节气门阀与节气门开度成正比的油压，经节气门压力修正阀减压后作用于主调压阀底部的柱塞推动主调压阀上移，关闭上部主调压阀左边的泄油通道，主油压升高。

知识点滴：节气门拉索过紧或过松时导致主油压过大或过小，有的车在节气门上部弹簧处有多片E型片或一个调整螺钉控制上弹簧弹力。对于正常变速器，在修理上一般不要动，若有油压问题可适当调节。

（3）在R挡时，由手控阀过来的主调压油作用于下柱塞的中间位置（见图7-1），由于下柱塞的上节面积大于下节面积，作用力向上，使下柱塞上移。关闭泄压口，油压升高。所以在同样节气门开度的情况下，倒挡要比前进挡油压高，这个过程也叫倒挡增压。

知识点滴：前进挡油压正常，则倒挡增压也正常，若不正常，故障在倒挡的执行元件或蓄压器有泄漏。

为什么要加节气门压力修正阀？如果节气门油压直接作用主调压底部，则主调压太高，造成油泵泵油阻力过大，执行元件接合时冲击过大，而过高的油压会损坏液压系统，且不反映汽车的真实负荷工况。为了反映汽车阻力变化的实际工况，所以要加节气门压力修正阀。

知识点滴：汽车的真实负荷工况应为发动机进气歧管的真空度。这也是下面三种调压方式中第二种不需要修正阀的原因。

主调压控制有三种方式，我们以上讲的只是第一种。丰田在国内的进口和国产车只有第一种和第三种控制方式。通用车系和奔驰车采用第二种和第三种控制方式。

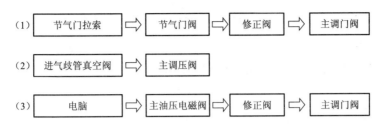

（1）节气门拉索 ⇨ 节气门阀 ⇨ 修正阀 ⇨ 主调门阀

（2）进气歧管真空阀 ⇨ 主调压阀

（3）电脑 ⇨ 主油压电磁阀 ⇨ 修正阀 ⇨ 主调门阀

新款丰田变速器没有节气门拉索时，当然也不存在节气门阀了，则采用第三种调压方式。电脑根据节气门位置传感器信号、发动机水温、空气流量计信号、发动机转速信号、空调信号、输入轴、输出轴、手柄挡位、变速器的油温控制主油压电磁阀调节出来。不过从主要信号来看，发动机负荷变大主油压电磁阀的电流越小，产生的主油压越高。这样设计是为了一旦电控系统进入失效保护状态时油压能升至最高，保持变速器不打滑。其余与本例完全相同。失效保护状态时电脑停止向主油压电磁阀供电，换挡油压最高。

知识点滴：油底油面过高过低、滤网过期不更换堵塞、油泵磨损回油过多、主调压阀弹簧过软等会导致主油压过低；主调压阀调节不正确、控制系统的拉索调节（节气门位置传感器）不正确、范卡会导致油压可能过高也可能过低。

二、变矩器调压区（副调压区）

1. 作用

对主调压油进一步减压后，用于供给变矩器和用于润滑，如图 7-2 所示。

2. 组成

组成元件有变矩器阀（本例无控制元件，有的车由右脚控制节气门阀控制通入副油压阀弹簧底部油压，从而控制副油压）。

3. 工作原理

主调压油经节流孔后作用在变矩器阀上部，当主油压升高时，作用在变矩器阀上部的油克服下部弹簧下移，打开泄压孔。在主油压较低时变矩器阀油压由节流孔决定，此时变矩器阀不泄油。但在主油压很高时变矩器油压和润滑油压的最高油只由变矩器阀弹簧限定。

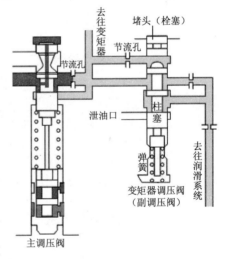

图 7-2 副调压阀油路图

知识点滴：此弹簧变软时，锁止油压变低，会导致锁止压力不足而打滑。

在新型变速器上变矩器油压可用脉冲阀产生，通常油压调节方法与主油压电磁阀正好相反，即通电占空比越大，油压越高。

知识点滴：副调压阀范卡会导致油压可能过高也可能过低，导致变矩器锁止离合器打滑或锁止冲击。副调压阀弹簧过软可导致锁止离合器打滑。

三、锁止区

1. 作用

在控制系统的控制下，将变矩器阀调好的油切换到变矩器内锁止离合器压盘的前部或后

第七章 阀体

部。切换到前部为锁止离合器分离，切换到后部为锁止离合器锁止。

2. 组成

组成元件有锁止信号阀、锁止继动阀（控制元件：3号电磁阀）。

3. 工作原理

锁止离合器分离时：如图7-3所示，在变速器进入2挡以后，2挡油压等待。3号电磁阀不通电，继动阀底部油经信号阀泄出。变矩器油压切换到锁止离合器前部，完成变矩器的变扭工况和耦合工况，此时液压传动生热较多，必须全部返回去往散热器散热。冷却器旁通阀在散热器堵塞时，旁通阀打开回油，利用油底壳也可散热，但性能下降。

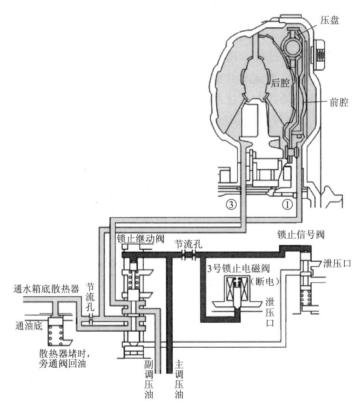

图7-3 锁止离合器分离油路图

锁止离合器锁止时：如图7-4所示，3号电磁阀通电泄油，信号阀上移，2挡以后的油压作用在继动阀底部。继动阀上部、下部都作用主调压油，但下部面积大于上面积。促使继动阀上移，将变矩器油压切换到变矩器后部，锁止离合器锁止，效率高，变矩器内生热很少。主要生热为齿轮变速器内摩擦片的摩擦，所以只用节流口回油即可。

知识点滴：锁止信号阀或锁止继动阀有一个范卡，就可能造成高速踩刹车锁止离合器不分离的熄火故障，或高速根本不锁止的故障。锁止电磁阀开关式一般没有故障，脉冲式电磁阀内阀体较长，范卡的可能性较大。

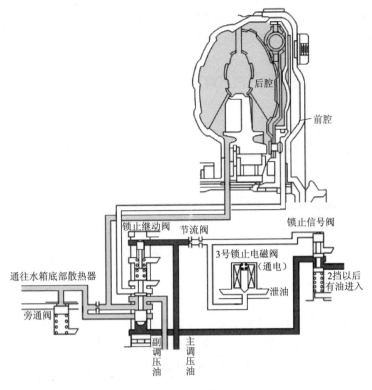

图 7 - 4　锁止离合器锁止油路图

四、换挡质量改善区

1. 作用

换挡质量改善区元件要使换挡时离合器和制动器接合柔和，防止换挡冲击。完成此工作的元件，不受控制系统控制。

在急踩油门降挡时，换挡质量改善区元件又要使正在接合的离合器、制动器接合迅速，防止换挡打滑。完成此工作的元件，要受控制系统节气门控制。

2. 组成

（1）单向节流阀、滑行调节阀、蓄压器（以上三种只能使换挡柔和，不能防止在换挡时离合器和制动器打滑）它们三者通常同时串在同一个子油路里。

（2）蓄压器控制阀（防止在加速降挡时产生离合器和制动器打滑，受控制系统控制）。

① 单向节流阀结构与工作原理：单向节流阀布置在换挡阀至换挡执行元件之间的油路中，由其作用是对流向换挡执行元件的液压油产生节流作用，在换挡执行元件接合时延缓油压增大的速率，以减小换挡冲击。在换挡执行元件分离时，单向节流阀对换挡执行元件的泄油不产生节流作用，以加快泄油过程，使换挡执行元件迅速分离。

单向节流阀有两种型式：一种是弹簧节流阀式，如图 7 - 5 所示。在充油时，节流阀关闭，液压油只能从节流阀中的节流孔通过，从而产生节流效应；在回油时，液压油将节流阀推开，节流孔不起作用（宝马车系多在壳体上应用）。另一种节流阀是球阀节流孔式（大多数车系应用），如图 7 - 6 所示。在充油时，球阀关闭，液压油只能从球阀旁的节流孔经过，

第七章　阀体

减缓了充油过程；回油时，球阀开启，加快了回油过程。

知识点滴：单向节流阀的工作是不受控制系统控制的，在修理上一旦漏装则产生换挡冲击。

② 滑行调节阀工作原理。

作用：收油门时，汽车滑行，滑行调节阀对去往行星架（1挡）制动器、太阳轮（2挡）制动器的油进行缓冲。

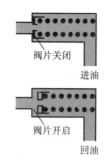

图 7-5　弹簧节流阀式

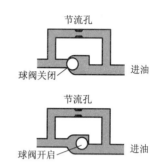

图 7-6　球阀节流孔式

工作原理：滑行调节阀不工作时，右侧弹簧将阀推至左端，油道全部打开如图 7-7 所示。图 7-7（b）中主油路来油时开始经全开的油道进入，出来的油又作用到滑行调节阀的左侧向右推弹簧，全开油道开始有关闭趋势，从而有缓冲油压的作用。

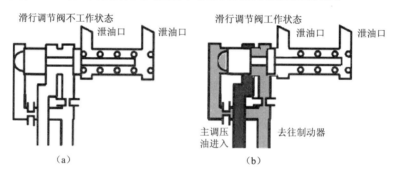

图 7-7　滑行调节阀工作原理
（a）不工作状态；（b）工作状态

知识点滴：滑行调节阀也不受控制系统控制，滑阀卡在左端时换挡冲击变大，卡在右端时相应挡位无发动机制动。

（3）蓄压器（减振器）结构与工作原理。常见的减振器由一个减振活塞和弹簧组成，如图 7-8 所示。通常在自动变速器中，每个前进挡都有一个相应的减振器。它和该挡的换挡阀至换挡执行元件的油路相通。当自动变速器换挡时，来自换挡阀的主油路压力油在进入换挡执行元件液压缸的同时也进入减振器的减振活塞下部。在换挡执行元件接合的初期，油压迅速增大，使换挡执行元件的活塞迅速克服其自由行程，让换挡执行元件开始接合。当油压增大到一定程度时，减振器活塞下方的油压大于活塞下方弹簧的弹力，使减振活塞下移，让油路中的部分液压油进入减振器，延长了换挡执行元件液压缸的充油时间，使换挡执行元件液压缸中油压增大的速率比初始时变得缓慢，换挡执行元件的接合也因此按先快后慢的过程进行，从而减小了换挡冲击。蓄压器这种叫法不好让人理解，应该叫减振器更合理。这种蓄压器不受控制系统（手控阀、节气门阀、电磁阀）控制。

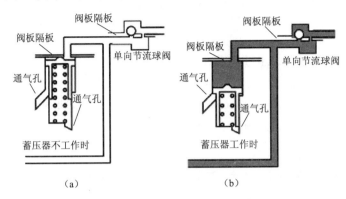

图7-8 蓄压器的工作原理

(a) 不工作时；(b) 工作时

（4）蓄压器控制阀工作原理：通常在减振器的上、下方有封密背压的O型胶圈，O型胶圈之间作用着节气门压力油（也称为减振器背压），司机急踩油门时，节气门油压变大，节气门修正油压增大，蓄压器控制阀被上移，主油路的油经蓄压器控制阀节流减压后送至减振器背部。使减振器的减振效果得到一定的控制，即减振效果变差，相当于蓄压器弹簧变硬了。这样的设计可在节气门开度较大时，它可适当降低减振器的减振能力，加快换挡过程，防止在大动力传递时换挡执行元件打滑，以满足汽车在各种行驶条件下对换挡过程的不同要求。图7-9所示的蓄压器背压控制原理。带背压控制的蓄压器受控制系统（节气门阀）控制。

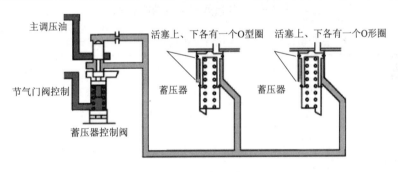

图7-9 蓄压器背压控制原理

知识点滴1： 对于丰田车系蓄压器上有背压控制的明显标志是蓄压器活塞上、下各有一个O型胶圈，所以不易卡在壳体里。没有背压控制的蓄压器，在变速器过热（特别是进出散热器的油管从壳上进出处变形量大）、变速油液过脏等易导致蓄压器范卡，换挡冲击严重。这种情况修理很难，解决办法最好是更换变速器壳体和蓄压器活塞。

钢球可以是单向阀也可以是节流阀，多数为节流阀，一旦丢失则出现换挡冲击。

对于德国三大车系，变速器壳体上无蓄压器，这些车把蓄压器做在了阀体上，蓄压器活塞变成了阀体的一个柱塞。

钢球可以是单向阀也可以是节流阀，节流阀一旦丢失则出现换挡冲击。单向阀特别是一个钢球控制三条油路的情况会导致无挡。

知识点滴2： 如空调一样，冷风和暖风都叫空调。在变速器里，使执行元件接合平顺和防止打滑都叫改善换挡质量。

五、换挡区

换挡区的内容比较复杂，不过只要对传递路线非常熟悉的话，也比较容易。4 挡辛普森的口诀是：1 挡固定行星架、2 挡固定太阳轮、3 挡内齿圈和太阳轮同步。辛普森只能完成 3 个挡。4 挡是由超速排行星架传内齿圈来超速。倒挡仍由辛普森机构来完成，即太阳轮传内齿圈。这里是知识的大综合，必须用心分析每一句话。

1. 组成

组成元件有 1~2 挡换挡阀、2~3 挡换挡阀、3~4 挡换挡阀（控制元件：手控阀和换挡电磁阀）。

在看丰田 A140E 油路前，让我们先了解 A140E 的执行元件位置、符号及工作规律。图 7－10 所示为丰田 A140E 变速器示意图。表 7－1 为三行星排辛普森式 4 挡行星齿轮变速器换挡执行元件工作规律。

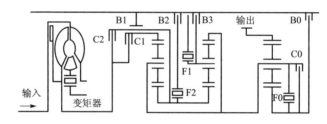

图 7－10　丰田 A140E 变速器示意图

表 7－1　三行星排辛普森式 4 挡行星齿轮变速器换挡执行元件工作规律

操纵手柄位置	挡位	换挡执行元件									
		C1	C2	B1	B2	B3	F1	F2	C0	B0	F0
P	P								○		
R	R		○			○			○		
N	N								○		
D	D1	○					○		○		○
	D2	○			○			○	○		○
	D3	○	○		●				○		○
	D4	○	○		●					○	
2	21	○					○		○		○
	22	○		○	●				○		○
	23	○	○		●				○		○
L	L1	○				○			○		○
	L2	○		○	●				○		○

注：○——表示接合、制动或锁止；●——表示接合但不起作用。

知识点滴 1：超速行星排在后边时，F0 倒挡不起作用。

知识点滴 2：F0、F1、F2 不受控制系统控制的液压油控制，只与自身的受力方向有关。

知识点滴 3：C0、C1、C2、B0、B1、B2、B3 受控制系统控制的液压油控制，所以分析油路图时只要分析上述七个执行元件即可。

知识点滴 4：分析好油路图的 3 个需要：

（1）熟练掌握齿轮变速机构的执行元件工作规律，并能上升到执行元件的动态阶梯式规律。

（2）能在油路图中的五个分区中排除前四个分区部件的干扰，以免越区分析。

（3）控制油路换向的元件为手控阀和换挡电磁阀。当手控阀位置不动时，只考虑电磁阀的状态对油路产生的影响，逆序或顺序推出油路走向。一般逆序法更有效，逆序即由已知工作的执行元件向回推油是从哪个换向阀过来的。顺序是由换向阀流出的油推至执行元件，由于支路太多，相对较麻烦。

2. 丰田车换挡区设计思路

驻车挡：在油路上 P 挡即是空挡。挂 P 挡时输出轴是不动的，若变速器内不是空挡，则发动机在怠速时转速就下降了，甚至是熄火。也可以从第六章控制系统的手控阀上看出，主调压油会在手控阀处泄出。前进挡离合器和倒挡、高挡离合器不接合为空挡。

空挡：也可以从第六章控制系统的手控阀上看出，主调油压油只进不出。则前进挡离合器和倒挡、高挡离合器不接合为空挡。

倒挡：就一个挡，从设计上讲可以由手控阀把用于倒挡的所有执行元件都接合。同时完成倒挡增压。但丰田的设计思路却不是这样的。请参看 R 挡油路图。

前进挡：在 D、2、L 三个前进挡，控制系统只有手控阀和两个换挡电磁阀。

因为 D、2、L 这三位全是前进挡。所以设计上手控阀在 D、2、L 之间来回切换时，前进挡离合器 C1 一直接合不发生变化即可。从执行元件表上可知 C0 只在 D4 挡时不工作，可以设计成主油路不经手控阀而直接由 3~4 挡换挡阀实现 B0 和 C0 的切换。对于 1 挡、2 挡、3 挡的升降挡由 1~2 挡换挡阀、2~3 挡换挡阀来实现。变速器由 D1 升至 D2 再升 D3 时，执行元件的动作过程是手控阀移至 D 位时即 D 位 1 挡 C1 接合，不用换挡阀参与。我们还会发现在 1 挡只有 2 个执行元件，2 挡增加了一个 B2，3 挡增加了 C2。所以升 D2 挡时只要 1~2 挡换挡阀移动使 B2 接合即可；升 D3 挡时，由 2~3 挡换挡阀移动接合 C2；升 D4 挡时 3~4 挡换挡阀移动将 C0 和 B0 切换。更细节的油路走向请看 A140E 的油路图 7-11 所示。

注：A140E 的变速器示意图中的英文翻译：Pressures 压力；Line 主油路；Accumulator Control 蓄压器控制压力（背压）；Throttle 节气门压力；Converter 变矩器；Lubrication 润滑压力；Cooler 散热器；Throttle Modulator 节气门修正压力；Cooler Bypass Valve 散热器旁通阀；Lockup Relay Valve 锁止继动阀；Lockup Signal Valve 锁止信号阀；Primary Regulator Valve 主调压阀；Secondary Regulator Valve 副调压阀（变矩器阀）；Throttle Valve 节气门阀；Cut-Back Valve 止回阀；Shift Valve 挡换挡阀；Low Modulator Valve 低挡滑行调节阀；2 nd Modulator Valve 2 挡滑行调节阀；Manual Valve 手控阀；Dumping Check Valve 缓冲单向阀，减压阀；Accumulator Control Valve 蓄压器控制阀；Throttle Modulator Valve 节气门压力修正阀；Solenoid NO.1 1 号换挡电磁阀；Applied 工作，起作用；To Oil Cooler 通往散热器；Pump 油泵；Strainer 滤网。

倒挡就一个挡，从理论上可以设计成手控阀直接控制倒挡的所有执行元件，即手控阀是干路油，其他为支路即可。从图 7-11 油路图可知，主调压油直接经 3~4 挡换挡阀去往 C0；

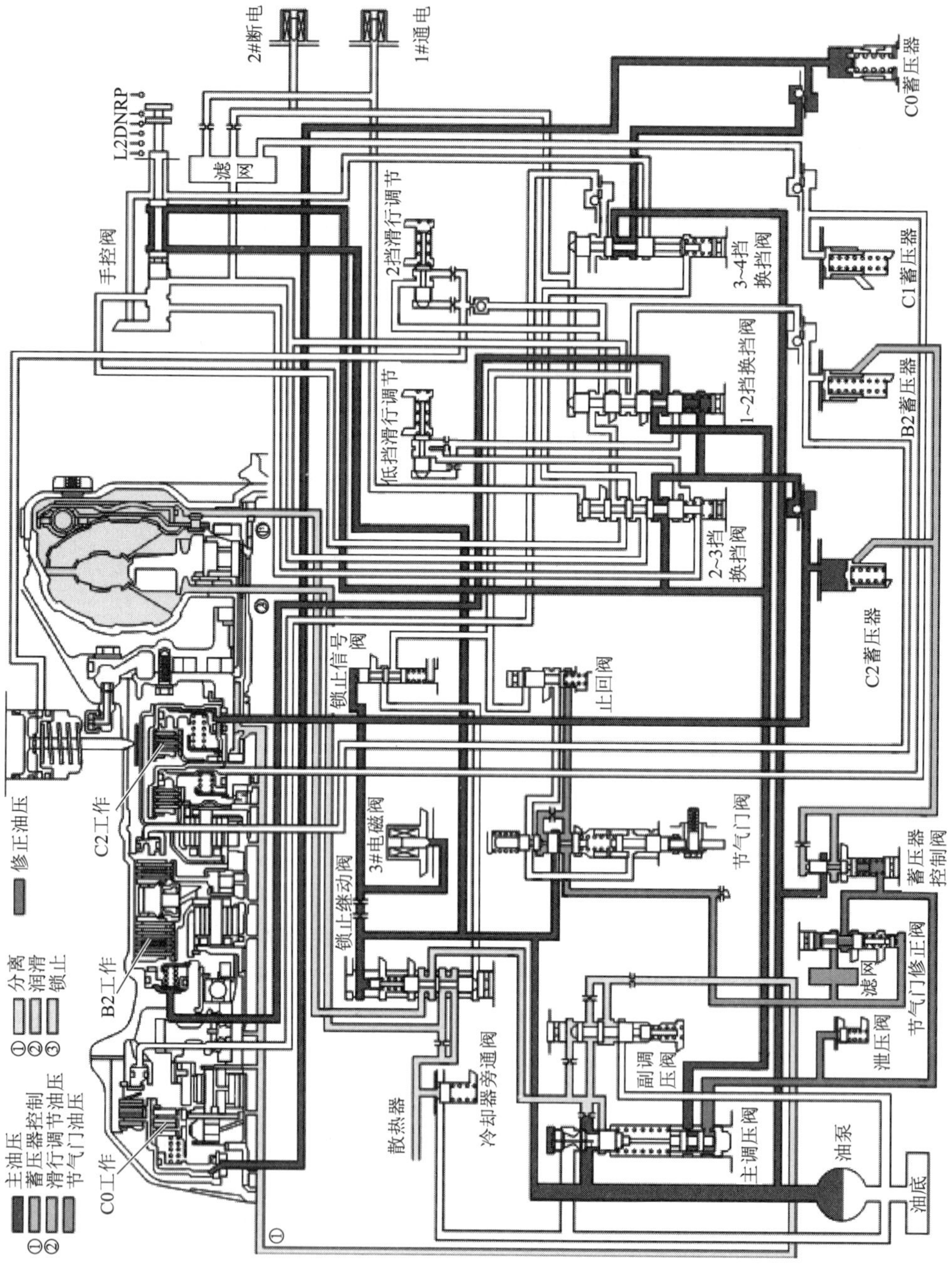

图7-11 丰田 A140E 变速器倒挡油路图

手控阀出来的油经 2~3 挡换挡阀去倒挡、高挡离合器 C2；经 1~2 挡换挡阀去往 B3。这里就不要再分析倒挡增压了，倒挡增压属主调压区内容，否则就违反了分析好油路图的 3 个要求，造成多余的越区分析了。

D1 挡：手控阀位于 D 位，同时 1 号电磁阀通电，2 号电磁阀断电。手控阀位于 D 位，油经手控阀直接去往前进挡离合 C1；另一路不经手控阀，经 3~4 挡换挡阀直接去往 C0。

D2 挡：手控阀位于 D 位，同时 1 号电磁阀通电，2 号电磁阀通电。手控阀位于 D 位，油经手控阀直接去往前进挡离合 C1；另一路不经手控阀，经 3~4 挡换挡阀直接去往 C0；与 D1 相同，发生变化的是手控阀油经移动后的 1~2 挡换挡阀去往 B2。

D3 挡：手控阀位于 D 位，同时 1 号电磁阀断电，2 号电磁阀通电。手控阀位于 D 位，油经手控阀直接去往前进挡离合 C1；另一路不经手控阀，经 3~4 挡换挡阀直接去往 C0；经 1~2 挡换挡阀去往 B2 油路不变。经移动后的 2~3 挡换挡去往 C2。

D4 挡：手控阀位于 D 位，同时 1 号电磁阀断电，2 号电磁阀断电。手控阀位于 D 位，油经手控阀直接去往前进挡离合 C1；另一路不经手控阀，经 3~4 挡换挡阀直接去往 C0；经 1~2 挡换挡去往 B2 油路不变。经移动后的 2~3 挡换挡去往 C2。在此基础是 3~4 挡换挡阀将 C0 和 B0 切换。

2 位 1 挡：手控阀位于 2 位，同时 1 号电磁阀通电，2 号电磁阀断电。手控阀位于 2 位，油经手控阀直接去往前进挡离合 C1；另一路不经手控阀，经 3~4 挡换挡阀直接去往 C0；与 D1 相比发生变化的是手控阀移动后从手控阀过来的油作用到 3~4 挡换挡底部，阻止 3~4 挡换挡阀移动，所以换挡范围最高为 3 挡。

2 位 2 挡：手控阀位于 2 位，同时 1 号电磁阀通电，2 号电磁阀通电。手控阀位于 2 位，油经手控阀直接去往前进挡离合器 C1；另一路不经手控阀，经 3~4 挡换挡阀直接去往 C0；经移动的 1~2 挡换挡阀去往 B2，以上与 D2 相同。不同在于经 1~2 挡换挡阀多出一条与 B2 并联的油路去往了 B1，产生 2 挡发动机制动。

2 位 3 挡：手控阀位于 2 位，同时 1 号电磁阀断电，2 号电磁阀通电。手控阀位于 2 位，油经手控阀直接去往前进挡离合 C1；另一路不经手控阀，经 3~4 挡换挡阀直接去往 C0；经 1~2 挡换挡阀去往 B2 油路不变。经移动后的 2~3 挡换挡去往 C2。

L 位 1 挡：手控阀位于 L 位，同时 1 号电磁阀通电，2 号电磁阀断电。手控阀位于 L 位，油经手控阀直接去往前进挡离合 C1；另一路不经手控阀，经 3~4 挡换挡阀直接去往 C0；与 D1 相比发生变化的是手控阀移动后又有一路油作用到 2~3 挡换挡底部，阻止 2~3 挡换挡阀移动，所以换挡范围最高为 2 挡。

✿ 第二节　大众 01M 变速器阀体

大众的阀板没有节气门拉索，壳体上也没有蓄压器。阀板的设计思路部分不同于丰田阀体，不过阀板分区仍可分五个区。

一、主调压区

1. 作用

发动机电脑 J220 把节气门信号传至自动变电脑 J217。自动变电脑主要根据节气门位置传感器 G69 信号，用占空比信号控制电磁阀 N93，模拟产生节气门油压（蓝色）。此油压控制节气门压力修正阀（主调压阀负），进而控制主调压阀弹簧端油压（绿色），从而控制前进挡主调压。倒挡时油经手控阀进入主调压阀右侧倒挡增压腔完成倒挡增压。

图 7 - 12 所示为大众 01M 变速器主调压区和变矩器调压区油路图。

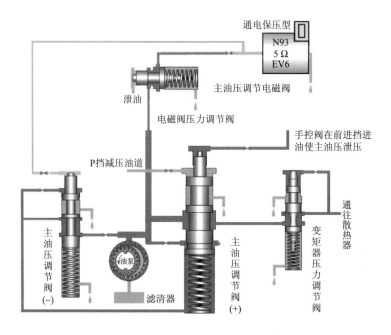

图 7 - 12 大众 01M 变速器主调压区和变矩器调压区油路图

2. 组成

组成元件有主调压阀（-）也称修正阀、主调压阀（+），（控制元件：仅 N93 电磁阀）。

3. 工作原理

N93 怠速电流在 1.1 安培左右，则蓝色油压升高，将节气门压力修正阀向右推。节流口增大，主油压（红色）经节流口变成绿色的油多，则绿色油压升高，克服主调压阀右侧的主油压使主调压阀右移。主调压阀中间节开始向油底泄油。当油门踩到底时，电脑 J217 向电磁阀 N93 通 0 安培电流，则蓝色油压为低油压。节气门压力修正阀在右侧弹簧控制下左移，节流口关小，绿色油压较小。主调压阀右侧的主油压（红色）推主调压阀左移，泄油量减小，主油压升高。一旦电脑进入应急时，N93 电流为 0 安培，则油压升至最高，换挡冲击变大。

在 R 位，手控阀的倒挡增压油道进油至主调压阀，向左推主调压阀，由于这个面积大于前进挡面积向左推主调压阀的力，泄油口环带不易打开，泄油量少，油压升高，完成倒挡增压，主油压油压值测量见油压试验。

二、变矩器调压区

在 01M 变速器阀板里，没有单独设计变矩器调压区．而是利用主调压阀柱塞的节流作用直接产生变矩器油压．如主调压原理图中的黄色油压即为变矩器油压。

三、锁止区

1. 组成

组成元件有 N91 上控制的锁止阀（控制元件：电磁阀 N91）。

2. 工作原理

从主调压阀流出的黄色变矩器油经变矩器压力调节阀缓和后，经变速器壳体上部的散热器后再经在下部的锁止阀换向至变矩器的前部，实现分离。在电脑给 N91 电磁阀通电时，锁止阀上移换向至变矩器锁止离合器后部，完成锁止。图 7-13 大众 01M 变速器锁止区油路图。

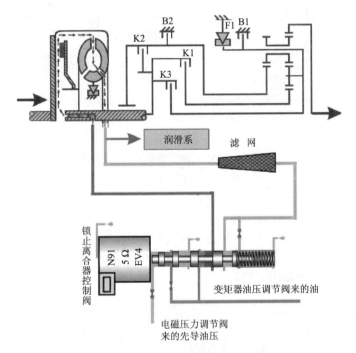

图 7-13 大众 01M 变速器锁止区油路图

知识点滴：电脑给 N91 的信号是占空比信号，数据流中不能用"0 和 1"开关状态表示，占空比越大，锁止压力越大。

四、改善换挡质量区

01M 变速器在壳体上没有设计蓄压器，在阀板上的钢球，也不是像丰田的球阀节流孔一样全起减振作用，如油路图 7-14 所示。01M 的减振元件更像丰田的滑行调节阀，结构外形有点不同，不过结果一样。

1. 组成

缓冲阀即协调阀（控制元件：N92 和 N94）。

图 7-14 中，在 N92 电磁阀通电时过来的油会下压 K3 缓冲阀，稍关闭控制通往

K3 的油道，从而起缓和油压的作用。使执行元件的接合更柔和，如图 7 - 14（a）所示。

如图 7 - 14（b）所示，N94 电磁阀在图 7 - 13 中控制 K1 的减振阀左移，使去往执行元件的油不经节流缓和而直接流往执行元件的活塞。从以上可见大众 01M 阀体的换挡柔和及防止换挡过柔和造成的打滑全由电脑 J217 来控制。即 N92 电磁阀使换挡柔和，1 挡时 N92 电磁阀通电时会使 K1 进油柔和，在 2 挡时会使 B2 进油柔和，3 挡时会使 K3 进油柔和，这样随之产生一个问题就是 K1 会在换 2 或 3 挡时因 N92 通电造成 K1 保不住压力而打滑，所以设计 N94 电磁阀起防止 K1 在换挡造成的打滑。防止换挡冲击或防止换挡时执行元件打滑，我们统称改善换挡质量。

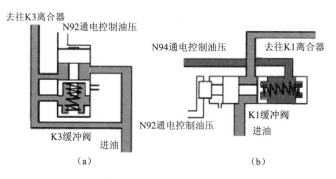

图 7 - 14　大众 01M 变速器换挡质量改善区油路图

五、换挡区

换挡电磁阀越多的阀体的换挡越简单。最后在看油路图之前，让我们通过图 7 - 15 再回忆一下 01M 变速器的执行元件位置和符号表示，图 7 - 15 所示为大众 01M 变速器示意图。（每一句话认真与后边的油路图对照）。

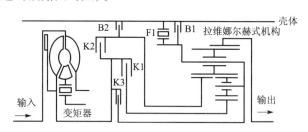

图 7 - 15　大众 01M 变速器示意图

1. 组成

组成元件有 N88、N89、N90 电磁阀下控制的机械阀（控制元件：N88、N89、N90 电磁阀和手控阀）。

知识点滴 1： F1 不受控制系统控制的液压油控制，只与自身的受力方向有关。

知识点滴 2： K1、K2、K3、B1、B2 受控制系统控制的液压油控制，所以分析油路图只要分析上述五个执行元件即可。

知识点滴 3： 分析好油路图的 3 个需要：

（1）熟练掌握齿轮变速机构的执行元件工作规律，并能上升到执行元件的动态阶梯式规律。

（2）能在油路图中的五个分区中排除前四个分区部件的干扰，以免跨区分析。

（3）控制油路换向的元件为手控阀和换挡电磁阀。当手控阀位置不动时，只考虑电磁阀的状态对油路产生的影响，逆序或顺序推出的油路走向。一般逆序法更有效，逆序即由已知工作的执行元件向回推油是从哪个换向阀过来的。顺序是由换向阀流出的油推至执行元件，由于支路太多，相对较麻烦。

2. 大众车换挡区设计思路

倒挡：就一个挡，设计上由手控阀控制 K2 和 B1 在 R 位时接合。即手控阀出来的油直接分两路去 K2 和 B1 即可。

前进挡：手柄在 D、3、2、1 时，N88 电磁阀"断电时"控制 K1 离合器接合。N89 电磁阀"通电时"控制 B2 制动器制动，N90"断电时"控制 K3 离合器接合。以上很容易弄错，当电磁阀通电执行元件才工作。表 7-2 为大众 01M 变速器换挡电磁阀通断电与执行元件的对应关系。

表 7-2 大众 01M 变速器换挡电磁阀通断电与执行元件的对应关系

N88	N89	N90	挡位	十进制
0（K1 工作）	0	1	1 挡	1
0（K1 工作）	1（B2 工作）	1	2 挡	3
0（K1 工作）	0	0（K3 工作）	3 挡	0
1	1（B2 工作）	0（K3 工作）	4 挡	6

1 位 1 挡：我们已经知道 1 位 1 挡与 D 位、3 位、2 位的 1 挡只差在 B1 要制动。而发生变化只有手控阀，则设计上可由手控阀在移至 1 位时去接通 B1 即可。事实上 01M 变速器也是这样设计的。

只要把本段换挡区内容与图 7-16 所示 01M 阀体实物图和图 7-17 所示油路图及图 7-18 所示大众 01M 变速器油路图对照，即可掌握 01M 阀板的工作原理。

换挡电磁阀 N88、N89、N90 在全断电时，由图可知手柄在 D、3、2 时都有 K1 和 K3 工作。所以一旦变速器进入应急功能时，即对换挡电磁阀全断电，锁 3 挡。下列元件损坏变速箱进入紧急状态，G38、J217、G28、F125、N88-N94 上述元件损坏变速箱进入应急状态，即电脑停止向所有电磁阀的通电控制。实践中多为电磁阀的印刷电路故障；其次为 G38 插头虚接；变速器油底碰撞后 N88-N94 的正极 12V 对阀体短路或自身断路，N88-N94 的负极线路对阀板短路，导致电脑控制不了电磁阀；电脑 J217 自身故障；G28 无转速信号发动机不着车，而 G28 信号传递不到变速器电脑时可从数据流分析，F125 可从数据流分析。

在 1 位只有 1 挡；R 位只有 R 挡。具体原因读者参考作者画的油路图，自己分析。

细观察本 7-18 油路图你会发现在手控阀移至 R 位时，离合器 K2 和制动器 B1 的油液不经换挡阀，而直接由手控阀控制，倒挡可以认为与电磁阀无关。所以一旦倒挡出现故障时，假设为阀板故障，则只能是主调压过低和手控阀定位不准造成。实际中一般是油脏造成主调压控制部分范卡或变速器油加的过多，也可能是少半升变速器油造成的。自动变速器油加多或加少都会导致主油压全低，倒挡挂挡后等一会（有时长 10 多秒钟）才能起车，或大油门几秒钟才能起车。N94 下部无机械阀所以一般不出故障，对于 N92 因下部有机械阀，实践中多见此阀因油脏、油温过热造成换挡时有冲击。当然冲击也可能是通往各个执行元件的缓冲阀出现范卡造成。此时可拆解检查具体部位，对范卡柱塞可用牙膏活水研磨（注意研完后，牙膏不能留在阀体里），这样一般还能有一部分阀体还可用。对于在数据流里发现 ATF 油过热大于 160 度时阀板已变形，一般没有修理可能。

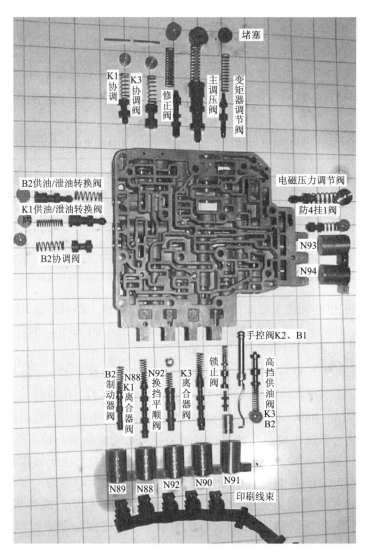

图 7 - 16　大众 01M 阀体

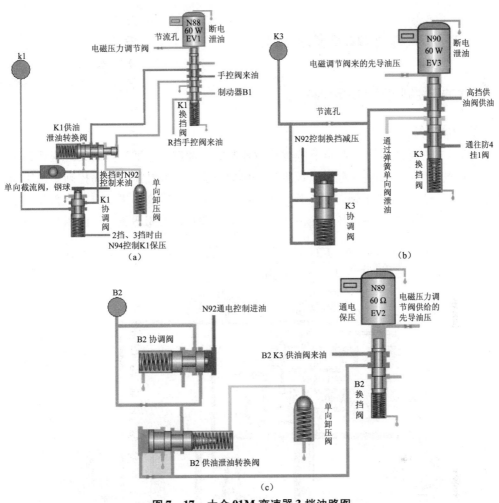

图7-17 大众01M变速器3挡油路图

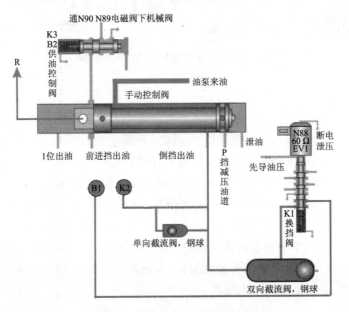

图7-18 大众01M变速器倒挡油路图

第三节 奔驰722.6变速器阀体

一、主油压控制和换挡质量控制

1. 主油压控制

如图7-19所示为主油压控制和换挡质量控制。主油压经主油压控制阀减压后到达电磁阀，主油压电磁阀在电脑的控制下，控制流往单向节流球阀的油压，从而控制主调压阀弹簧端油压。油压越高则主调压阀右移，关闭泄油油道，主调压升高。进入应急状态时，主油压电磁阀断电，主调压阀左端油压升至高油压，主油压阀右移关闭泄压口，油压升至最高。

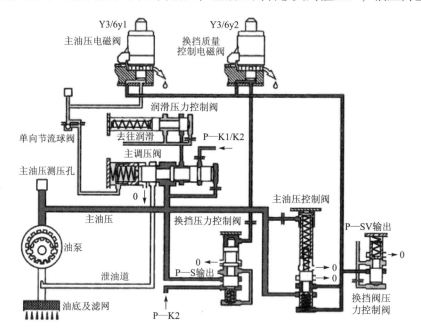

图7-19 主油压控制和换挡质量控制

2. 换挡质量控制

在换挡过程瞬间中，由电脑控制换挡质量控制电磁阀降低主调压控制油压的压力，从而控制主调压阀左端的油压压力，瞬间降低了主调压弹簧左端的压力，主调压阀瞬间左移，泄油口打开，油泵泵口油压下降，即主油压下降，使换挡过程变得平顺。同时换挡压力控制阀的上端油压下降，使换挡压力控制阀输出的P—S油压下降，换挡过程变得平顺。

知识点滴： 在奔驰车系，用P—A代表主油压，P—Mod代表调节压力，P—S代表换挡压力，P—SV代表换挡阀压力。P = Pressure 压力、S = Shifting 换挡、V = Valve 阀、Mod = Modulation 调节压力。在下面换挡时要应用到。图7-19的中小方框代表油液输出：包括润滑压力输出（仅由润滑压力控制阀弹簧控制）、换挡阀压力输出P—SV控制滑阀移动、换挡压力控制阀输出P-S控制滑阀移动速度。

二、换挡控制

奔驰的换挡过程由三个换挡电磁阀控制，所以根据电磁阀负责的阀板机械阀，机械阀控制的执行元件分三组。

第一组：1~2挡和4~5挡电磁阀负责控制K1、B1实现1升2挡和4升5挡及相应的降挡。参与的阀板机械阀有14、15、16、18。

722.6变速器的传动路线如图7-20所示，1挡油路图如图7-21所示，722.6变速器1挡升2挡油路图如图7-22所示。

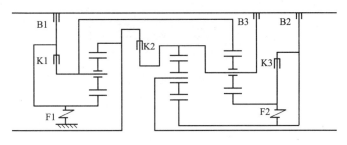

图7-20 722.6变速器的传动路线图

1挡时B1和B2制动器制动，2挡时K1离合器接合、B2制动器制动，发生了B1制动器释放，K1离合器接合。

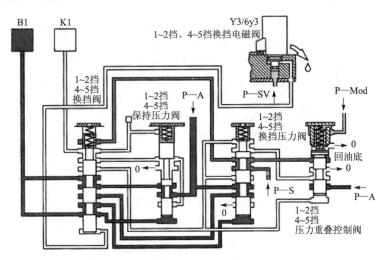

图7-21 722.6变速器1挡油路图

1挡状态是B1制动，B1的油经油泵泵口P—A经15、14送至制动器B1，同时注意到此压力也作用到15、16的下部保持这种状态，1挡向2挡的变换过程是原来的B1制动释放，K1离合器工作。

看这三幅图中的第一幅和第三幅中的阀14位置相同（全在下部），这一点说明B1和K1的切换不是阀14移动完成的。

1~2挡和4~5挡电磁阀将P—SV的压力引入至阀14的底部，导致阀14上移将B1制动器泄油，同时P—S的油能进入K1，阀15下部的油逐渐泄出时，阀15开始下移，准备把

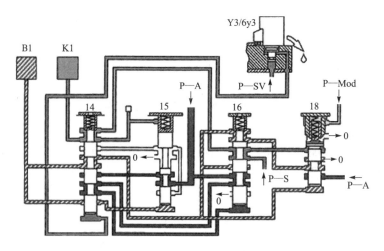

图 7-22 722.6 变速器 1 挡升 2 挡油路图

K1 的 P—S 油切换成 P—A 油，阀 16 底部不泄油位置不变。722.6 变速器 2 挡油路图如图 7-23 所示。

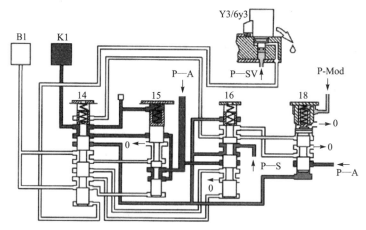

图 7-23 722.6 变速器 2 挡油路图

阀 15 下移至底部时，P—A 的油液就代替了 P—S 阀 15 和 16，相对于图 7-22，全由上部移为下部，阀 18 自始至终未变，所以阀 18 可以不分析，不过阀 18 一直保持在上部的原因发生了点变化。1~2 挡和 4~5 挡电磁阀的关闭使阀 14 下移，导致阀 16 下部泄油也下移，阀 16 的下移把图 7-22 中刚向 K1 供的 P—S 油也泄了出来，同时把 P—S 引向阀 18 底部，保持阀 18 不动。

知识点滴 1：奔驰车系由于在变速器壳体上没有蓄压器，所以换挡减振装置只能设在阀板上，即换挡时 P—S 油压先进入执行元件，主调压油再进入，由于 P—S 油压受换挡质量电磁阀控制，所以先进入的油液可使执行元件接合平顺。

知识点滴 2：1~2 挡和 4~5 挡电磁阀控制 4 个挡，而电磁阀只有两种工作状态。按一般设计思路，一个电磁阀只控制一个执行元件，如大众 01M，N88 断电控制 K1 接合、N89 通电控制 B2 制动、N90 断电控制 K3 接合，B1 由手控阀在 R 位和 1 位接合，K2 由手控阀在倒挡接合，这样的设计思路很易理解。仔细观察本阀体会注意到 1 挡和 2 挡电磁阀终了的状态相同，即电磁阀状态瞬间变化后即可完成换挡。这也是为什么要多设计机械阀的原因。

第二组：2~3挡电磁阀负责控制K2、K3实现2升3挡和3降2挡。参与的阀板机械阀有2、25、26、24。

第三组：3~4挡电磁阀负责控制K3、B2实现3升4挡和4降3挡。参与的阀板机械阀有5、6、7、8。

第二组、第三组油路图参考变速器油路图，道理如第一组。锁止油压和锁止换向参考01M即可。倒挡时手控阀制动B3。

第四节　污染物和高温环境对阀体的影响

污染物和高温环境对阀体的影响有柱塞不动作、动作缓慢和不能到位故障。故障以突然的方式发生，并且有时有重复性，有时无重复性。以下是几种典型的影响方式。

1. 污染物阻塞

下面介绍变速器油流中的流动污染物导致的静态力阻塞、剪切力阻塞和端部阻塞机理。

静态力阻塞是指尺寸接近阀体间隙尺寸的颗粒如铜屑、铝屑、铁屑、烧硬的摩擦片，由于受到流动油液的作用而被推挤到间隙处，进而产生了阻塞效应。图7-24所示为静态力阻塞造成卡死。

剪切力阻塞是指当一个运动的轴要从一个位置移动到另一个位置时，被尺寸大于间隙的具有高剪切硬度的颗粒卡死。一般为从不工作油口进来的铜屑、铝屑、铁屑、烧硬的摩擦片等卡在间隙处。图7-25所示为剪切力阻塞造成卡死。

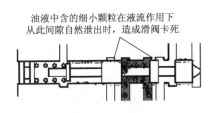

图7-24　静态力阻塞造成卡死

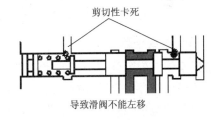

图7-25　剪切力阻塞造成卡死

端部阻塞是指杂质在柱塞端部停留，造成滑阀移动时不能到位所出现的阻塞现象。图7-26所示为端部阻塞造成卡死。

2. 结块

当变速器油流携带软污染物（离合器片的合成纤维材料）通过过滤器的孔隙时，在完全通过前要多次改变流动方向。反复改变方向使得粒子的动态尺寸比其实际的物理尺寸更大些，另外也增加了小粒子与大粒子相碰撞的机会。由于一些黏合物的作用和粒子表面的特性，

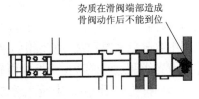

图7-26　端部阻塞造成卡死

这些粒子的一部分在碰撞之后会黏在一起。随着粒子不断黏合，粒子堆积越来越大，最终塞住了过滤器的通道，该过程称为结块。所以到换油时间必须换滤网。实际修理中很多汽车在换油时不换滤网，结果造成变速器提前损坏。

3. 堵塞

堵塞是颗粒淤积或极性颗粒（带电荷）黏附及它们共同作用的结果，颗粒接近膜层时不能被变速器油流带走，而是移向管的表面，产生了淤积效应。停留在表面上的颗粒若具有电极性，它能从边界层吸引越来越多的颗粒，导致表面淤积。当淤积物完全阻碍了变速器油流的流动时，将导致系统失效。所以到换油时间必须换油和滤网。图 7-27 所示为磨料颗粒堵塞滤网。

磨料结块堵塞滤网

图 7-27   磨料颗粒堵塞滤网

4. 液压系统卡死

液压系统在实际使用中，即使使用非常清洁的润滑变速器油，系统卡死现象仍有发生。因为系统任何部件的尺寸都有一定的公差，这些公差使得滑阀呈锥形或具有一定的间隙。当润滑变速器油流过间隙时，不平衡作用力会造成柱塞偏离阀体内圆孔的中心轴线运动。这个问题通常发生在产品的开发阶段，可以通过优化设计方案来解决。

5. 热膨胀卡死

当系统受到污染时，运动件之间的间隙会因热膨胀而缩小，间隙中的粒子会卡住运动部件。这种现象在由不同材料制成的两个部件做相对运动时会更严重。这意味着如果系统必须在高/低温环境下工作，则在设计阶段应考虑热膨胀和污染物的综合影响。自动变速器实际使用中要避免高温积炭，安装中不要造成阀板应力集中。一旦上、下阀板放在平板上，在交界面有光线漏过时或看见阀板腔内有棕色积炭时，只能更换阀板，这种阀板不能修理或根本没有修理价值。图 7-28 所示为积炭高温膨胀造成卡死。图 7-29 所示为高温变形或应力集中造成卡死。图 7-30 所示为阀板应力集中造成阀板拱起变形卡死。

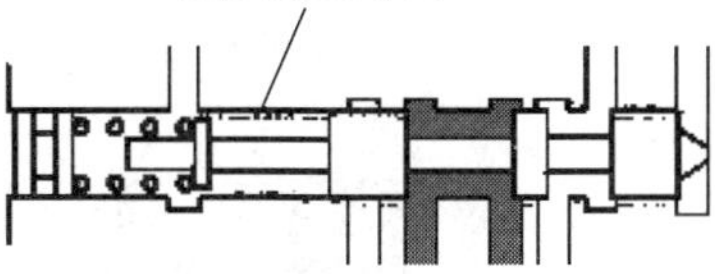

液压油高温积炭沉积在阀体内腔，受热后使柱塞卡死

图7-28　积炭高温膨胀造成卡死

铝材料的阀板因高温、阀板螺丝力矩过大或不均匀及上下阀板螺丝孔没有完全对正

图7-29　高温变形或应力集中造成卡死

6. 磁性吸引卡死

很多液压系统阀板都采用电子驱动装置，这些装置能够产生磁场而吸引含铁粒子，当粒子被吸引到电磁阀处时，电磁阀将失灵，造成密封不严。图7-31所示为带滤网的电磁阀。事实上，在阀体修理实践中，电磁阀本身损坏的概率特别高，一般故障不在线圈上，而故障多是阀与阀座之间因多年冲击导致密封不严。例如01M阀体上五个开关电磁阀内的镀铜钢球多年冲击失圆，导致电磁阀通电时不能适时移动，两个调压电磁阀阀柱与阀座之间冲击导致调压不正确。

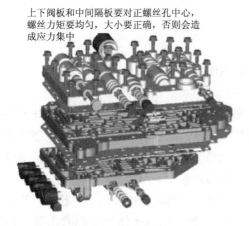

上下阀板和中间隔板要对正螺丝孔中心，螺丝力矩要均匀，大小要正确，否则会造成应力集中

图7-30　阀板应力集中造成阀板拱起变形卡死

滤网

图7-31　带滤网的电磁阀

上述各种失效方式可相互影响，如伴随热膨胀和污染物可能产生严重的卡死问题，但对一些特定的系统主要是以一种或两种失效方式为主，只要能够解决主要的失效方式，系统污染问题就能够得到控制。自动变速器的阀板失效方式主要是液压油过脏形成污染物和高温变形，除了热锁死之外，其他卡死在清洗完后一般还可使用。

第八章

自动变速器检查与故障诊断

自动变速器的结构和工作原理都十分复杂，不论是换挡执行元件损坏，还是控制电路、阀板中的控制阀或其他任何部件出现故障，都会影响自动变速器的正常工作。自动变速器不易多次拆装，给故障的诊断与排除带来一定的困难。因此，当自动变速器出现故障或工作不正常时，首先应利用各种检测工具和手段，按照合理的程序和步骤，诊断出故障的原因，以便有针对性地进行检修。盲目的拆卸分解往往找不出产生故障的真正原因，甚至造成自动变速器不应有的损坏。

❀ 第一节　自动变速器的基本检查和调整

当自动变速器发生故障时，只要做一些基本检查和必要的调整，有时即可排除故障。例如，如果发动机怠速高出标准值很多，换挡杆从"N"或"P"挡位换至其他挡位时，换挡振动就会很大。如果节气门拉索调整不当（如太长），即使加速踏板被踩到底，节气门也不会全开，变速器就不能适时地换入低挡，车辆的动力也就不可能发挥出来。如果自动变速器油位太低，空气就会进入油泵，使主油路油压下降，导致离合器和制动器打滑、振动、异响以及其他的故障，有时会进入应急在 D 位只有一个挡。从以上情况可以看出基本检查和调整的重要性和必要性。下面以凌志 LS400 的 A341E 自动变速器为例，介绍基本检查的内容。

1. 检查油位

按图 8 - 1 所示程序检查油位。运行车辆，使发动机和变速器达到正常工作温度（油温：70 ℃ ~ 80 ℃）。为了保证油路里有油，发动机要保持怠速运转，一旦发动机熄火，自动变速器油回流，油面会上升。

（1）将车辆停在平坦地面，防止油面不准和油泵吸不着油，踩下驻车制动器。

（2）使发动机怠速运转并踩下制动踏板，将换挡杆换入"P"至"L"所有挡位，然后回至 P 挡位，以防止个别油道里没有油。

（3）拉出油尺，擦抹干净。

（4）将油尺完全推入注油管内。

（5）拉出油尺，检查油位是否在"HOT"（热态）范围内。

如油位在低端，则应加注变速器油。液压油油面高度的标准是：如果自动变速器处于冷态（即冷车刚刚起动，液压油的温度较低，为室温或低于 25 ℃），油面高度应在油尺刻线的下限附近，此种方法不推荐；如果自动变速器处于热态（如低速行驶 5 min 以上，液压油温度已达 70 ℃ ~ 80 ℃），油面高度应在油尺刻线的上限附近，如图 8 - 1（b）所示。这是因为低温时液压油的黏度大，运转时有较多的液压油附着在行星齿轮等零件上，所以油面较低；高温时液压油黏度小，容易流回油底壳，因此油面较高，不要认为热膨胀使油面升高。若油面高度过低，应继续向加油管内加入液压油，直至油面高度符合标准为止。现在许多车在油底加溢管，在指定温度下，油面过高后溢流管有油流出，待不流时油面即为正确。

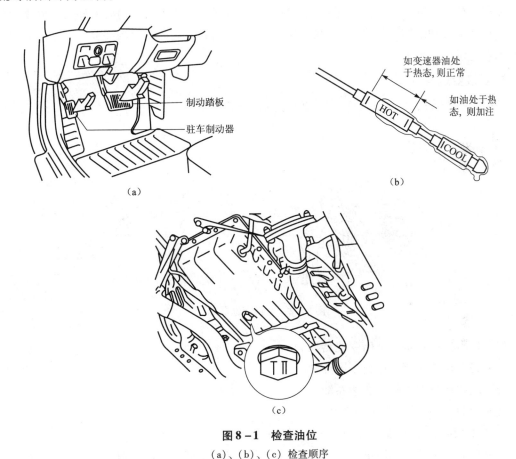

图 8 - 1 检查油位

（a）、（b）、（c）检查顺序

变速器油：T - Ⅱ型或相关产品。注意不能加注过量。

如果不慎将液压油加入过多，使油面高于规定的高度，切不可凑合使用。因为当油面过高时，行驶中油液被行星排剧烈地搅动，产生大量的泡沫，这些带有泡沫的液压油进入油泵和控制系统后，对自动变速器的工作是极为不利的，其后果和油面高度不足一样，会造成油压过低，导致自动变速器内的摩擦元件打滑磨损。因此油面过高时，应把油放掉一些，有放油螺塞的自动变速器，只要把螺塞打开即可放油，没有放油螺塞的自动变速器需要少量放油时，可用医用塑料针管接细软管插入加油管至油底往外吸。

2. 检查变速器油的状况

如变速器油为黑色或有烧焦气味，应更换。液压油品质和油面高度是自动变速器最基本的检查项目，也是决定自动变速器是否需要拆修的主要依据之一。若液压油油面太高或太低，都会造成自动变速器油压低，应调整油面高度后再做检查。若自动变速器的液压油近期内未曾更换，但却能保持正常的品质，且汽车能正常行驶，说明自动变速器工作基本正常，不必拆修。若液压油只有轻微变质或产生轻微焦味，说明自动变速器内的摩擦片有少量磨损，可换油后再做进一步的检查。如换油后能正常工作，无明显故障，可以继续使用，不必拆修。若液压油有明显变质或产生严重焦味，可进一步拆检油底壳，同时要考虑发动机温度是否过高。若油底壳内有大量摩擦粉末沉淀，说明自动变速器磨损严重，应立即拆修。合成纤维粉末是执行元件和锁止离合器的脱落物，铜粉或铜块是止推垫和衬套的磨料，磁铁上的铁粉是止推垫和轴承损坏的磨料，铝粉是执行元件的活塞或阀体磨损的磨料，一旦出现铝粉则变速器已没修理价值。

3. 更换变速器油

按图8-2（a）、（b）所示程序更换变速器油。

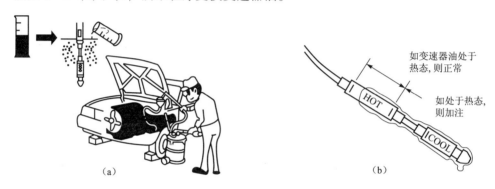

图8-2　更换变速器油

（1）拧出排油孔塞，排出变速器油。

（2）装上排油孔塞，重新牢固拧紧。

（3）从注油管加入新的变速器油。

变速器油：T-Ⅱ型或相当产品。

容量（A341E）：新加注量为8.3 L；排空重新加注量为1.9 L。

一般自动变速器的总油量为5~10 L，按上述方法换油时，变矩器内的液压油是无法放出的。若液压油严重氧化变质，但变速器无故障现象时，必须全部更换，可先按上述方法换油，换油完成后，让汽车行驶约5 min，变矩器的脏油循环出来后再次换油。自动变速器油很贵，一般在几十元1 L左右，现在服务站通常用循环加油机来换油，即把冷却液散热器底部的变速器油管拆下，两管接到循环加油机上换油，可使变速器油换得更加彻底。国内一些横置前驱大众车的变速器上的散热器做在壳体上，无油管，不能直接采用循环加油机换油，但可用上述加油、放油、再加油的方法将油全部更换。

（4）起动发动机，将换挡杆换入"P"至"L"挡位的所有挡位，再回至P挡位。

（5）使发动机怠速运转，检查油位。加注变速器油，直至到达油尺上的"COOL"标线。

（6）在正常工作温度（70 ℃~80 ℃）检查油位，如有必要则加注。

4. 检查有无漏油

（1）检查变速器有无漏油。

（2）如有漏油，则应予以修理或更换 O 形密封圈、FIPG、油封、排油孔塞或其他部件。

5. 检测和调整节气门拉索

图 8 - 3 所示为检测和调整节气门拉索。

（1）拆出螺栓、两颗螺母和 V 形排列气缸罩。

（2）检查加速踏板（应完全踩下）。

（3）检查拉索芯（应不松弛）。

（4）测量索套端头和拉索挡块之间的距离。

标准距离为 0 ~ 1 mm，如距离不符合标准值，可用调节螺母调整。

（5）重装螺栓、两颗螺母和 V 形排列气缸罩。

6. 检测和调整换挡杆位置

将换挡杆从 N 挡位换至其他挡位，换挡杆应平滑、准确地换至每个挡位，挡位指示器应正确地指示挡位。如指示器与正确位置不符，应按以下程序予以调整，如图 8 - 4、图 8 - 5 所示。

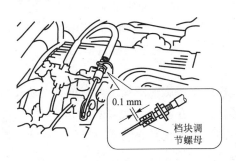

图 8 - 3　检测和调整节气门拉索

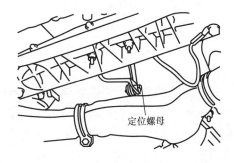

图 8 - 4　检测和调整换挡杆位置 1

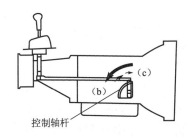

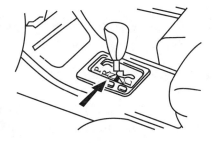

图 8 - 5　检测和调整换挡杆位置 2

（1）拧松换挡杆上的螺母。

（2）将控制轴向后推到底。

（3）将控制轴杆退回两个缺口至 N 挡位。

（4）将换挡杆定在 N 挡位。

（5）将换挡杆略向 R 挡位一侧握住，拧紧换挡杆螺母。

（6）起动发动机，确保换挡杆从 N 挡位换至 D 挡位时，车辆向前移动；而当换挡杆换至 R 挡位时，车辆后退。

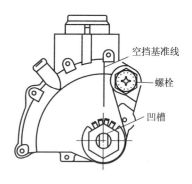

图 8 - 6　检测和调整空挡起动开关

7. 检测和调整空挡起动开关

检查发动机，应只能在换挡杆位于 N 或 P 挡位时起动，在其他挡位不能起动；否则，应按以下程序进行调整，如图 8 - 6 所示。

（1）拧松空挡起动开关螺栓，然后将换挡杆设定在 N 挡位。

（2）将空挡基准线与凹槽对准。

（3）保持在该位置，拧紧螺栓。

扭矩：1.3 N·m。

8. 检测怠速

发动机怠速不正常，特别是怠速过高，会使自动变速器工作不正常，出现换挡冲击等故障。因此在对自动变速器做进一步的检查之前应先检查发动机的怠速是否正常，检查怠速时应将自动变速器操纵手柄置于停车挡（P）或空挡（N）位置。通常装有自动变速器的日本汽车发动机怠速为 (650 ±50) r/min（在 N 挡位，关掉空调），大众车为 840 r/min，丰田车怠速标准为 (650 ±50) r/min（在 N 挡位，关掉空调）。如怠速过高或过低均应予以修理或调整。

日本车系的怠速控制器早期一般为 6 线步进电机或 3 线旋转滑阀，大众车有直动式节气门控制怠速，德国大众原装也有 4 线的步进电机形式，现在新车型大多采用电子节气门。保证怠速控制器的正常工作很重要，大众车的怠速控制装置无论是直动式节气门或 4 线步进电机或电子节气门等的基本设定很重要。导致怠速过高过低的原因很多，请读者多参考电喷发动机书，这里不再介绍。

第二节　变速器油更换周期和故障

一、自动变速器液压油的更换周期

长期大负荷工作，不正确的驾驶，经常在雪地、泥地中行驶都会导致工作环境恶化，进而造成自动变速器油过早地氧化。以 175 ℃ 为界，自动变速器的工作温度每超过 20 ℃，自动变速器油的寿命就减少一半。现代汽车工作负荷大，工作温度高，自动变速器油寿命也随之减短。在正常的使用条件下，现代汽车根据工作工况不同，换油周期根据工厂规定大致分为 3 个层次。

（1）96 000 km 换一次油；

（2）48 000 km 换一次油，大众汽车推荐 5 万～6 万千米换油；

（3）某些变速器终身不用更换自动变速器油。

如使用条件特别恶劣的汽车，应将换油周期在上述基础上再缩短一倍。

自动变速器加油时的注意事项：

（1）使用厂家推荐的自动变速器油。自动变速器油应具有防泡沫性、低温流动性、高温抗氧化性、清洁作用、冷却作用和润滑作用。

自动变速器油的级别和型号较多，应用比较广泛的型号有 Dexron 和 Mercon。其中 Dexron 有：Dexron - ⅡE 型、Dexron - Ⅲ型。

目前世界上使用最为广泛的自动变速器油是 Dexron - Ⅱ型。日本和欧洲大部分自动变速器都使用这个牌号的自动变速器油。美国通用公司的许多自动变速器使用的是 Dexron - Ⅲ型。Dexron 各种型号间互溶性较好。切诺基 AW - 4 自动变速器使用的是 Mercon，但可用 Dexron 代用。福特自动变速器使用的都是 Mercon。

一些进口汽车国产化后，相配套的油品有的也发生了变化，一些厂家要求用指定的专用油，且专用油作为配件供应。

知识点滴：不同自动变速器油品间混合或加错了会使变速器打滑或换挡粗暴，或可能损坏密封件的密封性能。

如自动变速器内加的不是自动变速器油，而是手动变速器使用的齿轮油，离合器和制动器很快就烧蚀了。发动机纵置、变速器前驱的目前只有大众车系，其他车系多为发动机横置、变速器前驱的变速器。前驱的变速器有的主减速器和差速器的腔与变速器内部相通，此种车只加自动变速油。对于有的车它们的主减速器和差速器与变速器内部不相通，此种自动变速器在变速器内加自动变速油，主减速器和差速器加齿轮油，不能弄混。

知识点滴：主减速器和差速器内的齿轮油与变速器内部之间用一道或两道油封密封，一旦油封损坏，离合器和制动器很快烧毁。

（2）自动变速器油不能加多也不能加少，过多过少都会造成油压低。

二、自动变速器液压油引起的故障

自动变速器液压油引起的故障多为常见故障。自动变速器分解、修复并装上汽车后，应先加入 3~4 L 的液压油，然后才能起动发动机，油面下降，并继续向自动变速器内加入规定数量的液压油，按规定步骤检查液压油的油面高度。

各种型号的自动变速器的加油量都有明确的规定。原则上加油量的标准是：在液力变矩器及换挡执行元件的液压缸都充满之后，留在油底壳里的油面高度在行星排等旋转零件的最低位置之下，以免在运行中液压油被剧烈地搅动而产生泡沫，但必须高于阀板总成与变速器壳体的安装接合面，以免在工作中渗入空气，影响各个控制阀的正常工作。

1. 自动变速器油液面过低可能造成的故障

（1）会发出"嗡嗡"的异响声。

① 油泵中发出异响声。自动变速器油液面过低，空气就可以从油泵进油口处侵入，在侵入的同时发出"嗡嗡"的异响声。

② 控制阀内发出异响声。空气随自动变速器油进入主调压阀后，主调压阀企图调节油压时，便会发出"嗡嗡"的异响声。

（2）会造成主油压过低及由此引发的一系列故障。

① 造成油泵工作油压过低。在油泵内空气和自动变速器油混合后，不仅导致了自动变速器油的分解，而且由于空气是可以压缩的，使变速器建立不起正常的工作油压。主调压阀

实际上是降压和保压阀。如油泵提供的工作油压过低，它也无法将其调高。

② 换挡过程中有弹性的感觉。主调压阀将油泵提供的工作油压调节为主油压，然后提供给手动控制阀。手动控制阀由换挡杆进行机械操作，如手动控制阀内有空气，挂挡时，换挡杆处就会有弹性的感觉。

③ 时而可以换挡，时而无法换挡。空气在控制阀中随自动变速器油一起流动，造成时而主油压过低，时而主油压又接近正常。汽车在行驶时，变速器时而能升挡，时而又不能升挡，或时而有前进挡没有倒挡，时而有低速挡没有高速挡。出现时而可换挡时而无法换挡的故障，往往是因为差 1 小桶或半小桶（一般 1 桶 1 L 装）自动变速器油造成的。为了防止加油时过多或过少，自动变速器生产厂家对放油的油底进行了改进。如图 8 - 7 所示为带溢流管的油底壳。

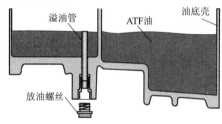

溢油管　　ATF油　　油底壳

放油螺丝

图 8 - 7　带溢流管的油底

③ 换挡粗暴。

（3）自动变速器油高温氧化产生积炭，会黏住控制阀中的滑阀，滑阀的卡滞又可能造成一系列故障，举例如下：

① 某些挡位上可以换挡，某些挡位上无法换挡，就是典型的滑阀卡滞故障（没挡的换挡阀卡滞，如 1 ~ 2 换挡阀卡滞，会造成没有 2 挡）。

② 换挡点飘移或换挡过程过长。

维修此类故障时，应拆下控制阀，在酒精中多浸泡一段时间，故障就可以排除。装配时应更换自动变速器油滤清器。变速器其余部位用酒精清洗（酒精实际成本要比汽油低，且挥发性比汽油小。

2. 自动变速器油变成黑色，有颗粒状杂质，有恶臭气味

自动变速器油变成黑色，用手捻油发现其中有颗粒状杂质，在近处闻有恶臭味，说明离合器或制动器已经烧蚀。颗粒物是它们上面的摩擦材料。

维修此类故障时，将自动变速器解体，更换烧蚀的摩擦片，彻底清洗自动变速器、变矩器和自动变速器油冷却系统，更换自动变速器油滤清器。

3. 自动变速器油中有金属微粒

（1）自动变速器油中有铁粉。用吸铁石在放出的自动变速器油中检查，如发现油中有铁粉，说明变速器内有严重的磨损，如止推垫、滚针轴承等磨损。坚硬的铁粉会加速自动变速器内部的磨损，堵塞油道，并造成其他的一些故障。维修此故障时需分解自动变速器，彻底地检查每一组行星齿轮机构。仔细地清洗变矩器和自动变速器油冷却系统。

（2）自动变速器油中有铝粉。此时，从外观上可看到油中有银白色的金属微粒。此故障是控制阀阀体磨损或自动变速器铝壳与制动器元件磨损所致，多见于一些行驶 40 万千米以上的老车。在解体行驶 15 万千米左右的变速器时，变速器内壁一般十分光滑或稍有顺向的拉痕，但颜色光亮。在解体老车时，变速器内壁一般已出现顺向粗糙的拉痕，颜色昏暗，但一般也不影响使用。

维修此故障时，应彻底地检修控制阀的阀体；另外，换自动变速器油前必须清洗冷却器且更换自动变速器油滤清器。

第三节　自动变速器性能检验

对于有故障的自动变速器应先进行性能检验，以确认其故障范围，为进一步的分解修理提供依据。自动变速器在修理完毕后，也应进行全面的性能检验，以保证自动变速器的各项性能指标达到标准要求。自动变速器性能检验包括7个道路检查、5个基本试验。

知识点滴：原来的4个基本试验为失速试验、油压试验、时滞试验、手动换挡试验，作者又增加了一个试验叫"汽车无负荷升挡试验"，实践证明非常易用，好用。

一、自动变速器的7个道路检查

道路试验检查是诊断、分析自动变速器故障的最有效手段之一。此外，自动变速器在修复之后，也应进行道路试验，以检查其工作性能，检验修理质量。自动变速器的道路试验内容主要有检查换挡车速、换挡质量以及检查换挡执行元件有无打滑。在道路试验之前，应先让汽车以中低速行驶5～10 min，让发动机和自动变速器都达到正常工作温度。在试验中，如无特殊需要，通常应将超速挡开关置于ON位置（即超速挡指示灯熄灭），并将模式开关置于普通模式或经济模式位置。道路检查的方法如下。

1. 升挡检查

升挡检查目的：检查变速器能否由1挡升至最高挡，中间是否有间隔跳挡，或升不到高挡。方法是将操纵手柄拨至前进挡（D）位置，踩下油门踏板，使节气门保持在1/2开度左右，让汽车起步加速，检查自动变速器的升挡情况。自动变速器在升挡时发动机会有瞬时的转速下降，同时车身有轻微的闯动感。正常情况下，汽车起步后随着车速的升高，试车者应能感觉到自动变速器能顺利地由1挡升入2挡，随后再由2挡升入3挡，最后升入超速挡。以上是没有检测仪时采用的方法，若有检测仪可以使检测更方便。

这里以大众01M变速器为例进行数据流分析。

003组

Read measuring value block 3			
16 km/h	2 600 r/min	1H	50%

（1）显示区1：车速。

（2）显示区2：发动机转速。

（3）显示区3：挂入挡位，0为P/N挡，R为倒挡，1H、2H、3H、4H为实际挡位，但锁止离合器未锁止。1M、2M、3M、4M为实际挡位，锁止离合器锁止。

（4）显示区4：节气门开度怠速0%～1%，全开时99%～100%。

此组数据流最为重要：当自动变速器做7个道路试验时前5个试验非常有用，前5个道路试验的内容是升挡试验、升挡车速试验、升挡发动机转速试验、换挡质量检查、强制降挡试验。

方法是：在平坦、宽敞、车流量少的公路上，汽车已经暖机，3项一般检查完毕。将操纵手柄拨至前进挡（D）位置，踩下油门踏板，使第四区节气门保持在50%开度左右，让汽车起步加速，检查自动变速器的升挡情况。自动变速器电脑控制升挡时第三区的实际挡先会指示出来，1 s左右执行元件动作，第二区的发动机会有瞬时的转速下降，同时车身有轻微的闯动感。正常情况下，汽车起步后随着车速的升高，试车者应能感觉到自动变速器能顺利地由1挡升入2挡，随后再由2挡升入3挡，最后升入超速挡，共要经过3次发动机转速下降。若发动机转速在升2挡时，即第三区2H出现时未下降，且正常平稳上升。说明2挡制动器油路未工作，对照油路检查阀体。

升挡检查不正常说明控制系统、阀体或换挡执行元件有故障。区分是控制系统故障还是阀体和换挡执行元件故障，可以对照第三区指示，若有升挡指示，说明控制系统没故障，故障在阀体和换挡执行元件。若没有升挡指示，则说明控制系统有故障。

2. 升挡车速的检查

将操纵手柄拨至前进挡（D）位置，踩下油门踏板，并使节气门保持在某一固定开度，让汽车起步并加速。当察觉到自动变速器升挡时，记下升挡车速。

一般四挡自动变速器在节气门开度保持在1/2时，由1挡升至2挡的升挡车速为25～35 km/h，由2挡升至3挡的升挡车速为55～70 km/h，由3挡升至4挡（超速挡）的升挡车速为90～120 km/h。由于升挡车速和节气门开度有很大的关系，即节气门开度不同时，升挡车速也不同，而且不同车型的自动变速器各挡位传动比的大小都不相同，其升挡车速也不完全一样，因此，只要升挡车速基本保持在上述范围内，而且汽车行驶中加速良好，无明显的换挡冲击，都可认为其升挡车速基本正常。若汽车行驶中加速无力，升挡车速明显低于上述范围，说明升挡车速过低（即过早升挡）；若汽车行驶中有明显的换挡冲击，升挡车速明显高于上述范围，说明升挡车速过高（即太迟升挡）。

大部分《自动变速器维修手册》中都有该自动变速器升挡（或降挡）车速标准表，但表中通常只列出了节气门全开或全关时的升挡（或降挡）车速。然而，在道路试验中，让汽车以节气门全开行驶往往因道路条件的限制而无法实施，而且以节气门全开行驶也容易加剧自动变速器内摩擦元件的磨损，一般不宜采用。因此表中的数据只能作为参考，有些《自动变速器维修手册》中给出该自动变速器的换挡图。从这种换挡图中可以得出不同节气门开度下自动变速器的升挡车速，这可作为判断换挡车速是否正确的标准。图8-8为丰田A43D和A43DE两种自动变速器的换挡图，图中实线为升挡曲线，虚线为降挡曲线，通常液力控制自动变速器的升挡车速和节气门开度的变化关系图呈曲线状，如图8-8（a）所示。而电子控制自动变速器的升挡车速和节气门开度的变化关系图呈阶梯状折线，如图8-8（b）所示。

由于降挡时刻在行驶中不易察觉，因此在道路试验中一般无法检查自动变速器的降挡车速，只能通过检查升挡车速来判断自动变速器有无故障。如有必要，还可检查在其他模式下或操纵手柄位于前进低挡位置时的换挡车速，并与标准值进行比较，作为判断故障的参考依据，以上是没有检测仪时采用的方法，若有检测仪可以使检测更方便。

这里以大众01M变速器为例进行数据流分析。

003组

Read measuring value block 3			
16 km/h	2 600 r/min	1H	50%

方法是：自动变速器电脑控制升挡，第三区的实际挡位指示出来时，记录第一区的车速。在修理中的实际数据因每一种车型的发动机、变速器，车身等不同，升挡的车速也不

同。对于同一种车型，先拿一辆正常车或新车做升挡检查。记录由 1 挡升入 2 挡的车速，随后再记录 2 挡升入 3 挡，最后升入超速挡的车速，这组数据作为第一手资料。修有故障车时可用此数据作参考。

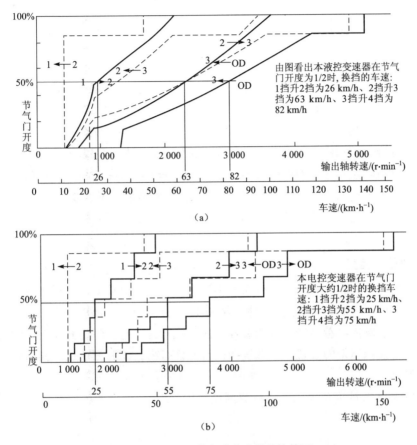

图 8-8　丰田两种自动变速器的换挡图

（a）液控自动变速器的换挡图；（b）电控自动变速器的换挡图

升挡车速太低一般是控制系统的故障所致，换挡车速太高则可能是控制系统的故障所致，也可能是换挡执行元件的故障所致。

3. 升挡时发动机转速的检查

有发动机转速表的汽车在做自动变速器道路试验时，应注意观察汽车行驶中发动机转速变化的情况，它是判断自动变速器工作是否正常的重要依据之一。在正常情况下，若自动变速器处于经济模式或普通模式，节气门保持在低于 1/2 开度范围内，则在汽车由起步加速直至升入高速挡的整个行驶过程中，发动机转速都将低于 3 000 r/min。通常在加速至即将升挡时发动机转速可达到 2 500～3 000 r/min，在刚刚升挡后的短时间内发动机转速将下降至 2 000 r/min 左右。如果在整个行驶过程中发动机转速始终过低，加速至升挡时仍低于 2 000 r/min，说明升挡时间过早或发动机动力不足。如果在行驶过程中发动机转速始终偏高，升挡前后的转速为 2 500～3 500 r/min，而且换挡冲击明显，说明升挡时间过迟。如果在行驶过程中发动机转速过高，经常高于 3 000 r/min，在加速时达到 4 000～5 000 r/min，其至更高，则说明自动变速器的换挡执行元件（离合器或制动器）打滑，应拆修自动变速器。

这里仍以大众01M变速器为例进行数据流分析。

003组

Read measuring value block 3			
16 km/h	2 600 r/min	1H	50%

方法是：自动变速器电脑控制升挡第三区的实际挡先会指示出来，大约1 s左右后执行元件会动作，记录第二区的发动机转速。在修理中的实际数据因每一种车型的发动机、变速器，车身等不同，升挡的发动机转速也不同。对于同一种车型，先拿一辆正常车或新车做升挡发动机转速检查。记录由1挡升入2挡的发动机转速，随后再记录2挡升入3挡，最后升入超速挡的发动机转速，这组数据作为第一手资料。修有故障车时可用此数据作参考。

发动机升挡前转速高（不是升挡后突然的换挡打滑升高），说明控制系统有故障，变速器内基本没有故障。这种故障可能为发动机本身动力不足引起，同样车速需要更大的节气门开度，结果使换挡点滞后。

4. 换挡质量的检查

换挡质量的检查内容主要是检查有无换挡冲击，正常的自动变速器只能有不太明显的换挡冲击，特别是电子控制自动变速器的换挡冲击应十分微弱。若换挡冲击太大，说明自动变速器的控制系统、阀体改善换挡质量的装置或换挡执行元件有故障，其原因可能是油路油压过高或阀体改善换挡质量的装置失效及换挡执行元件打滑，注意打滑也是换挡质量问题，应做进一步的检查。

这里还以大众01M变速器为例进行数据流分析。

003组

Read measuring value block 3			
16 km/h	2 600 r/min	1H	50%

方法是：自动变速器电脑控制升挡第三区的实际挡位先会指示出来，大约1 s左右后执行元件会动作，感觉车身有无明显振动和异响或发动机转速突然升高的空转声。先拿一辆正常车做升挡检查。记录由1挡升入2挡的发动机感觉，随后再记录2挡升入3挡的感觉，最后升入超速挡的发动机感觉。

换挡冲击大一般为蓄压器或执行元件的缸内过脏或过热范卡，也可能进入了应急状态油压过高，执行元件自由间隙不正确或阀板钢球丢失。

5. 锁止离合器工作状况的检查

自动变速器变矩器中的锁止离合器工作是否正常也可以采用道路试验的方法进行检查。试验中，让汽车加速至超速挡，以高于80 km/h的车速行驶，并让节气门开度保持在低于1/2的位置，使变矩器进入锁止状态。此时，快速将油门踏板踩下至2/3开度，同时检查发动机转速的变化情况。若发动机转速没有太大变化，说明锁止离合器处于接合状态；反之，若发动机转速升高很多，则表明锁止离合器没有接合，其原因通常是锁止控制系统有故障。

这里以大众01M变速器为例进行数据流分析。

Read measuring value block 7			
4H	10 r/min	3 600 r/min	50%

显示区 1：4M，锁止离合器锁止。

显示区 2：泵轮和涡轮的转速差，锁止小于 130 r/min。

6. 发动机制动作用的检查

检查自动变速器有无发动机制动作用时，应将操纵手柄拨至前进低挡（2、L 或 2、1）位置，对于大众车应拨至最后一位。在汽车以 2 挡或 1 挡行驶时，突然松开油门踏板，检查是否有发动机制动作用。若松开油门踏板后车速立即随之下降，说明有发动机制动作用；否则说明控制系统或执行元件有故障。

这里以大众 01M 变速器为例进行数据流分析（01M 手柄 P、R、N、D、3、2、1）。

Read measuring value block 7			
1H	−200 r/min	1 300 r/min	0%

高车速行驶时手柄由 D 移向 1 后，抬起油门踏板（正常行驶不允许）。

显示区 1：1H。

显示区 2：泵轮和涡轮的转速差在发动机制动反拖时显示负值，加油时为正值。

显示区 3：发动机转速高于怠速值，说明有发动机制动。

显示区 4：收油门后节气门开度怠速为 0 ~ 1%。

7. 强制降挡功能的检查

检查自动变速器强制降挡功能时，应将操纵手柄拨至前进挡（D）位置，保持节气门开度为 1/3 左右，在以 2 挡、3 挡或超速挡行驶时突然将加油门踏板完全踩到底，检查自动变速器是否被强制降低一个挡位。在强制降挡时，发动机转速会突然上升至 4 000 r/min 左右，并随着加速升挡，转速逐渐下降。若踩下油门踏板后没有出现强制降挡，说明强制降挡功能失效；若在强制降挡时发动机转速升高得反常，达 5 000 ~ 6 000 r/min（正常车这是不可能的），并在升挡时出现换挡冲击，则说明换挡执行元件打滑，应拆修自动变速器。

这里以大众 01M 变速器为例进行数据流分析。

003 组

Read measuring value block 3			
85 km/h	4 200 r/min	4H	100%

方法是：汽车行驶在 70 ~ 100 km/h 时（车速超过 100 km/h 太高时一般车型不会降挡），突然将油门踩到底，使第四区节气门保持在 100% 开度，检查自动变速器的降挡情况。自动变速器电脑控制降挡第三区的实际挡先会指示 4H 降为 3H 出来，大约 1 s 左右执行元件动作，记录第二区的发动机转速上升情况。

二、自动变速器的 5 个基本试验

1. 失速试验

失速试验是检查发动机、变矩器及自动变速器中有关换挡执行元件的工作是否正常的一种常用方法。

（1）准备工作。在进行失速试验之前，应做好以下准备工作。

让汽车行驶至发动机和自动变速器均达到正常工作温度；检查汽车脚制动和手制动，确认其性能良好；检查自动变速器液压油高度，应正常。

（2）试验步骤。将汽车停放在宽阔的水平地面上，前后车轮用三角木块塞住；拉紧手制动；左脚用力踩住制动踏板；起动发动机；将操纵手柄拨入 D 位置；在左脚踩紧制动踏板的同时，用右脚将油门踏板踩到底，在发动机转速不再升高时，迅速读取此时的发动机转速；读取发动机转速后，立即松开油门踏板；将操纵手柄拨入 P 或 N 位置，让发动机怠速运转 1 min，以防止液压油因温度过高而变质；将操纵手柄拨入其他挡位（R、2、L），做同样的试验。

在前进挡或倒挡中踩住制动踏板并完全踩下油门踏板时，发动机处于最大扭矩工况，而此时自动变速器的输出轴及输入轴均静止不动，变矩器的涡轮也因此静止不动，只有变矩器壳及泵轮随发动机一同转动，这种工况称为失速工况，此时的发动机转速称为失速转速。由于在失速工况下，发动机的动力全部消耗在变矩器内液压油的内部摩擦损失上，液压油的温度急剧上升，因此在失速试验中，从油门踏板踩下到松开的整个过程的时间不得超过 5 s，否则会使液压油因温度过高而变质，甚至损坏密封圈等零件。在一个挡位的试验完成之后，不要立即进行下一个挡位的试验，要等油温下降之后再进行。试验结束后不要立即熄火，应将操纵手柄拨入空挡或停车挡，让发动机怠速运转几分钟，以便让液压油温度降至正常。如果在试验中发现驱动轮因制动力不足而转动，应立即松开油门踏板，停止试验。图 8 - 9 所示为失速试验图。

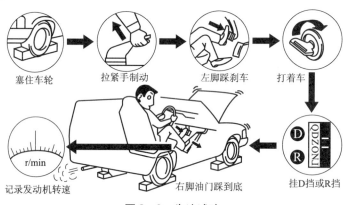

塞住车轮　　拉紧手制动　　左脚踩刹车　　打着车

记录发动机转速　　右脚油门踩到底　　挂D挡或R挡

图 8 - 9　失速试验

不同车型的自动变速器都有其失速转速标准，见表 8 - 1。大部分自动变速器的失速转速标准为（2 300 ±150）r/min。

表 8 - 1　几种常见车型自动变速器的失速转速标准

车 型	自动变速器型号	发动机型号或排量	失速转速/（r·min^{-1}）
丰田 PREVIA	A46DE、A46DF	2TZ - FE	2 450 ~ 2 750
丰田 CROWN	A340E	2JZ - GE	2 300 ~ 2 600
丰田 CAMRY	A540E	3VZ - FE	2 250 ~ 2 550
凌志 LS400	A341E、A342E	1UZ - FE	2 050 ~ 2 350

若失速转速与标准值相符，说明自动变速器的油泵、主油路油压及各个换挡执行元件的工作基本正常；若失速转速高于标准值，说明主油路油压过低或换挡执行元件打滑；若失速转速低于标准值，则可能是发动机动力不足或液力变矩器有故障，例如，当液力变矩器中的导轮单向超越离合器打滑时，液力变矩器在液力耦合器的工况下工作，没有导轮帮助泵轮增扭，其变扭比下降，从而使发动机的负荷增大，转速下降。不同挡位失速转速不正常的原因详见表 8－2。

表 8－2　失速转速不正常的原因

操纵手柄位置	失　速　转　速	故　障　原　因
所有位置	过高	主油路油压过低； 前进挡和倒挡的换挡执行元件打滑； 低挡及倒挡制动器打滑
	过低	发动机动力不足； 变矩器导轮的单向超越离合器打滑
仅在 D 位	过高	前进挡油路油压过低； 前进离合器打滑
仅在 R 位	过高	倒挡油路油压过低； 倒挡及高挡离合器打滑

2. 油压试验

油压试验是在自动变速器运转时，对控制系统各个油路中的油压进行测量，它为分析自动变速器的故障提供依据，以便于有针对性地进行修复。正确的油路油压是自动变速器正常工作的先决条件。油压过高，会使自动变速器出现严重的换挡冲击，甚至损坏控制系统；油压过低，会造成换挡执行元件打滑，加剧其摩擦片的磨损，甚至使换挡执行元件烧毁。对于因油压过低而造成换挡执行元件烧毁的自动变速器，如果仅仅更换烧毁的摩擦片而没有找出故障的真正原因并加以修复，更换后的摩擦片经过一段时间的使用后往往会再次烧毁。因此，在分解修理自动变速器之前和自动变速器修复之后，都要对自动变速器做油压试验，以保证自动变速器的修理质量。

（1）油压试验的准备。在做油压试验之前应做好以下准备工作。

① 行驶汽车，让发动机及自动变速器达到正常工作温度，准备一个量程为 2 MPa（2 MPa = 20 bar = 20 kg/cm^2 = 2 000 kPa）的油压表，图 8－10 所示为自动变速器油压表。将车辆停放在水平地面上，检查发动机怠速和自动变速器液压油的油面高度。如不正常，应予以调整。

② 找出自动变速器各个油路测压孔的位置。通常在自动变速器外壳上有几个用方头螺塞堵住的用于测量不同油路油压的测压孔。《自动变速器维修手册》上标有该自动变速器各个油路测压孔的位置。图 8－11（a）为大众 01M 自动变速器测压孔位置，图 8－11（b）为 LS400 发动机 A342E

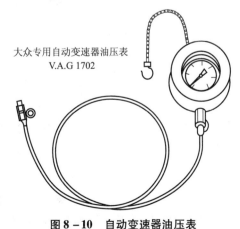

大众专用自动变速器油压表
V.A.G 1702

图 8－10　自动变速器油压表

自动变速器测压孔位置，图8-11（c）为丰田佳美 A541E 自动变速器测压孔位置。

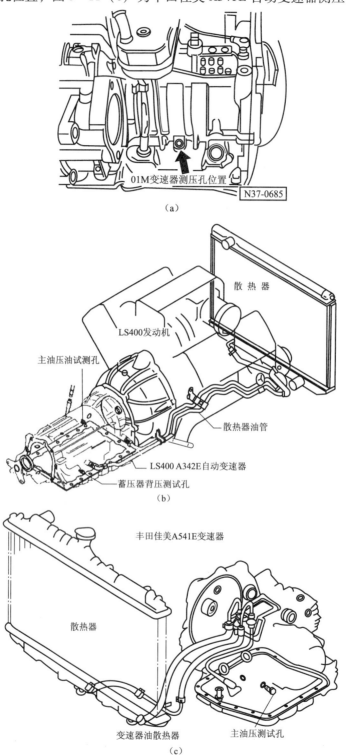

图8-11 自动变速器测压孔位置

（a）大众01M 自动变速器测压孔位置；（b）LS400 发动机 A341E 自动变速器测压孔位置；

（c）丰田佳美 A541E 自动变速器测压孔位置

a. 不论操纵手柄位于前进挡或倒挡时都有压力油流出，则为主油路测压孔。

b. 只有在操纵手柄位于前进挡，并且在驱动轮转动后才有压力油流出，则为调速器油路的测压孔。

（2）油压试验的内容和方法。油压试验的内容取决于自动变速器的类型及测压孔的设置方式。下面介绍一般车型自动变速器油压试验的主要内容和方法。

① 主油路油压测试方法。测试主油路油压时，应分别测出前进挡和倒挡的主油路油压，如图 8-12 所示。

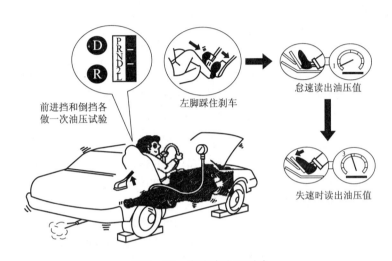

前进挡和倒挡各
做一次油压试验

左脚踩住刹车

怠速读出油压值

失速时读出油压值

图 8-12　主油路油压测试

a. 前进挡主油路油压测试方法：拆下变速器壳体上的主油路测压孔或前进挡油路测压孔螺塞，接上油压表；起动发动机；将操纵手柄拨至前进挡（D）位置；读出发动机怠速运转时的油压，该油压即为怠速工况下的前进挡主油路油压；用左脚踩紧制动踏板，同时用右脚将油门踏板完全踩下，在失速工况下读取油压，该油压即为失速工况下的前进挡主油路油压。将操纵手柄拨至空挡或停车挡，让发动机怠速运转 1 min 以上。操纵手柄拨至各个前进低挡（2 位或 L 位）位置，重复上述的步骤，读出各个前进低挡在怠速工况和失速工况下的主油路油压。

有的车系不做失速油压测试，只做某个发动机转速下的油压测试。

b. 将操纵手柄拨至倒挡（R）位置，在发动机怠速运转工况下读取油压，该油压即为怠速工况下的倒挡主油路油压；用左脚踩紧制动踏板，同时用右脚将油门踏板完全踩下，在发动机失速工况下读取油压，该油压即为失速工况下的倒挡主油路油压。

将操纵手柄拨至空挡（N）位置，让发动机怠速运转 1 min 以上，将测得的主油路油压与标准值进行比较。不同车型自动变速器的主油路油压都不完全相同，表 8-3 列出了主油路油压不正常的可能原因。若主油路油压在以上状态时都不正常，说明油泵或控制系统有故障。表 8-4 为几种常见车型自动变速器主油路油压标准。

表 8－3　主油路油压不正常的原因

工况	测 试 结 果	故 障 原 因
怠速	所有挡位的主油路油压均太低	油泵故障； 主油路调压阀卡死； 主油路调压阀弹簧太软； 节气门拉索或节气门位置传感器调整不当； 节气门阀卡滞； 主油路泄漏
	前进挡和前进低挡的主油路油压均太低	前进离合器活塞漏油； 前进挡油路泄漏
怠速	前进挡的主油路油压正常，前进低挡的主油路油压太低	1挡强制离合器或2挡强制离合器活塞漏油； 前进低挡油路泄漏
	前进挡主油路油压正常，倒挡主油路油压太低	倒挡及高挡离合器活塞漏油； 倒挡油路泄漏
	所有挡位的主油路油压均太高	节气门拉索或节气门位置传感器调整不当； 主油路调压阀卡死； 节气门阀卡滞； 主调压阀弹簧太软； 油压电磁阀损坏或线路故障
失速	稍低于标准油压	节气门拉索或节气门位置传感器调整不当； 油压电磁阀损坏或线路故障； 主油路调压阀卡死或弹簧太软
	明显低于标准油压	油泵故障； 主油路泄漏

表 8－4　几种常见自动变速器主油路油压标准

车 型	变速器型号	发动机	手柄位置	主油路油压/kPa	
				怠速工况	工 况
丰田 CAMRY	A541E	3VZ－FE	D	353～412	992～1 040（失速）
			R	637～745	1 608～1 873（失速）
凌志 LS400	A341E、A342E	1UZ－FE	D	382～441	1 206～1 363（失速）
			R	579～687	1 638～1 863（失速）
BORA JEETA GOLF	01M		D	340～380	1 240～1 320 （发动机 2 000 r/min）
			R	500～600	2 300～2 400 （发动机 2 000 r/min）

② 调速器油压的测试。大部分液力控制自动变速器都可以做这项测试。在测试调速器油压时，应当用举升机将汽车升起；或用千斤顶将驱动桥顶起，但最好再用保安支架支住；也可以接上压力表后进行路试，如图 8 – 13 所示。

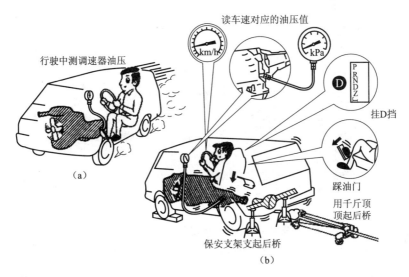

图 8 – 13　调速器油压测试

（a）路试；（b）台试

调速器油压测试方法：

拆下自动变速器壳体上的调速器测压孔螺塞，接上油压表；起动发动机；将操纵手柄拨至前进挡（D）位置；松开手制动拉杆，缓慢地踩下油门踏板，让驱动轮转动；读取不同车速下的调速器油压；将测试结果与标准值进行比较。

若调速器油压太低，可能有以下原因：主油路油压太低；调速器油路泄漏；调速器工作不正常。

③ 油压电磁阀工作的测试。电子控制自动变速器常采用油压电磁阀来控制主油路油压或减振器背压。这种自动变速器可以在油压试验中人为地向油压电磁阀施加电信号，同时测量油路油压的变化，以检查油压电磁阀的工作是否正常。不同车型的电子控制自动变速器的油压电磁阀的工作原理不完全相同，其检测方法也不一样。下面以凌志 LS400 轿车的 A341E 电子控制自动变速器为例，说明测试油压电磁阀工作的方法，其他车型也可以参考。

油压电磁阀工作的测试方法如图 8 – 14 所示。

将油压表接至自动变速器减振器背压的测压孔；对照电路图找出自动变速器电脑线束插头上油压电磁阀控制端的接线脚，将一个 8 W 或 10 W 灯泡的一脚与油压电磁阀控制端的接脚连接；将汽车停放在地面上，拉紧手制动拉杆，并用三角木块将 4 个车轮塞住；起动发动机，检查并调整好发动机怠速；踩住制动踏板，将操纵手柄挂入前进挡（D）位置；读出此时的减振器背压，其值应大于零；将连接油压电磁阀的 8 W 灯泡的另一脚接地。此时油压电磁阀通电开启，读出此时的减振器背压。

在油压电磁阀的接线脚经 8 W 灯泡接地时，油压电磁阀将通电开启。此时减振器背压应下降为零。如有异常，说明油压电磁阀工作不良。

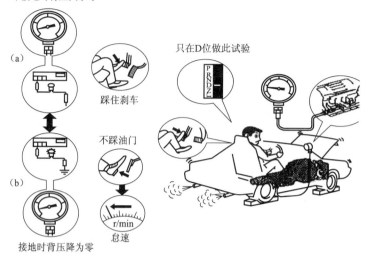

图 8 – 14　油压电磁阀工作的测试

（a）灯未接地时，减振器背压大于零；（b）灯接地时，减振器背压降为零

3. 延时试验

在发动机怠速运转时将操纵手柄从空挡拨至前进挡或倒挡后，需要有一段短暂时间的迟滞或延时才能使自动变速器完成挡位的接合（此时汽车会产生一个轻微的振动），这一短暂的时间称为自动变速器换挡的迟滞时间。延时试验就是测出自动变速器换挡的迟滞时间，根据迟滞时间的长短来判断主油路油压及换挡执行元件的工作是否正常。延时试验的步骤如图8 – 15 所示。

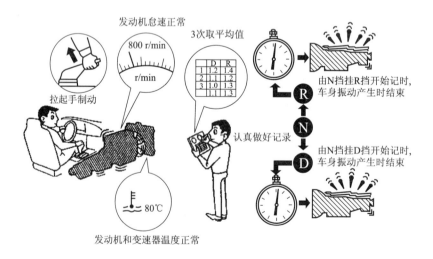

图 8 – 15　延时试验

延时试验方法：

让汽车行驶，使发动机和自动变速器达到正常工作温度；将汽车停放在水平地面上，拉紧手制动；检查发动机怠速；如不正常，应按标准予以调整；将自动变速器操纵手柄从空挡

（N）位置拨至前进挡（D）位置，用秒表测量从拨动操纵手柄开始到感觉汽车振动为止所需的时间，该时间称为 N－D 延时时间；将操纵手柄拨至 N 位置，让发动机怠速运转 1 min 后，再做一次同样的试验；做 3 次试验，并取平均值；按上述方法，将操纵手柄由 N 位置拨至 R 位置，测量 N－R 延时时间。

大部分自动变速器 N－D 延时时间小于 1.0～1.2 s，倒挡油压虽高，但执行元件的活塞的行程长，N－R 延时时间相对前进挡要长，一般小于 1.2～1.5 s。若 N－D 延时时间过长，说明主油路油压过低、前进离合器摩擦片磨损过甚或前进单向超越离合器工作不良；若 N－R 延时时间过长，说明倒挡主油路油压过低、倒挡离合器或倒挡制动器磨损过甚或工作不良；滞后时间过长，说明相关的离合器或制动器因磨损造成工作间隙过大，或相关油路上有泄漏点。正确的滞后时间是必要的。它是离合器和制动器正常工作间隙及蓄压器通过并联油路临时转移部分液压油，以避免油液压力突然增大而导致的换挡冲击，是离合器和制动器平稳结合所需要的时间。离合器和制动器工作间隙过大是造成滞后时间过长的一个重要原因，但不是唯一的原因，造成时间滞后过长的其他因素有以下几项：

（1）主油压过低，行驶里程 30 万千米左右的汽车易出此类故障。其原因有主调压阀卡滞，主调压阀回位弹簧过软，油泵过度磨损等。

（2）活塞密封圈漏油，进而造成工作油压不足。

（3）离合器或制动器活塞密封圈发生泄漏，活塞上单向球阀发生泄漏，造成离合器或制动器工作油压不足。

（4）主油压电磁阀泄漏造成主油压过低。

4. 电子控制自动变速器的手动换挡试验

电子控制自动变速器可以采用手动换挡试验的方法来确定故障出在电子控制系统还是自动变速器其他部分。所谓手动换挡试验就是将电子控制自动变速器所有换挡电磁阀的线束插头全部脱开，此时电脑不能通过换挡电磁阀来控制换挡，自动变速器的挡位取决于操纵手柄的位置，不同车型的电子控制自动变速器在脱开换挡电磁阀线束插头后的挡位和操纵手柄的关系都不完全相同。丰田轿车的各种电子控制自动变速器在脱开挡电磁阀线束插头后的挡位和操纵手柄的关系见表 8－5，大众车见表 8－6，也可从丰田和大众车系油路图中分析出更直接的答案。

表 8－5　丰田车挡位和操纵手柄的关系

丰田操纵手柄位置	挡　　位
P	停车挡
R	倒挡
N	空挡
D	超速挡
2	3 挡
L	1 挡
空	

表 8－6　大众车挡位和操纵手柄的关系

大众操纵手柄位置	挡　　位
P	停车挡
R	倒挡
N	空挡
D	3 挡
3	3 挡
2	3 挡
1	1 挡

手动换挡试验方法：

脱开电子控制自动变速器的换挡电磁阀线束插头或直接脱开电脑插头；起动发动机，将操纵手柄拨至不同位置，然后做道路试验（也可以将驱动轮悬空，进行台架试验）；观察发动机转速和车速的对应关系，可以判断自动变速器所处的挡位。不同挡位时发动机转速与车速所确定的挡位可以参见表 8 – 7，由于变矩器的减速作用与传递的扭矩有关，因此表中的车速只能作为参考。实际车速将随着行驶中节气门开度的不同而产生一定的变化。

表 8 – 7　丰田自动变速器不同挡位时发动机转速和车速的关系

挡　　位	发动机转速/ $(r \cdot min^{-1})$	车速/ $(km \cdot h^{-1})$
1 挡	2 000	18 ~ 22
2 挡	2 000	34 ~ 38
3 挡	2 000	50 ~ 55
超速挡	2 000	70 ~ 75

若操纵手柄位于不同位置时自动变速器所处的挡位与表 8 – 5 或表 8 – 6 相同，说明电子控制自动变速器的阀板及换挡执行元件基本上工作正常。否则，说明自动变速器的阀板或换挡执行元件有故障。试验结束后，接上电磁阀线束插头，清除电脑中的故障代码，防止因脱开电磁阀线束插头而产生的故障代码保存在电脑中，影响自动变速器的故障自诊断工作。

5. 汽车无负荷升挡试验

汽车无负荷升挡试验的目的是确定高挡升不上去的原因在电控系统没控制换挡，还是阀体没有相应换向，还是执行元件有故障。

首先在平路上正常做 7 个道路试验的升挡试验，即有负荷下由检测仪读数据流，检查电脑控制变速器换挡否，如果没换挡，故障在控制系统。

用举升机将汽车升起，让自动变速器以前进挡工作，检查在空载状态下自动变速器的升挡情况。如果在空载状态下自动变速器能升入超速挡，且升挡车速正常，说明电子控制系统和阀板工作正常，不能升挡的故障原因为超速制动器打滑或发动机动力不足。

如果在无负荷状态下仍不能升入超速挡，说明控制系统有故障。对此，应拆卸阀板，检查 3 ~ 4 挡换挡阀。如有卡滞，可将换挡阀拆下，予以清洗并抛光。如不能修复，应更换阀板总成。

在有负荷的状态下不能实现超速挡，无负荷时，如果能升入超速挡，但升挡后车速提不高，发动机转速下降，说明超速行星排中的直接离合器或直接单向超越离合器卡死，使超速行星排在超速挡状态下出现运动干涉，加大了发动机的运转阻力。

汽车无负荷升挡试验也是检查发动机动力不足的一种方法。

❀ 第四节　电子控制自动变速器故障自诊断

电子控制自动变速器的电脑内部有一个故障自诊断电路，它能在汽车行驶过程中不断监测自动变速器控制系统各部分的工作情况，并能检测出电控系统中大部分故障，将故障以代码的形式记录在电脑内。维修人员可以按照特定的方法将故障代码从电脑内读出，为自动变速器控制系统的检修提供依据。

一、OBD I 故障代码的人工读取

现在汽车电脑检测仪价格已很便宜，但也不是每个修理厂和修理部都有，如果无法具备这种汽车电脑检测仪。一些车仍保留最初读出自动变速器电脑故障代码的方法，即人工读取的方法。

不同车型的电子控制自动变速器电脑故障代码的人工读取方法各不相同，目前大部分车型的电脑故障代码的人工读取方法是：用一根导线将汽车电脑故障检测插座内特定的两个插孔（故障自诊断插孔和接地插孔）短接后，通过观察仪表板上自动变速器故障警告灯的闪亮规律读取故障代码，日本丰田轿车、美国通用轿车、美国福特轿车等都是采用这种方法。不同车型的汽车电脑故障检测插座形状及插孔分布各不相同，下面以丰田 LS400 轿车为例，说明自动变速器电脑故障代码的读出方法。对于其他车型来说，其方法也基本相同。

在读取故障代码之前，应先检查汽车蓄电池电压是否正常，以防止蓄电池电压过低而导致电脑故障自诊断电路工作不正常。然后按下列操作方法读出故障代码。

（1）打开点火开关，将它置于 ON 位置，但不要起动发动机。

（2）丰田轿车是以仪表板上的超速挡指示灯"O/D OFF"或 PWR 灯作为电子控制自动变速器控制系统的故障警告灯。丰田 LS400 以 PWR 灯作为电子控制自动变速器控制系统的故障警告灯。

（3）打开位于发动机附近的汽车电脑故障检测插座罩盖。图 8 - 16 所示为丰田 LS400 发动机自诊断插头。依照罩盖内所注明的各插孔的名称，用一根导线将 TE1（故障自诊断触发端）和 E1（接地）两插孔相连接。

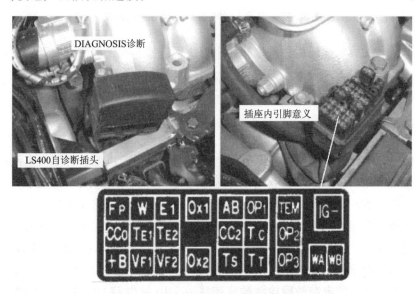

图 8 - 16　丰田 LS400 发动机自诊断插头

图 8-17 所示为丰田 LS400 发动机自诊断电路图。TE1 和 E1 两插孔用金属线相连接后，电脑内电位由 5 V 降为 0 V，电脑把存储器中的故障码输出给 PWR 灯。

（4）根据自动变速器故障警告灯的闪亮规律读出故障代码，若自动变速器控制系统工作正常，电脑内没有故障代码，则故障警告灯以每秒两次的频率连续闪亮，若自动变速器电脑内存在故障代码，则故障警告灯以每秒一次的频率闪亮。并将两位的故障代码的十位数和个位数先后用故障警告灯的闪亮次数表示出来。例如，当故障代码为 42 时，故障警告灯先以每秒一次的频率闪亮 4 次，表示故障代码的十位数为 4；然后停顿 1.5 s，再以每秒一次的频率闪亮两次，表示故障代码的个位数为 2。查表 8-8 得丰田变速器故障代码 42 为 1 号车速传感器故障。

当电脑内存储有几个故障代码时，电脑按故障代码的大小，依次将所有储存的故障代码显示出来，相邻两个故障代码之间的停顿时间为 2.5 s。当所有的故障代码全部显示完后，停顿 4.5 s，再重新开始显示。如此反复，直到从故障检测插座上拔下连接导线为止。

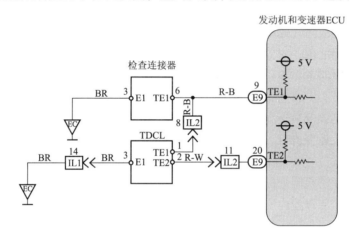

图 8-17　丰田 LS400 发动机自诊断电路图

（5）读取所有的故障代码后，从检测插座上拔下连接导线，关闭点火开关。消码只需关掉点火开关后，拔电脑的常火保险 10 s 以上，对于丰田车为 EFI 保险丝，这样发动机和变速器里的故障码全部清除。

二、汽车电脑检测仪的使用

为了方便汽车维修人员对汽车各部分的电子控制系统进行维修，许多汽车制造厂家为自己生产的带有电脑的汽车设计了专用的电脑检测仪。例如：大众车的英文 V. A. G1552、V. A. G1551、V. A. S5052、V. A. S5051 在大众汽车的控制电路上有个专用的 16 针电脑 OBD Ⅱ 故障检测插座。根据不同年款，它通常位于驾驶室仪表板下方、表台烟灰盒下方或手制动手柄下方附近。通过一根 K 线，或一根 K 线、一根 L 线，与汽车各系统的电脑（如发动机电脑、自动变速器电脑、制动防抱死装置电脑等）连接。只要把汽车制造厂提供的该车型的电脑检测仪与汽车上的电脑故障检测插座连接后，16 针电脑 OBD Ⅱ 故障检测插座中的常火线会给 V. A. G1552 检测仪供电。然后打开点火开关，点火开关给汽车上的各个电控系统供电，就可以很方便地对汽车的发动机、自动变速器及其他部分的电脑和控制系统进行检测。这种电脑检测仪只能用于指定的车型，对于其他厂家的车型不能使用。图 8 - 18 所示为大众检测仪。

(a)　　　　　　　　　　　　　　　　(b)

图 8 - 18　大众检测仪

(a) V. A. G1552；(b) V. A. G1551

现在，汽车采用了越来越多的电控系统，检修汽车电脑及控制系统的检测设备也在不断发展。一些汽车维修设备制造厂为检修不同车型的电脑设计出了一些通用型的汽车电脑解码器。例如深圳威宁达公司的金德 K6 及新款 K81、深圳创威联电子有限公司的 AUTOBOSS 车博士 WU - 2000 及新款的 WU - 2008。这种汽车电脑解码器本身也是一个小型电脑，它的软件中储存有各国不同车型的电脑及控制系统的检测程序和数据资料，并带有配各种车诊断口的检测插头。这种解码器供电后，只需将被测汽车的生产厂家名称和车辆识别码输入汽车电脑解码器，就能从软件中调出相应的检测程序。然后按照解码器屏幕提示的检测步骤，再将相应的故障检测插头和汽车上的电脑故障检测插座连接，就可以对汽车发动机、自动变速器、制动防抱死装置等各个部分的电脑及控制系统进行有选择的检测。

随着车型的不断更新，汽车的电脑及控制系统也在不断改进，因此专用或通用的汽车电脑检测仪在使用几年后，应向制造厂家或服务商更换新的软件卡，以提高该检测仪的检测能力，使它能检测各种最新车型的电脑控制系统。

汽车电脑检测仪和汽车电脑解码器都可以很方便地读出储存在汽车自动变速器电脑内的故障代码。汽车电脑解码器国内一般没有，它是早期汽车电控系统的检测设备，只能读故障码，我国没经历这个低级阶段，直接进入汽车电脑检测仪阶段，但大多数人仍习惯称它为解码器。

汽车电脑检测仪不仅能读码，而且故障代码后还写出故障代码的含义，这样就省去了查故障码表这个过程，为检修自动变速器的控制系统节省了时间。现在的大众 V. A. G1552、金德 K6、K81、车博士 WU - 2008、金奔腾彩圣等这些检测仪一般都具有以下 10 种功能。10 种功能能否使用取决于不同的电控系统，这 10 种功能是：读电脑软件版本、读故障码、执行元件诊断、基本设定、清故障码、结束（结束与电脑通信）、单元编码、读取数据流、读单个数据流和自适应。

1. 清除电脑内储存的故障代码

被汽车电脑的故障自诊断电路所检测出的故障将一直以故障代码的方式记录在电脑内的 RAM 随机存储器或 EEPROM 可电擦除的存储器。对于日本车系，通常故障码存在单片机的 RAM 里，将汽车蓄电池电缆拆除或电脑的常火线保险拔下一般 10 s 以上，RAM 内信息自动消失；对于大众汽车只能用电脑检测仪 V. A. G1552 向汽车电脑发出指令的方法来清除汽车电脑 EEPROM 内储存的故障代码。

2. 读取数据流

汽车电脑的故障自诊断电路不能检测出所有的电控系统故障。例如变速器油温传感器信号有偏差，但信号仍在自诊断电路允许范围之内。所以，许多车型的电脑在运行中会将各种传感器输入、输出信号的瞬时数值（如各传感器的信号、电脑的计算的中间结果、控制模式、电脑向各执行器发出的控制信号等），以串行输送分时显示的方式，经故障检测插座内的插孔向外传送。电脑检测仪可以将这些数值以数据表的方式在检测仪的屏幕上显示出来，使整个控制系统的工作一目了然。检修人员可以根据自动变速器工作过程中控制系统各种数据的变化情况来判断控制系统的工作是否正常，根据电脑的指令与自动变速器的实际反应进行比较，用以准确地分辨故障出在控制系统还是自动变速器的其他部分。

例如大众 01M 变速器第 003 组数据流。

Read measuring value block 3			
12 km/h	2 400 r/min	1H	29%

显示区 1：车速。

显示区 2：发动机转速。

显示区 3：1H、2H、3H、4H 为变矩器的液力传动挡位。1M、2M、3M、4M 为变矩器的机械传动挡位。

假设 1H 突变为 2H 时，发动机转速在 1 s 内不下降，而在以后下降，则说明阀体也向 2、4 挡制动器供油，但阀体存在柱塞运动受阻或制动器间隙很大。若发动机转速一直不下降而且还按"正常上升"，说明阀体范卡没向 2、4 挡制动器供油，N89 下部的机械阀有故障。此变速器除非 2、4 挡制动器本身严重泄漏导致 1~3 挡离合器跟着打滑，不会存在单换 2 挡时发动机空转现象。

3. 单元编码

汽车电脑内储存了几种不同车型的程序软件和数据，为了保证软件和数据能和外围的传感器、执行器或其他总成配套，需要电脑启用相应的程序，这就需要对控制单元进行编码。

✷ 第五节　自动变速器的故障

一、汽车不能行驶

1. 故障现象

（1）无论操纵手柄位于倒挡、前进挡或前进低挡，汽车都不能行驶。

（2）冷车起动后汽车能行驶一段路程，但稍一热车就不能行驶。

2. 故障原因

（1）自动变速器油底壳被撞坏，液压油全部漏光；

（2）操纵手柄和手动阀摇臂之间的连杆或拉索松脱，手动阀保持在空挡或停车挡位置；

（3）油泵进油滤网堵塞；

（4）主油路严重泄漏；

（5）油泵损坏；

（6）电磁阀损坏。

3. 故障诊断与排除

（1）拔出自动变速器的油尺，检查自动变速器液压油的油面高度。若油尺上没有液压油，说明自动变速器内的液压油已全部漏光。对此，应检查油底壳、液压油散热器、油管等处有无破损而导致漏油。如有严重漏油处，应修复后重新加油。

（2）检查自动变速器操纵手柄与手动阀摇臂之间的连杆或拉索有无松脱。如有松脱，应予以装复，并重新调整好操纵手柄的位置。

（3）拆下主油路侧压孔上的螺塞，起动发动机，将操纵手柄拨至前进挡或倒挡位置，检查测压孔内有无液压油流出。

（4）若主油路侧压孔内没有液压油流出，应打开油底壳，检查手动阀摇臂轴与摇臂有无松脱，手动阀阀芯有无折断或脱钩。若手动阀工作正常，则说明油泵损坏。此时应拆卸分解自动变速器，更换油泵。

（5）若主油路侧压孔内只有少量液压油流出，油压很低或基本上没有油压，应打开油底壳，检查油泵进油滤网有无堵塞。如无堵塞，说明油泵损坏或主油路严重泄漏。对此应拆卸分解自动变速器，予以修理。

（6）若冷车起动时主油路有一定的油压，但热车后油压即明显下降，说明油泵磨损过甚，应更换油泵。

（7）若测压孔内有大量液压油喷出，说明主油路油压正常，故障出在自动变速器中的输入轴、行星排或输出轴，应拆检自动变速器。

知识点滴：现在的电控变速器电磁阀较多，专控前进挡离合器的电磁阀损坏或线路损坏，会造成无前进挡。有的车倒挡也有电磁阀参与，电磁阀或线路损坏无倒挡。

二、自动变速器打滑

1. 故障现象

（1）起步时踩下油门踏板，发动机转速很快升高但车速升高缓慢。

（2）行驶中踩下油门踏板加速时，发动机转速升高但车速没有很快提高。

（3）平路行驶基本正常，但上坡无力，且发动机转速异常高。

检查自动变速器油的颜色和气味，颜色发黑，气味恶臭，说明发生了"烧片子"。上坡时做加速试验，猛踩节气门踏板，如发动机转速上去了，但汽车行驶速度没有明显增加，说明发生了"烧片子"。

2. 故障原因

（1）液压油油面太低。

（2）液压油油面太高，运转中被行星排剧烈搅动后产生大量气泡。

（3）离合器或制动器摩擦片、制动带磨损过甚或烧焦。

（4）油泵磨损过甚或主油路泄漏，造成油路油压过低。

（5）单向超越离合器打滑。

（6）离合器或制动器活塞密封圈损坏，导致漏油。

（7）减振器活塞密封圈损坏，导致漏油，造成离合器打滑的因素。

主油压过低时，应重点检查主调压阀弹簧的长度，阀与阀孔的间隙是否合适，有无发生卡滞，检查主油压电磁阀的密封性。然后，检查油泵的工作间隙，蓄压器过脏卡滞或密封圈密封不良。活塞上回位弹簧严重变形或折断、散落使离合器活塞回位速度明显减慢。活塞上单向球阀被黏住，排泄孔打不开，活塞腔内残存油液过多，使离合器处于半离合状态。活塞变形，造成活塞在热车状态下运动卡滞，离合器不能完全结合，也不能完全分离。活塞上单向球阀密封不严，造成离合器工作油压不足，离合器不能完全结合。活塞上密封圈密封不严，造成活塞的工作油压不足，离合器不能完全结合。摩擦片上自动变速器油槽磨平或摩擦片上含油层磨损，使摩擦片润滑效果恶劣，造成烧蚀。离合器工作间隙过大，使活塞压紧力矩不足，而无法进入完全结合状态。油道堵塞，造成油压不足。

散热器水温"烧片子"后离合器打滑，由此会带来自动变速器油温急剧上升，由于自动变速器油冷却器和发动机冷却系统中的散热器设置在一起，发动机冷却液温度也随之上升，进而开锅。

注意： 在任何情况下，自动变速器维修中都不要使用润滑脂和底盘润滑油。这些油脂不能被自动变速器油溶解，会堵塞小孔及通道，甚至会使单向球排油阀与它的座圈隔开，使油压建立不起来，而造成离合器打滑。

在装配钢的或塑料的止推垫片或轴承时，为防止其位移可以用凡士林黏结。离合器"烧片子"后必须彻底清洗变速器、变矩器和自动变速器油冷却器。清洗过程中禁止用汽油和棉纱。

油压低是造成离合器打滑和"烧片子"的主要原因。丰田佳美车油压低于 3.5 bar 时，离合器就会打滑"烧片子"。所以出现离合器打滑和"烧片子"故障时，除了检查离合器自身外，还需检查活塞的密封情况和蓄压器等的工作情况。

3. 故障诊断与排除

打滑是自动变速器最常见的故障之一。虽然自动变速器打滑往往都伴有离合器或制动器摩擦片严重磨损甚至烧焦等现象，但如果只是简单地更换磨损的摩擦片而没有找出打滑的真正原因，则会使修后的自动变速器使用一段时间后又出现打滑现象。因此，对于出现打滑的自动变速器，不要急于拆卸分解，应先做各种检查测试，以找出造成打滑的真正原因。

（1）对于出现打滑现象的自动变速器，应先检查其液压油的油面高度和品质。若油面过低或过高，应先调整至正常后再做检查。若油面调整正常后自动变速器不再打滑，可不必拆修自动变速器。

（2）检查液压油的品质。若液压油呈棕黑色或有烧焦味，说明离合器或制动器的摩擦片或制动带有烧焦，应拆修自动变速器。

（3）做路试，以确定自动变速器是否打滑，并检查出现打滑的挡位和打滑的程度。将操纵手柄拨入不同的位置，让汽车行驶。若自动变速器升至某一挡位时发动机转速突然升高，但车速没有相应地提高，即说明该挡位有打滑。打滑时发动机的转速愈容易升高，说明打滑愈严重。

根据出现打滑的规律，还可以判断产生打滑的是哪一个换挡执行元件，以三行星排的辛普森式四挡行星齿轮变速器为例。

若自动变速器在所有前进挡都有打滑现象，则为前进离合器打滑。

若自动变速器在操纵手柄位于 D 位时的 1 挡有打滑，而在操纵手柄位于 L 位或 1 位时的 1 挡不打滑，则为前进单向超越离合器打滑；若不论操纵手柄位于 D 位、L 位或 1 位时，1 挡都有打滑现象，则为低挡及倒挡制动器打滑。

若自动变速器只在操纵手柄位于 D 位时的 2 挡有打滑，而在操纵手柄位于 2 位时的 2 挡不打滑，则为 2 挡单向超越离合器打滑。若不论操纵手柄位于 D 位或 2 位时，2 挡都有打滑现象，则为 2 挡制动器打滑。若自动变速器只在 3 挡有打滑现象，则为倒挡及高挡离合器打滑。

变速器只在超速挡时有打滑现象，则为超速制动器打滑。若自动变速器在倒挡和高挡时都有打滑现象，则为倒挡及高挡离合器打滑。若自动变速器在倒挡和 1 挡时都有打滑现象，则为低挡及倒挡制动器打滑。

（4）对于有打滑故障的自动变速器，在拆卸分解之前，应先检查自动变速器的主油路油压，以找出造成自动变速器打滑的原因。自动变速器不论前进挡或倒挡均打滑，其原因往往是主油路油压过低。若主油路油压正常，则只要更换磨损或烧焦的摩擦元件即可。若主油路油压不正常，则在拆修自动变速器的过程中，应根据主油路油压、相应的油泵或阀板进行检修，并更换自动变速器的所有密封圈和密封环。

知识点滴：现在的电控变速器中，较小面积的离合器较多，它们多易烧，易造成高挡打滑。

三、换挡冲击大

1. 故障现象

（1）在起步时，由停车挡或空挡挂入倒挡或前进挡时，汽车振动较严重。
（2）行驶中，在自动变速器升挡的瞬间汽车有较明显的闯动。

2. 故障原因

（1）发动机怠速过高。
（2）节气门拉索或节气门位置传感器调整不当，使主油路油压过高。
（3）升挡过迟。
（4）真空式节气门阀的真空软管破裂或松脱。
（5）主油路调压阀有故障，使主油路油压过高。
（6）减振器活塞卡住，不能起减振作用。
（7）单向阀钢球漏装，换挡执行元件（离合器或制动器）接合过快。
（8）换挡执行元件打滑。
（9）油压电磁阀不工作。
（10）电脑有故障。

3. 故障诊断与排除

导致自动变速器换挡冲击大的故障原因很多，情况也比较复杂。故障原因可能是调整不当等，对此，只要稍作调整即可排除；也可能是自动变速器内部的控制阀、减振器或换挡执行元件有故障，对此，必须分解自动变速器，予以修理；还可能是电子控制系统有故障，对此，必须对电子控制系统进行检测，才能找出具体原因。因此，在诊断故障的过程中，必须循序渐进，对自动变速器的各个部分做认真地检查。一定要在全面检测的基础上，有针对性地进行分解修理，切不可盲目地拆修。

（1）检查发动机怠速。装用自动变速器的汽车的发动机怠速一般为 750 r/min 左右。若怠速过高，应按标准予以调整。

（2）检查节气门拉索或节气门位置传感器的调整情况。如不符合标准，应重新予以调整。

（3）检查真空式节气门阀的真空软管，如有破裂，应更换；如有松脱，应接牢。

（4）做道路试验。如果有升挡过迟的现象，则说明换挡冲击大的故障是升挡过迟所致。如果在升挡之前发动机转速异常升高，导致在升挡的瞬间有较大的换挡冲击，则说明离合器或制动器打滑，应分解自动变速器，予以修理。

（5）检测主油路油压。如果怠速时的主油路油压过高，则说明主油路调压阀或节气门阀有故障，可能是调压弹簧的预紧力过大或阀芯卡滞所致；如果怠速时主油路油压正常，但起步进挡时有较大的冲击，则说明前进离合器或倒挡及高挡离合器的进油单向阀阀球损坏或漏装。对此，应拆卸阀板，予以修理。

（6）检测换挡时的主油路油压。在正常情况下，换挡时的主油路油压会有瞬时的下降。如果换挡时主油路油压没有下降，则说明减振器活塞卡滞。对此，应拆检阀板和减振器。

（7）电子控制自动变速器如果出现换挡冲击过大的故障，应检查油压电磁阀的线路以及油压电磁阀工作是否正常、电脑是否在换挡的瞬间向油压电磁阀发出控制信号。如果线路有故障，应予以修复；如果电磁阀损坏，应更换电磁阀；如果电脑在换挡的瞬间没有向油压电磁阀发出控制信号，说明电脑有故障，对此，应更换电脑。

知识点滴：蓄压器无背压控制油封或油脏、过热，主调压控制系统如节气门位置传感器、节气门拉索、真空调节阀等都会造成换挡冲击，且以上几种情况概率较高。

四、升挡过迟

1. 故障现象

（1）在汽车行驶中，升挡时车速明显高于标准值，升挡前发动机转速偏高。

（2）必须采用松油门提前升挡的操作方法才能使自动变速器升入高挡或超速挡。

2. 故障原因

（1）节气门拉索或节气门位置传感器调整不当。

（2）节气门位置传感器损坏。

（3）调速器卡滞。

（4）调速器弹簧预紧力过大。

（5）调速器壳体螺栓松动或输出轴上的调速器进出油孔处的密封环磨损，导致调速器油路泄漏。

（6）真空式节气门阀推杆调整不当。

（7）真空式节气门阀的真空软管破裂或真空膜片室漏气。

（8）主油路油压或节气门油压太高。

（9）强制降挡开关短路。

（10）电脑或传感器有故障。

3. 故障诊断与排除

（1）对于电子控制自动变速器，如有故障代码则按所显示的故障代码查找故障原因。

（2）检查节气门拉索或节气门位置传感器的调整情况。如不符合标准，应重新予以调整。

（3）测量节气门位置传感器的电阻。如不符合标准，应予以更换。

（4）对于采用真空式节气门阀的自动变速器，应拔下真空式节气门阀上的真空软管，检查在发动机运转中真空软管内有无吸力。如果没有吸力，说明真空软管破裂、松脱或堵塞；对此，应予以修复。

（5）检查强制降挡开关。如有短路，应予以修复或更换。

（6）测量怠速时的主油路油压，并与标准值进行比较。若油压太高，应通过节气门拉索或节气门位置传感器予以调整。采用真空式节气门阀的自动变速器，应采用减少节气门阀推杆长度的方法予以调整。若调整无效，应拆检主油路调压阀或节气门阀。

（7）用举升器将汽车升起，让驱动轮悬空，然后起动发动机，挂上前进挡，让自动变速器运转，同时测量调速器油压。调速器油压应能随车速的升高而增大。将不同转速下测得的调速器油压与《自动变速器维修手册》上的标准值进行比较。若油压值低于标准值，说明调速器有故障或调速器油路有泄漏。对此，应拆卸自动变速器，检查调速器固定螺栓有无松动、调速器油路上的各处密封圈或密封环有无磨损漏油、调速器阀芯有无卡滞或磨损过甚、调速器弹簧是否太硬。

（8）若调速器油压正常，则升挡过迟的故障原因为换挡阀工作不良。对此，应拆检或更换阀板。

知识点滴：电控变速器换挡过迟与发动机动力性下降有关，且空气流量计概率较高。其他影响动力性的因素如点火和燃油较易发现。

主油压不正常，液控变速器也能影响换挡点。

五、不能升挡

1. 故障现象

（1）汽车行驶中自动变速器始终保持在 1 挡，不能升入 2 挡及高速挡。

（2）行驶中自动变速器可以升入 2 挡，但不能升入 3 挡和超速挡。

2. 故障原因

（1）节气门拉索或节气门位置传感器调整不当。

（2）调速器有故障。

（3）调速器油路严重泄漏。

（4）车速传感器有故障。

（5）2 挡制动器或高挡离合器有故障。

（6）换挡阀卡滞。

（7）挡位开关有故障。

3. 故障诊断与排除

（1）对于电子控制自动变速器，应先进行故障自诊断，影响换挡控制的传感器有节气门位置传感器、车速传感器等。按所显示的故障代码查找故障原因。

（2）按标准重新调整节气门拉索或节气门位置传感器。

（3）检查车速传感器。如有损坏，应予以更换。

（4）检查挡位开关的信号。如有异常，应予以调整或更换。

（5）测量调速器油压。若车速升高后调速器油压仍为零或很低，说明调速器有故障或调速器油路严重泄漏。对此，应拆检调速器。调速器阀芯如有卡滞，应分解清洗，并将阀芯和阀孔用金相砂纸抛光。若清洗抛光后仍有卡滞，应更换调速器。

（6）用压缩空气检查调速器油路有无泄漏。如有泄漏，应更换密封圈或密封环。

（7）若调速器油压正常，应拆卸阀板，检查各个换挡阀。换挡阀如有卡滞，可将阀芯取出，用金相砂纸抛光，再清洗后装入。如不能修复，应更换阀板。

（8）若控制系统无故障，应分解自动变速器，检查各个换挡执行元件有无打滑，用压缩空气检查各个离合器、制动器油路或活塞有无泄漏。

六、无超速挡

1. 故障现象

（1）在汽车行驶中，车速已升高至超速挡工作范围，但自动变速器仍不能从3挡换入超速挡。

（2）在车速已达到超速挡工作范围后，采用提前升挡（松开油门踏板几秒后再踩下）的方法也不能使自动变速器升入超速挡。

2. 故障原因

（1）超速挡开关有故障。

（2）超速电磁阀有故障。

（3）超速制动器打滑。

（4）超速行星排上的直接离合器或直接单向超越离合器卡死。

（5）挡位开关有故障。

（6）液压油温度传感器有故障。

（7）节气门位置传感器有故障。

（8）3~4换挡阀卡滞。

3. 故障诊断与排除

（1）对于电子控制自动变速器，应先进行故障自诊断，检查有无故障代码。液压油温度传感器、节气门位置传感器、超速电磁阀等部件的故障都会影响超速挡的换挡控制。按显示的故障代码查找故障原因。

（2）检查液压油温度传感器在不同温度下的电阻值，并与标准值进行比较。如有异常，应更换液压油温度传感器。

（3）检查挡位开关和节气门位置传感器的信号。挡位开关的信号应和操纵手柄的位置相符。节气门位置传感器的电阻或输出电压应能随节气门的开大而上升，并与标准相符。如有异常，应予以调整。若调整无效，应更换挡位开关或节气门位置传感器。

在 ON 位置时，超速挡开关的触点应断开，超速指示灯不亮；在 OFF 位置时，超速挡开关的触点应闭合，超速指示灯亮起。如有异常，应检查电路或更换超速挡开关。

（4）检查超速电磁阀的工作情况。打开点火开关，但不要起动发动机，在按下超速挡开关时，检查超速电磁阀有无工作的声音。如果超速电磁阀不工作，应检查控制线路或更换超速电磁阀。

知识点滴：用举升机将汽车升起，让自动变速器以前进挡工作，检查在空载状态下自动变速器的升挡情况。如果在空载状态下自动变速器能升入超速挡，且升挡车速正常，说明电子控制系统和阀板工作正常，不能升挡的故障原因为超速制动器打滑或发动机动力不足。

在有负荷的状态下不能实现超速挡。如果能升入超速挡，但升挡后车速提不高，发动机转速下降，说明超速行星排中的直接离合器或直接单向超越离合器卡死，使超速行星排在超速挡状态下出现运动干涉，加大了发动机的运转阻力。

如果在无负荷状态下仍不能升入超速挡，说明控制系统有故障。对此，应拆卸阀板，检查 3~4 换挡阀。如有卡滞，可将换挡阀拆下，予以清洗并抛光。如不能修复，应更换阀板总成。

七、无前进挡

1. 故障现象

（1）汽车倒挡行驶正常，在前进挡时不能行驶。
（2）操纵手柄在 D 位时不能起步，在 2 位、L 位时可以起步。

2. 故障原因

（1）前进离合器严重打滑。
（2）前进单向超越离合器打滑或装反。
（3）前进离合器油路严重泄漏。
（4）操纵手柄调整不当。

3. 故障诊断与排除

（1）检查操纵手柄的调整情况。如有异常，应按规定程序重新调整。
（2）测量前进挡主油路油压。若油压过低，说明主油路严重泄漏，应拆检自动变速器，更换前进挡油路上各处的密封圈和密封环。
（3）若前进挡主油路油压正常，应拆检前进离合器。如摩擦片表面粉末冶金层有烧焦或磨损过甚，应更换摩擦片。
（4）若主油路油压和前进离合器均正常，则应拆检前进单向超越离合器，按照《自动变速器维修手册》所述方法，检查前进单向超越离合器的安装方向是否正确以及有无打滑。如有装反，应重新安装；如有打滑，应更换新件。

知识点滴：现在的电控变速器电磁阀较多，专控前进离合器的电磁阀损坏或线路损坏会造成无前进挡。

八、无倒挡

1. 故障现象

汽车在前进挡能正常行驶，但在倒挡时不能行驶。

2. 故障原因

（1）操纵手柄调整不当。

（2）倒挡油路泄漏。

（3）倒挡及高挡离合器或低挡及倒挡制动器打滑。

3. 故障诊断与排除

（1）检查操纵手柄的位置。如有异常，应按规定程序重新调整。

（2）检查倒挡油路油压。若油压过低，则说明倒挡油路泄漏。对此应拆检自动变速器，予以修复。

（3）若倒挡油路油压正常，应拆检自动变速器，更换损坏的离合器片或制动器片（制动带）。

知识点滴：现在的电控变速器电磁阀较多，专控倒挡制动器的电磁阀损坏或线路损坏会造成无倒挡。

九、频繁跳挡

1. 故障现象

汽车以前进挡行驶时，即使油门踏板保持不动，自动变速器仍会经常出现突然降挡现象；降挡后发动机转速异常升高，并产生换挡冲击。

2. 故障原因

（1）节气门位置传感器有故障。

（2）车速传感器有故障。

（3）控制系统电路接地不良。

（4）换挡电磁阀接触不良。

（5）电脑有故障。

3. 故障诊断与排除

（1）对于电子控制自动变速器，应先进行故障自诊断。如有故障代码出现，按所显示的故障代码查找故障原因。

（2）测量节气门位置传感器。如有异常，应更换。

（3）测量车速传感器。如有异常，应更换。

（4）检查控制系统电路各条接地线的接地状态。如有接地不良现象，应予以修复。

（5）拆下自动变速器油底壳，检查各个换挡电磁阀线束接头的连接情况。如有松动，应予以修复。

（6）检查控制系统电脑各接线脚的工作电压。如有异常，应予以修复或更换。

（7）换一个新的阀板或电脑试一下。如果故障消失，说明原阀板或电脑损坏，应更换。

（8）更换控制系统所有线束。

知识点滴：电控变速器很多电磁阀以阀板为地，变速器与电瓶连接损坏会造成频繁跳挡。

十、挂挡后发动机怠速易熄火

1. 故障现象

（1）若发动机怠速运转，将操纵手柄由 P 位或 N 位换入 R 位、D 位、2 位、L 位时发动机熄火。

（2）在前进挡或倒挡行驶中，踩下制动踏板停车时发动机熄火。

2. 故障原因

（1）发动机怠速过低。

（2）阀板中的锁止控制阀卡滞。

（3）挡位开关有故障。

（4）输入轴转速传感器有故障。

3. 故障诊断与排除

（1）在空挡或停车挡时，检查发动机怠速。正常的发动机怠速应为 750 r/min。若怠速过低，应重新调整。

（2）对于电子控制自动变速器，应先进行故障自诊断，按所显示的故障代码查找故障原因。

（3）检查挡位开关的信号，应与操纵手柄的位置相一致。否则应予以调整或更换。

（4）检查输入轴转速传感器。如有损坏，应更换。

（5）拆卸阀板，检查锁止控制阀。如有卡滞，应清洗抛光后装复。如仍不能排除故障，应更换阀板。若油底壳内有大量摩擦粉末，应彻底分解自动变速器，予以检修。

十一、无发动机制动

1. 故障现象

（1）在行驶中，当操纵手柄位于前进低挡（2 或 L 时）位置时松开油门踏板，发动机转速降至怠速，汽车没有明显减速。

（2）下坡时，操纵手柄位于前进低挡，但不能产生发动机制动作用。

2. 故障原因

（1）挡位开关调整不当。

（2）操纵手柄调整不当。

（3）2 挡强制制动器打滑或低挡及倒挡制动器打滑。

（4）控制发动机制动的电磁阀有故障。

（5）阀板有故障。

（6）自动变速器打滑。

（7）电脑有故障。

3. 故障诊断与排除

（1）对于电子控制自动变速器，应先进行故障自诊断，按所显示的故障代码查找故障原因。

（2）做道路试验，检查加速时自动变速器有无打滑现象。如有打滑，应拆修自动变速器。

（3）如果操纵手柄位于2位时没有发动机制动作用，但操纵手柄位于L位时有发动机制动作用，则说明2挡强制制动器打滑，应拆修自动变速器。

（4）如果操纵手柄位于L位时没有发动机制动作用，但操纵手柄位于S位时有发动机制动作用，则说明低挡及倒挡制动器打滑，应拆修自动变速器。

（5）检查控制发动机制动的电磁阀线路有无短路或断路、电磁阀线圈电阻是否正常、通电后有无工作声音。如有异常，应修复或更换。

（6）拆卸阀板总成，清洗所有控制阀。阀芯如有卡滞可抛光后装复。如抛光后仍有卡滞，应更换阀板。

（7）检测电脑各接脚电压，要特别注意与节气门位置传感器、挡位开关连接的各接脚的电压。如有异常，应做进一步的检查。

（8）更换一个新的电脑试一下。如果故障消失，说明原电脑损坏，应更换。

十二、不能强制降挡

1. 故障现象

当汽车以3挡或超速挡行驶时，突然将油门踏板踩到底，自动变速器不能立即降低一个挡位，致使汽车加速无力。

2. 故障原因

（1）节气门拉索或节气门位置传感器调整不当。

（2）强制降挡开关损坏或安装不当。

（3）强制降挡电磁阀损坏或线路短路、断路。

（4）阀板中的强制降挡控制阀卡滞。

3. 故障诊断与排除

（1）检查节气门拉索或节气门位置传感器的安装情况。如有异常，应按标准重新调整。

（2）检查强制降挡开关。在油门踏板踩到底时，强制降挡开关的触点应闭合；松开油门踏板时，强制降挡开关的触点应断开。如果油门踏板踩到底时强制降挡开关触点没有闭合，可用手直接按动强制降挡开关。如果按下开关后触点能闭合，说明开关安装不当，应重新调整；如果按下开关后仍不闭合，说明开关损坏，应予以更换。

（3）对照电路图，在自动变速器线束插头处测量强制降挡电磁阀。如有异常，则故障原因可能是线路短路、断路或电磁阀损坏。对此，应检查线路或更换电磁阀。

（4）打开自动变速器油底壳，拆下强制降挡电磁阀，检查电磁阀的工作情况，如有异常，应予以更换。

（5）拆卸阀板总成，分解并清洗强制降挡控制阀。阀芯如有卡滞，可进行抛光，若无法修复，则应更换阀板总成。

知识点滴：电控变速器车速太高时，急踩油门到底无降挡为正常现象。

十三、无锁止

1. 故障现象

（1）汽车行驶中车速、挡位已满足锁止离合器起作用的条件，但锁止离合器仍没有产生锁止作用。

（2）汽车油耗较大。

2. 故障原因

（1）液压油温度传感器有故障。

（2）节气门位置传感器有故障。

（3）锁止电磁阀有故障或线路短路、断路。

（4）锁止控制阀有故障。

（5）变矩器中的锁止离合器损坏。

3. 故障诊断与排除

（1）对于电子控制自动变速器，应先做故障自诊断，检查有无故障代码。如有故障代码，则可按显示的故障代码查找相应的故障原因，与锁止控制有关的部件包括液压油温度传感器、节气门位置传感器、锁止电磁阀等。

（2）检查节气门位置传感器，如果在一定节气门开度下的节气门位置传感器输出电压过高或电位计电阻过大，应予以调整，若调整无效，应更换节气门位置传感器。

（3）打开油底壳，拆下液压油温度传感器，检测液压油温度传感器。如不符合标准，应更换液压油温度传感器。

（4）测量锁止电磁阀。如有短路或断路，应检查电路；如电路正常，则应更换电磁阀。

（5）拆下锁止电磁阀，检查锁止电磁阀。如有异常，应予以更换。

（6）拆下阀板，分解并清洗锁止控制阀。如有卡滞，应抛光后装复；如不能修复，应更换阀板。

（7）若控制系统无故障，则应更换变矩器。

十四、液压油易变质

1. 故障现象

（1）更换后的新液压油使用不久即变质。

（2）自动变速器温度太高，从加油口处向外冒烟。

2. 故障原因

（1）汽车使用不当，经常超负荷行驶，如经常拖车，或经常急加速、超速行驶等。

（2）液压油散热器管路堵塞。

（3）通往液压油散热器的限压阀卡滞。

第八章 自动变速器检查与故障诊断

（4）离合器或制动器自由间隙太小。

（5）主油路油压太低，离合器或制动器在工作中打滑。

3. 故障诊断与排除

（1）让汽车以中低速行驶 5~10 min。待自动变速器达到正常工作温度后，在发动机运转过程中检查自动变速器液压油散热器的温度，在正常情况下，液压油散热器的温度可达 60 ℃左右。若液压油散热器的温度过低，说明油管堵塞，或通往液压油散热器的限压阀卡滞。这样，液压油得不到及时的冷却，油温过高，导致变质。

（2）若液压油散热器的温度太高，说明离合器或制动器自由间隙太小。对此，应拆卸自动变速器，予以调整。

（3）若液压油温度正常，应测量主油路油压，若油压太低，应检查节气门拉索或节气门位置传感器的调整情况。若节气门拉索或节气门位置传感器安装正常，应拆卸自动变速器，检查油泵是否磨损过甚、阀板内的主油路调压阀和节气门阀有无卡滞、主油路有无漏油处。

（4）若上述检查均正常，则故障可能是汽车经常超负荷行驶所致，或未按规定使用合适牌号的液压油所致。对此，可将液压油全部放出，加入规定牌号和数量的液压油。

知识点滴：发动机冷却系的风冷和水冷系统有故障会使油温升高。

十五、异响

1. 故障现象

（1）在汽车运转过程中，自动变速器内始终有异常响声。

（2）汽车行驶中自动变速器有异响，停车挂空挡后异响消失。

2. 故障原因

（1）油泵因磨损过甚或液压油油面高度过低、过高而产生异响。

（2）变矩器因锁止离合器、导轮单向超越离合器等损坏而产生异响。

（3）行星齿轮机构异响。

（4）换挡执行元件异响。

3. 故障诊断与排除

（1）检查自动变速器液压油油面高度。若太高或太低，应调整至正确高度。

（2）用举升器将汽车升起，起动发动机，在空挡、前进挡、倒挡等状态下检查自动变速器产生异响的部位和时刻。

（3）若在任何挡位下自动变速器前部始终有一连续的异响，通常为油泵或变矩器异响。对此，应拆检自动变速器，检查油泵有无磨损、变矩器内有无大量摩擦粉末。如有异常，应更换油泵或变矩器。

（4）若自动变速器只有在行驶中才有异响，空挡时无异响，则为行星齿轮机构异响。对此，应分解自动变速器，检查行星排各个零件有无磨损痕迹，齿轮有无断裂，单向超越离合器有无磨损、卡滞，轴承或止推垫片有无损坏。如有异常，应予以更换。

第九章

典型变速器故障

❀ 第一节　奔驰车系液控变速器故障

一、奔驰车系液控变速器控制面板

早期奔驰四挡变速器手柄为 P、R、N、3、2，中期增加 B 位，后期取消 B 位，增加模式开关 E/S。P、R、N、D 这里不作介绍。图 9 - 1 所示为奔驰液控变速器手柄。

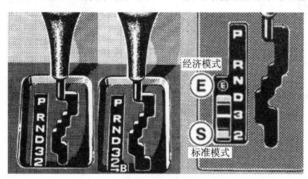

图 9 - 1　奔驰液控变速器手柄

（1）手柄 3 位最高升至 3 挡，上长中坡、下坡时可利用 3 挡发动机制动。

（2）2 位最高升至 2 挡，上陡坡或牵引其他车辆用。

（3）B 位最高升至 2 挡，上长陡坡或牵引其他车辆用，下坡可利用 1 挡或 2 挡发动机制动。1 挡升 2 挡的升挡点为高于 60 km/h 升 2 挡，2 挡降 1 挡的降挡点为车速低于 40 km/h 降为 1 挡。

二、722.4 液控变速器控制系统

（1）真空节气门阀根据节气门后的真空度调节主油压，即油泵泵口油压。

（2）油门踏板向下踩时，由节气门阀控制换挡阀移动降挡。

（3）车速提高时，由三级节流式调速器控制换挡阀移动升挡。节气门阀和调速器是动态换挡的控制元件，但拉索并未直接控制节气门阀，而是通过拉动弹簧，再控制摇臂顶动节气门阀左移，增大节气门油压，从而控制降挡。真空元件右腔有真空作用时，摇臂提前顶动节气门阀降挡。图 9 - 2 所示为奔驰液控变速器控制系统。

三、722.4 液控变速器模式控制和降挡控制系统

（1）强制降挡开关是一个常开和一个常闭开关。强制降挡电磁阀线路为常开开关，油门踏板到底时闭合，强制降挡电磁阀控制降挡。真空电磁阀线路的强制降挡开关是常闭开关，油门踏板到底时断电。图9-3所示为奔驰液控变速器模式控制和降挡控制系统。

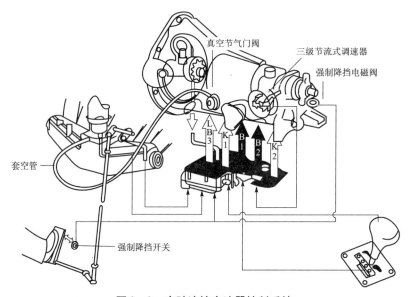

图9-2　奔驰液控变速器控制系统

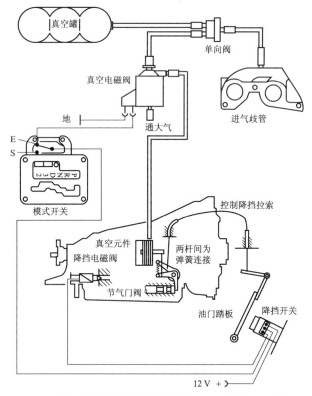

图9-3　奔驰液控变速器模式控制和降挡控制系统

（2）在E经济模式下：如果油门踏板踩到底，强制降挡开关闭合，模式开关位于经济模式，则真空电磁阀通电将真空引入真空元件侧腔室，使杆向右移动。导致弹簧松紧度变化，节气门阀被向左顶的力变小，相对而言，车速控制的调速器油压上升，提前升挡。

（3）在S（标准）模式下：模式开关位于S（标准）模式，则真空电磁阀永远是断电状态，不存在通电状态。大气进入真空元件右侧腔室，使杆向左移动。导致弹簧松紧度变化，节气门阀被向左顶的力变大，相对而言，车速控制的调速器油压下降，滞后升挡。

知识点滴：如果无E（经济）模式和S（标准）模式，则无这套真空元件，节气门拉索将直接控制阀体上的节气门阀控制降挡，不存在换挡点提前的经济模式。

四、722.4 液控变速器常见故障分析

图9-4所示为奔驰液控变速器三级节流式调速器。

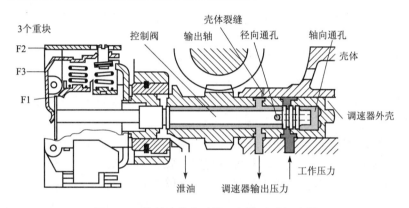

图9-4　奔驰液控变速器三级节流式调速器

（1）自动变速器缺油。老款奔驰轿车搭载的自动变速器多为液控自动变速器，其主油压是通过真空调节器来调节的。在实际维修过程中，经常遇到此类变速器莫明其妙地出现缺油、起动发动机后排气管冒白烟的故障现象。

排气管冒白烟时，检查发动机冷却液，其液位都正常，不存在烧防冻液现象，而自动变速器油又莫明其妙地减少，所以初步判定为变速器油进入了发动机燃烧室燃烧。

拔下真空调节器的软管时，发现里面有变速器油液，则变速器油是从此处被吸入到发动机燃烧室内被烧掉的。拆下真空调节器软管，在软管内能看到有较明显的变速器油，即有变速器油从阀体的真空管吸到发动机内燃烧。

更换真空调节器后起动发动机，排气管冒白烟的故障一会儿消失。

（2）前进挡只有1挡，不升挡，行驶过程中发动机转速很高，但车速却提不起来，最高车速只能达到45 km/h。

该车的变速器只能在1挡行驶，不能升挡。一般自动变速器不能升挡的原因有：节气门拉索调整不当；挡位开关有故障；换挡阀卡滞；自动变速器内部离合器或制动带故障；调速器故障。

将车开到汽车举升架上升起，检查节气门拉索调整正常，挡位开关位置正确，自动变速器油色泽良好，分析自动变速器内部离合器和制动带无磨损。该车设计有调速器油压测试孔，拆下测试孔螺栓并接上油压表，然后起动发动机路试，检测自动变速器调速器油压发

现，调速器油压为零，加大油门时调速器压力也极低，而调速器油压低的可能原因为主油路油压低；调速器油路堵塞或泄漏；调速器损坏。

因该车在1挡能够正常行驶，变速器油质正常且无烧片味道，故主油路油压应没有问题。随后将车辆用举升机举起，拆下调速器盖并取出调速器，发现调速器与自动变速器壳体连接处有个裂缝，造成液压油泄漏，从而使调速器压力变为接近零千帕。

由于液控自动变速器换挡阀的工作是由节气门油压和调速器油压共同控制的，节气门压力和调速器压力通过油路作用于换挡阀的两端，节气门压力大于调速器压力时控制换挡阀移动降挡，反之，调速器压力大于节气门压力时控制换挡阀移动控制升挡，从而使自动变速器实现自动换挡。

调速器压力几乎为零千帕，节气门油压使换挡阀始终处于1挡位置，所以此时无论怎么加大油门，也不能使变速器自动升挡。

在更换损坏的变速器壳体后，试车故障排除。注意在变速器内进水造成调速器生锈使调速器范卡也会造成调速器压力几乎为零千帕。

（3）换挡冲击。造成自动变速器换挡冲击的故障原因较多，主要是由于变速器的工作油压过高，改善换挡质量的元件不工作。主油压液控变速器主要受真空节气门阀的控制，电控变速器受主油压电磁阀的控制。对于液控奔驰自动变速器，较易出现漏接真空管而造成换挡冲击的故障。

根据以往的维修经验，换挡冲击这种故障现象大都是变速器主油路油压过高所致。若车辆在路试过程中每次换挡都有冲击，则可以判定故障在主调压阀和主调压阀的控制元件上，如阀体上主调压阀、壳体上的真空调节器。将车辆用举升机升起，检查车底部分时发现真空调节器上的一根真空管未接上。真空调节器的作用是根据节气门开度的变化来调节自动变速器的节气门油压，当真空管未连接时，真空调节器上的真空膜片室就会直接与大气相通，相当于它感应到的一直是进气歧管内的低真空度，即误认为发动机一直在节气门全开的大负荷工况下工作，因此真空调节器一直调高节气门油压，从而造成车辆产生比较严重的换挡冲击故障。

重新连接好真空调节器的真空管后，试车故障排除。

五、维修方法

（1）奔驰液控自动变速器的真空调节器的膜片较易产生破裂，从而造成自动变速器油无故缺少、排气管冒白烟的故障。若真空调节器与发动机进气歧管之间的真空管泄漏，则排气管不会冒白烟，但变速器各挡的换挡点会延迟；若真空调节器及其管路都正常，但车辆的换挡点出现过早、过晚或有冲击，则可将真空调节器上方的胶帽取下，拉出真空调节器上的调节旋钮，图9-5所示为真空调节器调节钮，通过调整旋钮的位置来缓解或排除此类故障现象。

（2）奔驰722.5型自动变速器是在四速变速器的基础上改进开发出来的，由于设计上存在不足，其尾部超速挡行星排润滑不良，极易出现烧毁故障。因此，在维修装配此变速器时，必须保证输出轴与中间轴的轴向间隙在标准范围（0.1~0.3 mm）内，同时还应保持变速器的润滑及冷却系统工作良好。

（3）奔驰液控自动变速器尾部壳体内装有调速器、辅助油泵等装置，其进、出油道都是

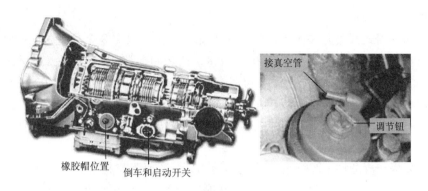

橡胶帽位置　　倒车和启动开关

图 9 – 5　真空调节器调节钮

通过壳体上的油道与调速器和辅助油泵相通，在装配变速器尾部壳体时，应注意其接合面处密封纸垫上的油道是否相通，若堵塞可能造成变速器不升挡。

六、阀体维修装配注意事项

（1）在拆解维修奔驰轿车液控自动变速器的控制阀体时，应注意调速器压力助力阀的安装方向。若将助力阀的方向装反，会造成通向变速器各换挡阀的调速油压过低引起不升挡的故障。

（2）装有温度调节阀的自动变速器，塑料的温度调节阀一旦损坏或漏装，变速器换挡杆在 D 位上会没有 2～3 挡的升挡，车辆行驶时升不上高速。

（3）奔驰变速器的液压控制油路上通常装有一个单向阀，四速变速器的单向阀装在紧挨着液力变矩器的壳体部位，五速自动变速器的单向阀装在同侧油底壳内，该单向阀如果漏装或装错位置，则可能造成变速器没有倒挡。

（4）奔驰自动变速器若升不上挡，原本具有较长寿命的高速挡离合器总是发生烧蚀，无论怎样调整主调压阀，都无法使换挡杆在 D 位上的失速油压达到标准值时，应重点检查主调压阀是否卡滞在泄油端。

第二节　奔驰车系电控变速器故障

一、五速电控变速器手柄

722.6 00，722 为轿车标志，6 为销售商标定。例如：W5A580，W 为液力变矩器，5 为前进挡数，A 为内部版本，580 为最大输入扭矩（N·m），00 为匹配的发动机。722.6 变速器匹配 V6 和 V8 发动机。

奔驰 722.6 变速器旧控制面板为 P、R、N、D、4、3、2、1，变速器有两种换挡模式：S（标准）模式和 W（冬季）模式。W 模式适用于车辆在冰雪路面、轮胎与地面的附着力小的路况下行驶。在 W 模式下，变速器在 2 挡起步，同时车辆的换挡点提前，可防止轮胎打滑。如果选挡杆置于 1 挡位置或在节气门全开时，变速器会在 1 挡起步。倒挡时 S 模式下的倒挡输出扭矩大于 W 模式，即低附着系数路面用高挡便于冬季倒挡起步避免打滑。图 9 – 6

所示为奔驰旧控制面板。

换挡手柄和模式开关允许适应各种特殊工况，手柄可以在 8 个位置之间换挡，在 D 位和 4 位可以横向换挡，手柄在 D 位时在 1 挡和 5 挡之间换挡，4 位时在 1 挡和 4 挡之间换挡，3 位时在 1 挡和 3 挡之间换挡，2 位时在 1 挡和 2 挡之间换挡，1 位在 1 挡，在 S（标准）模式时变速器静止由 1 挡起步，在 W（冬季）模式时，只要手柄不在 1 位，变速器会以 2 挡起步。若此时油门全开，即强制低速挡闭合时也可能 1 挡起步，若手柄在 1 位时，变速器则只为 1 挡。

为了提高操作舒适性，2000 年以后的奔驰 722.6 变速器控制面板（图 9－7 为奔驰新控制面板）的"4"、"3"、"2"、"1"用手动换挡开关（Touch Shift）代替（翻译为点动换挡），在 D 位可以有 5 个前进挡，此外手柄向正方向横移，向前加 1 挡；向负方向横移，向后减 1 挡。所选实际挡位可以由仪表显示。功能实现由手动换挡控制模块完成（与变速器电脑不是一个元件）。

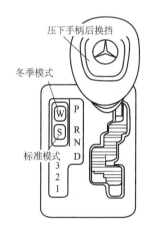

图 9－6 奔驰 722.6 旧控制面板

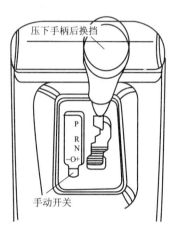

图 9－7 奔驰 722.6 新控制面板

增加了 Touch Shift 模块后，倒车灯开关功能也由此模块完成。钥匙只有在手柄推回 P 挡后，手柄带动波登绳（拉索）控制允许钥匙锁芯回位才可拔出钥匙。Touch Shift 模块（N15/5）通过滑动变阻器接脚电压检测手柄位置 P、R、N、D。为了防止变速器损坏，在车速高于电脑内一定值时，不允许由 R 移至 D 或由 D 移至 R。车速信号也从 ESP 电脑通过 CAN BUS 传给 Touch Shift 模块（N15/5）。踩刹车踏板可将手柄移出 P 挡，一旦踏刹车也移不出 P 挡，则用小薄金属片插入控制面板的解锁位置下压即可。

驾驶注意：牵引车速不超过 50 km/h，距离不超过 50 km，且只允许 N 挡牵引。在拖车上应断电瓶，拆传动轴。故障码可以通过 OBD Ⅱ 插头（X11/4）读取；换挡拉杆必须在 D 位调整；厂家加注终生免换变速器油，通过加注油管检查油位。

时间自适应：本变速器为了提供终生都有高的换挡器品质，在电脑内设计上有根据发动机和变速器工作时间使变速器适应这些变化的程序。当变速器处在相当危险的工作状态时，ETC 控制进入跛行模式。

强制降挡过程不再是顺序降挡，而是可以一次降几个挡位。变速器电脑控制锁止离合器可以由部分锁止向锁止过渡，锁止范围更大。锁止离合器可以在 3、4、5 挡起锁止作用，并在临界车速避免传动系振动。

保养提示：

（1）ATF 油终身不用换。

（2）无加油尺检查油面。

（3）机油尺为专用工具。

（4）电脑内有油质情况计数器。

（5）加油管为专用封盖。

注意：检查油质和油面必须到奔驰服务站，用 HHT（Hand-Hold Tester）读出计数器值，如果有必要可以重设计数器值，计数值可判定加油后使用时间（Diagnostic Trouble Code，DTC，故障码）。

注意：HHT 可以显示比 65 高的故障码，故障码范围为 2～65。故障码高于 96 为故障以前发生过，例如故障码 DTC18 以前发生过，则将变成 18＋96＝114，此时显示 DTC 为 114，只要把高于 96 的故障码减 96 即为此时真实故障码。故障码见表 9－1。

表 9－1　故障码

DTC	DTC 描述	应急模式	自动复位	开关复位
2	1～2/4～5 换挡电磁阀（Y3/6y3）	×		
3	2～3 换挡电磁阀（Y3/6y5）	×		
4	3～4 换挡电磁阀（Y3/6y4）	×		
5	PWM 锁止电磁阀（Y3/6y6）	×		
6	主油压压力调节电磁阀（Y3/6y1）	×		
7	换挡压力调节电磁阀（Y3/6y2）	×		
8	倒挡锁止电磁阀（Y66/1）			×
9	起动锁止模块（K38），ETC 控制模块（N15/3）输出（－）			×
10	电磁阀电压超限	×		
11	RPM 传感器电压超限	×		
12	RPM 传感器 n2（Y3/6L2）电压超限，或电源供给开路	×		
13	RPM 传感器 n2（Y3/6L1）电压超限或电源供给开路	×		
18	手柄位置不可信信号	×	×	
19	油温传感器（Y3/6b1）	C		
20	起动锁止连接（Y3/6s1）	E		
21	ETC（N15/3）电源电压太低、太高	×	×	
22	CAN：右后轮速（来自 ESP）不可信信号	×、A、C	×	
23	CAN：左后轮速（来自 ESP）不可信信号	×、A、C	×	
24	CAN：右前轮速（来自 ESP）不可信信号		×	
25	CAN：左前轮速（来自 ESP）不可信信号		×	
26	CAN：加速踏板位置	B	×	
28	CAN：发动机转速不可信信号	B、D	×	
29	CAN：发动机扭矩，不可信信号	B、D	×	

续表

DTC	DTC 描述	应急模式	自动复位	开关复位
30	CAN：海拔影响因素不可信信号	B	×	
32	CAN：发动机扭矩（左侧 ME1.0）只 M120	B 和 D	×	
35	CAN：ME1.0（左）信息失真，只 M120	B 和 D	×	
36	CAN：ME1.0（右）信息失真，或冷却液温度不可靠	B	×	
37	CAN：信息彻底失真	×、B	×	
38	CAN：ESP 信息失真	×、B	×	
39	CAN：ME1.0（右）信息失真	B 和 D	×	
51	工作挡位不可信或打滑	锁 3 挡		×
52	开关阀（6，14 或 25）在保压位置	×		×
53	锁止离合器	保持分离		
54	变速器超载保护信号重复不能确定	—	—	—
55	挡位识别重复负极	×		
56	ETC 不正确编码	×		
57	ETC 控制模块（时钟）	—	—	—
58	ETC 内部检测看门狗	×		
59	ETC 外部检测看门狗	×		
60	ETC 内部功能看门狗	F		
61	ETC 外部功能看门狗	F		
62	ETC 控制模块（RAM）	×		
63	ETC 控制模块（ROM）	×		
64	ETC 控制模块（EEPROM：关键功能）	×		
65	ETC 控制模块（EEPROM：非关键功能）	B		

1. 应急模式

（×）为变速器在故障发生时保持在同一挡位不换挡，手柄移至 P 位，关掉点火开关，等待 10 s，重起发动机，变速器只有 2 挡或倒挡。故障不存在时，清除故障记忆，恢复变速器的正常功能。

2. 自动复位

（×）为故障不出现时自动清除。

3. 点火开关复位

（×）为通过关闭的点火开关再打开清除。

4. 英文意义

A 为应急模式，只当故障码 22 和 23 同时出现时发生，此时 ETC 取程序中替代值（L/RR，R/RR = 2 500 RPM）；B 为因为不可信信号的输入，ETC 默认一个替代值；C 为因为不可信信号的输入，ETC 默认一个可变的替代值（只丢失一个后车速信号输入）；D 为因为不可信信号的输入，ETC 从发动机（M120）默认一个可变的替代值（只丢失一个后车速信号输入）；E 为延迟起动；F 为故障使控制模块 ETC 复位。

二、五速电控变速器电磁阀

722.6 自动变速器有 3 个换挡电磁阀，分别是 1~2/4~5 挡换挡电磁阀、2~3 挡换挡电磁阀、3~4 挡换挡电磁阀，两个用于调节油压的频率调节电磁阀分别用于调节管道压力和换挡压力，一个用于控制锁止离合器（TCC）工作的脉宽调节电磁阀。电脑还具备失效保护模式，一旦进入失效保护模式，需在故障排除及清除故障码之后恢复正常。奔驰锁挡时出现换挡杆在 R 挡或 D 挡时，有时根本不能起步，加大油门可以走车，通常需加速到 1 500 r/min 才能起步行驶，有时行驶中不能换挡。

722.6 自动变速器电脑（EGS）接收开关信号和传感器信号作为工作数据，并通过 CAN BUS 数据总线与发动机和 ABS、ASR 等系统通信。根据负荷情况、发动机转速、车速、ATF 油温等信号，控制电磁阀的动作，控制换挡和调节油压，以配合不同的传输转矩。

传统的自动变速器车辆在上坡时就要频繁地变换挡位。在下坡时，由于阻力的减小，一般会升入高挡，发动机制动的效果不良。

换挡控制系统通过节气门开度、车速、发动机转速、制动踏板、车辆的加速情况等输入信号与内存进行比较，根据车辆的实际加速情况评估道路的坡度；根据弯道信息评估道路的弯道情况；根据加速踏板的位置和车辆情况评估驾驶员的意愿，结合行驶模式选择开关的位置，进行道路情况和驾驶员意愿的辅助控制，自动选择合适的换挡程序。

路面状况辅助控制通过节气门开度和车速等信号评估是上坡还是下坡，在上坡行驶时，限制变速器使用超速挡和直接挡的时间，获得稳定的驱动力。驾驶员意愿辅助控制系统可以根据加速踏板的动作和车辆行驶状况评估驾驶员的意愿，不需要操作行驶模式选择开关，自动选择换挡模式以适应不同的驾驶员。

三、奔驰车系电控变速器故障

1. 无超速挡，没有最高车速

对于液控四挡变速器无超速挡，所以不存在此故障。对于搭载 722.6 型全电控五速自动变速器则可能发生。图 9-8 所示为奔驰 722.6 型全电控五速自动变速器。

进行试车发现，该车在行驶过程中根本升不上 5 挡，当然车辆跑不了高速。用故障诊断仪 D91 读取发动机和变速器的故障码，发现没有任何故障存储。将车辆用举升机举起，变速器能顺利升上超速挡，初步判定变速器升不上超速挡的原因是发动机动力不足。再次起动发动机，用故障诊断仪 D91 读取发动机控制系统相关数据流，发现空气流量计的信号在发动机保持怠速运转时为 30 kg/h，查阅奔驰维修手册得知，空气流量计的正常值应为 12~18 kg/h，该车实际信号与标准信号偏差太大，导致发动机动力不足，司机加大

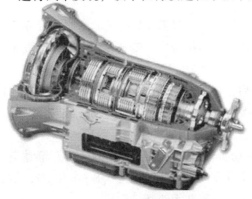

图 9-8　奔驰 722.6 型全电控五速自动变速器

油门来补充动力不足，造成变速器换挡点滞后，结果升不上超速挡。更换空气流量计后，路试故障彻底排除。

知识点滴：影响发动机动力性的故障必然推迟换挡点，严重时不能升超速挡。譬如发动机点火系故障，燃油供给系故障，排气不畅通故障，发动机机械故障等，所以应引起足够的注意。

2. 非奔驰专用变速器油导致打滑而进入失效保护程序

奔驰轿车所有的五速自动变速器必须使用奔驰专用变速器油，若使用其他品牌的自动变速器油，奔驰变速器出于对变速器油的摩擦系数识别和对变速器密封件的保护，控制单元检测输入（第一个行星排）和输出（中间行星排）之间的转速之比不是本挡位的传动比，即有打滑，电控单元会进入失效保护程序，在 D 位上只有 2 挡，只有将加错的自动变速器油放干净，重新加入奔驰轿车自动变速器专用油后，失效保护才可自动解除。但若液力变矩器和冷却器中加错的自动变速器油没有放干净，控制单元也可能会进入失效保护程序。

知识点滴：不同变速器的离合器或制动器的摩擦材料不同，遇不同变速器油后更会有不同的摩擦系数。高摩擦系数的变速器油会导致换挡冲击，低摩擦系数的变速器油会导致换挡打滑或加速行驶时打滑。无论是什么原因导致的打滑，电脑都进入失效保护程序。

❀ 第三节　大众自动变速器故障

一、01M 和 01N 变速器故障

（1）搭载大众 AG4 01N 或 01M 型四前速电子控制自动变速器，变速器挂入前进挡和倒挡冲击，挂入前进挡变速器动力接合后，变速器内部会长时间发出类似摩擦的声音，2 挡换3 挡时冲击严重，汽车高速行驶时发动机转速与对应车速不匹配，明显感觉发动机转速偏高，感觉缺少 1 个挡，随着车速的升高，变速器内部的噪声也会随之升高。

根据以往维修该款变速器的经验并结合该车的故障现象，分析在齿轮变速机构的机械及阀板上的液压部件有问题，需对变速器进行解体维修。

① 解体后应主要检查 N93 主油压调节电磁阀、N92 和 N94 换挡品质电磁阀是否有问题，从而导致换挡冲击。

② K1 离合器内转鼓上的 4 个黑色塑料定位支架损坏，导致 K1 最下面的摩擦片花键不能与该转鼓接合，从而导致变速器挂入前进挡变速器动力接合后，变速器内部长时间发出类似摩擦的声音。

③ 若更换 N93、N92 和 N94，将变速器装复后进行长时间路试，其他问题得以解决，但2 ~ 3 挡冲击的问题仍然存在。且有个现象比较特别，节气门开度越小，2 ~ 3 挡冲击感越强，如果恰恰在 2 ~ 3 挡点时松油门，冲击感会更加强烈，大油门时冲击感不明显。

④ 观察发动机传感器的动态数据，根据对发动机各工况下主要数据的分析，感觉空气流量计在急速时的数值有些偏大，发动机转速在 760 r/min 时进气量为 3.8 ~ 4.0 g/s，于是决定更换空气流量计。更换空气流量计后继续试车，故障并无改观。

知识点滴：从自动变速器方面看不出什么问题，故应立即将维修的重点转移到发动机

方面。

从油路上分析可知，一定记住大众 01M 变速器 2 挡 N88 电磁阀"断电接通" 1~3 挡离合器 K1 的油路，N89 电磁阀"通电打通" 2、4 挡制动器 B2 油路，N90 电磁阀"断电接通" 3、4 挡离合器 K3 的油路；3 挡时 N88 继续断电，K1 继续接合，N89 电磁阀断电，则切断 B2 的油路，N90 电磁阀断电，则接通 K3 离合器油路。2 挡换 3 挡本质就是 B2 与 K3 之间的切换，电磁阀之间的切换则是 N89 和 N90 之间的转换，N92 电磁阀改善换挡时的工作质量。

知识点滴： 大众 01M 变速器 N88、N90 电磁阀断电离合器 K1、K3 工作，电磁阀 N89 通电制动器 B2 工作。

⑤ 根据以往经验，节气门损坏或未做基本设定也会有换挡冲击，所以观察节气门开度，节气门开度正常，重新对节气门进行基本设定，2 挡换 3 挡故障仍不消失。

众所周知，大众 01M、01N 均有自学习功能，且需要长时间试车才能学习完毕，把车开出 40 km 左右冲击仍存在，可能是电脑不能完成自学习，更换控制单元电脑，并对变速器电脑 J217 做基本设定。基本设定后仍有冲击，可能是阀体有问题。在这种情况下，重新更换阀体，同时也将电磁阀线束一同更换，但故障症状依旧。

前面路试时电脑自学习较慢，强制学习能解决类似故障，在经过一段时间的反复猛踩和猛抬油门试车后，2 挡换 3 挡冲击消失了。

知识点滴： 众所周知，大众 01M、01N 均有自学习功能，如果电脑正常，进入变速器电脑 J217 对节气门体做基本设定或强制学习都会起快速找到新的适应点。回想做基本设定是不是没满足条件。

（2）01M 型自动变速器换挡杆在 D 位正常行驶后，在制动或行驶中停车时，再次起步车辆无法行驶。

根据用户所描述的故障现象维修人员先进行试车，结果故障确如用户所述。首先利用大众专用诊断仪读取了该车自动变速器电子控制系统中的故障存储器，结果读出了"00258——换挡电磁阀 N88 对地短路或断路"的故障码，在记录故障码后对其进行清除操作，接着读取该变速器电控系统的动态数据。进入 02-08-004 组数据，观察换挡电磁阀的工作状态，同时还观察了其他组数据，均未发现异常。

从最简单的操作入手，首先检查该变速器油液的油位和油质，ATF 无论从颜色上还是从流动性上看都比较正常，初步判定机械元件上出问题的概率很小。于是将变速器油底壳拆下，拆下阀体直接测量 N88 电磁阀线圈的电阻值。在没有发现线圈阻值异常的情况下，可能是电磁阀的内部问题，于是将电磁阀分解检查其阀球和阀孔之间有无磨损和卡滞，同时也对其他电磁阀进行了相应的测量和检查，若都很正常，之后又用万用表一一对所有电磁阀接脚到扁平线、从扁平线到控制单元接脚端进行了仔细测量，并未发现各接脚间有断路或短路的地方。彻底清洗阀体后恢复试车，倒挡正常，1 位置的前进挡正常，D、3 和 2 位置汽车不能行驶。根据该款变速器换挡执行元件工作表可知，D、3 和 2 位置的 1 挡与 1 位置的 1 挡区别是：当换挡杆置于 D、3 和 2 位置起步时，参与的元件有 1~3 挡离合器 K1 和 F 单向超越离合器；当换挡杆置于 1 位置起步时，通过阀体中的手动阀打开一条通往低、倒挡制动器 B1 的油路，B1 制动器制动行星排中的行星架，目的是实现发动机制动作用。初步判定 K1 不会有问题，D、3 和 2 位置不能行驶，按推理应该是 F 单向超越离合器出了问题。但单向超越离合器 F 是一个机械元件，它不会时好时坏，因此机械元件出问题的可能被排除。

此时将电磁阀的线束插头断开，目的是让变速器进入故障运行模式，这时变速器在 D、3 和 2 位置应以 3 挡起步，原因是所有电磁阀断电后恰恰是 3 挡状态。如果故障模式下汽车仍然不能行驶，那么一定是机械和液压方面出了问题。于是将换挡杆置于 D 位慢慢松开制动踏板，加速汽车可以缓慢行驶，这说明故障不在变速器内部。恢复线束插头，车辆仍不能行驶，这样又重新排查变速器的输入信号（两个传感器、F125 挡位开关等）、控制单元至电磁阀的这段线束连接及控制单元本身输入与输出。重复测量一遍线束仍然没有找到故障点，故将目标锁定在 J217 控制单元本身。将控制单元打开，拆下控制单元管脚的芯片，用万用表对各接脚进行测量，各电磁阀的控制线接脚无虚焊。

对该车全车线路进行了第二次检查，结果没有发现任何问题。但根据以往经验和同行的修车经验仍怀疑到电磁阀的扁平线可能存在问题，而这种断路异常往往是测量不出来的，将电磁阀扁平线更换后，一切正常。后来的几款 01M 也有 N88 故障时，直接换扁平线故障都一次排除。

知识点滴：此故障易怀疑是单向超越离合器 F1 故障，实际上 01M 变速器齿轮变速机构执行元件自身原因很少出故障。

扁平线在仪表上的应用日益减少，在阀板上的应用越来越多，内部铜线断路混连故障较多，且多在元件根部，例如电磁阀与排铜线的连接处，测量很难发现故障。

对于 01M 变速器无倒挡或无前进挡，从现在修理来看，多数为扁平线故障和阀体范卡故障。

（3）01M 自动变速器所有前进挡均加速不良，怠速能缓慢移动，倒挡工作正常。

① 连接 V. A. G1552 对自动变速器进行故障查询，发现自动变速器控制单元没有故障记忆存储。

② 由于发动机节气门开度和车速是控制自动变速器的两个关键信号，因此重点检查了节气门电位计、车速传感器，也顺便检查了发动机转速传感器的信号是否输入至变速器电脑、油门踏板位置传感器以及制动灯开关等，但均工作正常。

③ 检查自动变速器油温，该车的油温在 120 ℃左右，属正常范围。同时，油质也正常，因此，可初步断定该自动变速器换挡元件工作正常。

④ 用 V. A. G1552 重新对自动变速器进行自适应，选择地址 02 - 04 - 通道 00，将油门踏板踏到底触动强制低挡开关，并保持 3 s，基本设定完成，重新试车，故障排除。

（4）01M 自动变速器无 G38 和 G68 信号锁 3 挡。

① 连接 V. A. G1552 对自动变速器进行故障查询，发现自动变速器控制单元有 G38 和 G68 无信号的故障存储；读数据流时，变速器在 3H 挡位。

由于车速是控制自动变速器的一个关键信号，因此重点检查车速传感器 G68 和大太阳轮转速传感器 G38 信号输入至变速器电脑，但均工作正常。

② 用示波器检查 G68 和 G38 的信号。为保险起见，打开电脑直接测电脑板上的两个转速信号输入引脚，也有信号，因此，可初步断定该自动变速器电脑处理交变电压信号的集成电路工作不正常。

更换电脑后重新试车，故障排除。

知识点滴：对于交变的电压信号同时消失，则最可能是处理它们的集成电路出现故障。

这种 G38 交变信号丢失后，电脑不能监测变速器内部是否打滑，所以电脑要锁止在 3 挡以利于保护变速器。车速信号 G68 丢失后，电脑可根据发动机转速 G28 信号替代。

二、奥迪 A6 5HP-19（01V）变速器故障

奥迪 A6 5HP-19 变速器加速时换挡冲击，同时变速器保护挡位锁在 4 挡。

故障检修：首先检查液位是正常的，然后进行路试，发现加速时换挡冲击，同时变速器锁挡，由 1 挡直接升入 4 挡，所以感觉冲击很明显。连接 V.A.S5051 读取故障码，显示 17114，其含义为传动比错误，造成变速器进行保护。最初，怀疑是内部离合器打滑造成换挡错误。但在加速时发动机转速并没有明显上升，再进行路试，同时用 V.A.S5051 读取变速器数据流。进入 02-08-001，发现 3 区车转速信号突然变成零。这时，有输入转速而没有输出转速，变速器电脑认为离合器打滑而保护。出现上述故障最有可能的原因是车速传感器工作不良或信号轮移位。若更换了车速传感器，故障依旧。随后检查线路，更换变速器电脑。

若仍没能解决问题。将车开上举升机，在无负荷状态下加速，变速器由 1~5 挡很平顺，说明油路没有问题。不加负荷可以平顺换到 5 挡，加负荷后换挡传动比有错误，只能说明有打滑，而打滑车速传感器信号不可能突然变成零。将变速器从车上拆下，装上变速器测试台进行测试，各个挡位、转速、油压一切正常。最后将变速器解体，解体后仍没有发现任何问题，只能按规范重新装配。就在装车速传感器时发现了问题，转速传感器信号轮丢失。再将变速器解体，发现问题是由于大修时装配人员疏忽，信号轮外限位盘状弹簧漏装，造成信号轮能在副轴上前后窜动。当带负荷加速时信号轮向后窜动，使传感器检测不到信号轮，使车速信号突然变成零，造成锁挡，而在无负荷提速或车速平稳时信号轮保持原位，因此就出现了上述故障。加装弹簧后，将变速器重新装车，再试车故障排除。

知识点滴：对于交变的电压信号，有时有信号，而有时信号又突然消失，且随发动机转速或车速变化，则最可能是它们的信号轮轴向限位出现故障或线路中有振动断路。若变速器的车速信号轮为斜齿啮合，在啮合时两齿轮间有轴向力，为防止轴向力推动齿轮移位，大众车都是盘状弹簧外加螺丝轴向固定。

本田车系的变速器后盖内 3 个齿轮组成两个齿轮副，啮合时齿轮间有轴向力，为防止轴向力推动齿轮移位，也采用给盘状弹簧外加螺丝，轴向固定。

电喷发动机的转速或曲轴位置信号在发动机加油和减油时，曲轴因止推片脱落向前窜动，特别是曲轴前端有风扇的发动机更为明显，此种情况应引起重视。

第十章
单离合和双离合机械式变速器

第一节　机械式自动变速器概述

机械式自动变速器 AMT（Automated Mechanical Transmission）是在手动变速器的基础上发展而来，保留了原来手动变速器的换挡机构与离合器，配备一套电子控制的液压操纵系统或电控电动机操纵系统（卡车可以采用电控气动系统），主要改变手动换挡操纵部分，以达到换挡自动化的目的。

AMT 的关键部件主要由传感器、变速器控制单元和执行器三部分组成。工作原理是通过电脑控制的自动操作机构来完成操作离合器分离或接合，变速器横向选挡和纵向换挡两个动作。汽车在行驶过程中，变速器控制单元 TCU 根据油门值以及当前行车速度，利用油门和车速两参数换挡规律判断车辆应处于的最佳挡位，决定升挡、降挡，或保持原挡位不变，从而达到加速或减速的目的。

一、AMT 的分类

1. 根据离合器数量划分

可分为单离合器式和双离合器式。

2. 根据离合器型式划分

可分为湿式离合器和干式离合器，例如大众 6 速 DSG 湿式和 7 速 DSG 干式。

3. 按照执行机构动力源不同划分

AMT 的选换挡系统可分为电控气动，电控液动和电控电动（全电式）三种类型。

1）电控气动 AMT

电控气动选挡换挡系统对于一般车辆，由于没有气动装置，一般不采用，只有在大型或重型车辆等特殊场合使用。

2）电控液动 AMT

电控液动选挡换挡系统具有能容量大、操作简便、易于实现安全保护、具有一定的吸振与吸收冲击的能力，以及便于空间布置等优点。但是在利用高速开关阀控制离合器的系统中，其主要的缺点就是温度的变化使离合器的执行机构中液压油的黏度发生变化，因而使离合器回油管路压力损失发生变化；温度降低，阀出口压力增大，回油量减小，离合器的结合速度较慢，导致在汽车刚开始起步时加速度较小；温度降低到一定程度之后，液压油的流动性能大大降低；由于受到温度的影响，该系统在北方寒冷地带的使用有一定的限制；液压元件对加工的精度要求高，特别是高速电磁阀的加工，一般的厂家难以加工，所以电磁阀的造价高。

3）电控电动 AMT

将自动变速控制系统中要直接控制的对象：油门、离合器以及选挡换挡装置的动作采取电动机带动的方式。相对于电控液动 AMT 而言，电控电动 AMT 在以下几个方面具有进一步的优势：取消了液压系统，从而使整个控制系统的结构更加简单，重量更轻。由于直接采用易于控制、精度更高的电动机取代液压执行元件，减少了液压元件动作的误差，使得系统的控制方法更简单，控制的精度进一步提高，反应动作更加准确。在原有的电控液动的基础上，只须对软件、硬件以及控制方法上作少许的改动，就能对电控电动 AMT 系统进行控制。在电控电动 AMT 中的执行电动机的特点是：可控性好、精度高、反应快、可靠性强，并且对环境的适应性好。

电控电动 AMT 主要是电控离合器、电控发动机和电控选挡换挡三大部分。电子控制单元（ECU）根据车辆行驶工况（车速、加速度、挡位）和驾驶员的驾驶意图（加速踏板、换挡控制杆）按照设定的换挡规律，选择合适的挡位和换挡时机，控制换挡执行机构模拟熟练驾驶员的换挡动作（包括对离合器、变速器和发动机的联合控制）进行选挡和换挡。

换挡系统的能源是整个控制系统各机构的动力源。三种形式的选挡换挡系统都需要控制电路所需的直流电流，但执行机构的动力源不同。全电式选挡换挡系统采用电动机（直流电动机、步进电动机）作为动力源；对于电控液动式，它主要包括液压泵和调压阀；对于电控气动式，它主要包括空压机和高压储气筒。

一个自动换挡系统的自调性能很重要，但还必须同时配有相适应的他调系统，才称得上是最理想的控制系统。这里的他调是为驾驶员提供干预自动换挡系统的可能性。换挡范围选择的作用是限制自动换挡的排挡范围。三种选挡换挡形式的 AMT 均可使用旋钮或控制杆作为挡位指示器。

自动换挡是按控制参数的变化才实现换挡的，故必须有反映该参数的信号发生系统。

车辆的控制参数有三类：单参数（多为车速）；两参数（车速和发动机油门开度）；三参数（车速、发动机油门开度和加速度）。目前，常用的是两参数控制，动态三参数控制是最理想的控制。一般测车速用电磁转速传感器，测油门开度用油门电位器；测加速度用加速度传感器。

换挡控制器接受换挡范围与换挡规律，选择机构和控制参数信号发生器传来的信号，进行比较和处理，并按照预定的换挡规律选择挡位和换挡时刻，同时发出相应的换挡指令给换挡执行机构进行选挡换挡，是系统的核心部分，在全电式 AMT 中主要是电子控制单元 ECU 和电动机的驱动电路。

换挡执行机构接受换挡控制器的指令，完成变速器中挡位的变换。包括选挡和换挡两部分。对电控液动系统，执行机构主要是液压阀；对电控电动系统，执行机构包括减速机构和连接机构。

换挡品质控制机构的作用是控制换挡过程平稳、无冲击，防止产生大的动载荷。对电控液动系统通常是在油路上增加蓄能器、缓冲阀、定时阀、执行力调节阀等，或采用单相离合器代替摩擦元件；对电控电动系统主要是增加挡位传感器检测换挡行程，由 ECU 控制选挡换挡动作，从而减少同步器超越和换挡冲击，提高换挡品质。

4. 根据自动化程度划分

可分为半自动式和全自动式。

半自动机械式变速器也称为 SAMT。卡车"单 H 型"换挡方式和"双 H 型"换挡方式是手动变速器和自动离合器相结合的变速系统。它的目的只是使离合器电控自动化，换挡还是要手动换挡。SAMT 变速系统结构是离合器踏板被一个电动机所取代，电动机会根据控制单元的命令来将液压系统加压和减压，使离合器分离和接合。传感器根据变速器挡位、车辆的速度、油门位置以及驾驶员是否要换挡等来传递信息。发动机起动后，只需要挂上挡，等着油门就行了，其换挡按普通的做法进行。因为在换挡时只要抬起油门，系统会自动地将离合器分离开。控制单元监控车辆的速度及发动机的转速，阻止不合时宜的加挡或减挡，如果有需要，还会提醒驾驶员选择较低的挡位。在车辆减速直到车完全停下来前才分离离合器，这使发动机的制动效果达到最大，又避免熄火。在国产车型之中，奥拓的"自动离合器"也采用了这种技术，这种技术可以在任何手动变速器上选装。譬如雷诺的 Easy System、萨博的 Sensonic、菲亚特的 Seicento 城市自动系统以及奔驰 A 级车都采用了这种技术。

在上述的基础上附加点动换挡。传统的换挡机构由换挡开关（一般是一个小杠杆或按键）和装在变速器上的电液执行器连接的导线代替，换挡时只需前后拨动小手柄就可以得到升挡和降挡。由于换挡手柄仅是一个电开关，所以它可以装在非常适合驾驶员操作的位置，且操纵力很小。

如图 10-1 所示是 AP Borg 和 Beck 开发的自动离合器和节气门系统（Automatic Clutch and Throttle System，ACTS）半自动变速器。ACTS 实现了换挡过程中离合器和发动机转速的自动控制，它用传统手动变速器附加电控单元，采用如下传感器和执行器：加速踏板位置传感器；节气门传感器和执行器；换挡杆载荷开关（用来检测驾驶员作用在手柄上的压力）；挡位传感器；电磁式发动机转速传感器；电磁式变速器输入轴转速传感器；由储油池、电动泵、储能器和电液控制阀组成的可控油源；带有位置传感器的离合器分离油缸。

液压系统用来操纵离合器分离油缸，通过传统分离杠杆的接合，分离离合器。装在液压单元的电磁阀控制分离油缸的油压，电磁阀由传感器的信号通过控制单元控制。分离杠杆行程传感器和发动机、变速器转速传感器构成的伺服回路，提供离合器摩擦片转速变化的精确控制，以保证接合非常平顺。

节气门电动机和反馈电位计装在一起，将节气门开度传给控制单元。当正常驾驶时，电动机的位置由驾驶员通过另一装在加速踏板上的电位计来控制；换挡时微机介入，以临时修改发动机转速。驾驶员的换挡意图通过安装在换挡手柄上的压力开关进行检测，然后发信号给控制器，使离合器分离。一旦完成换挡，挡位传感器给控制器发出数字代码，报告所选的挡位，然后发出指令接合离合器。

ACTS 的工作过程如下所述。

（1）为了保证安全，安装 ACTS 的汽车起动时，变速器必须首先换入空挡，才允许起动电动机工作。当发动机起动后，离合器分离油缸位置传感器找到当前分离杠杆的位置（从

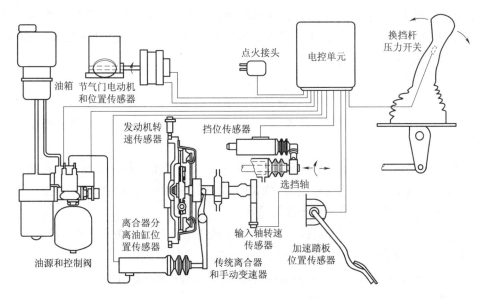

图 10-1　ACTS 半自动变速器功能简图（AP Borg 和 Beck）

而补偿离合器的磨损），控制单元确定发动机怠速参考转速。

（2）汽车停止时，驾驶员操纵换挡手柄换入一挡，控制单元发出指令使离合器分离，直到驾驶员踩加速踏板后，在微机控制下使离合器重新接合。在离合器接合过程中，控制单元连续调整节气门和分离杠杆的位置，以保证起步平稳并尽快使发动机转速保持在驾驶员要求的水平。这种方式可以在较高的发动机转速（对于坡上起步和急加速）或较低的发动机转速（缓慢加速）时完成起步。

（3）如果驾驶员最初选择的挡位不适当，那么控制单元会发现并通过蜂鸣器给驾驶员发出警告，阻止离合器接合，直到换入正确的挡位。汽车行驶后，驾驶员可以通过换挡手柄换入要求的挡位。换挡时控制单元立刻获得离合器位置和发动机转速的指令，发动机转速根据挡位传感器检测是升挡还是降挡而进行修改。

（4）当检测是升挡操作时，控制单元确定发动机转速高于变速器输入轴转速，离合器可以立即接合，而发动机转速控制留给驾驶员。当检测是降挡操作时，发动机转速通常低于变速器输入轴转速，控制单元延迟离合器重新接合，并命令节气门电动机立即提高发动机转速使之与变速器输入轴转速匹配，一旦离合器重新接合，发动机转速控制仍由驾驶员完成。如果车速降得很低，发动机的转速跟着下降，控制单元分离离合器，防止发动机熄火。离合器分离直到选择合适的挡位，并踩下加速踏板后重新接合。为了减少传动系统窜动，ACTS允许一定量可控的离合器滑转。控制单元发现实际的发动机转速和驾驶员要求的发动机转速之间差距很大时，将由此引起的打滑限定在一定范围内。

二、AMT 的优缺点

1. 单离合器 AMT 变速器优缺点

1）优点

操作与 AT 相当，比 MT 操作更便捷，智能换挡，驾驶无需离合；传动效率与 MT 相当，比 AT 高出 7% 以上，动力传输无损耗；加速性能与 MT 相当，比 AT 要好；燃油经济性方面，与 MT 相当，甚至低于 MT；生产成本比 AT 要低大约 20%；维护成本比 AT 低；AMT 的重量仅比 MT 高出 10 kg，低于 AT。

2）缺点

相对 DCT 升降挡不敏捷，但比手动升降挡敏捷得多；对变速器控制单元（TCU）的要求能力高，但由于其电子控制系统技术不成熟，导致换挡时机不及 AT 准确，但比手动换挡时机把握得要好。

换挡的平顺性较差，比手动换挡要强很多，没有 AT 的接合好，限制了在商务车上的应用。制造及维修成本低。由于没有液力变矩器的缓冲，换挡加速不如传统变速器柔和，因此适用于重型卡车和对换挡质量要求不高的轿车。

近来单离合器式 AMT 配合混合动力轿车电动机使用，大大提高了单离合器式 AMT 变速器的性能，有在国混合动力汽车上广泛应用的迹象。

2. DCT（Dual Clutch Transmission）双离合式 AMT 变速器优缺点

目前世界上先进的 DCT 变速器也是基于 AMT 变速器的变速系统，组合了两组离合器和两套变速挡，两个离合器分别与奇数挡和偶数挡相连，通过离合器之间的切换，完成偶数挡和奇数挡的快速切换。

基于 DCT 技术的各公司有不同的变速器。大众 DSG（Direct Shift Gearbox）、奥迪 S Tronic、宝马 M DKG（Doppel Kuppling Getriebe，M Double Clutch gearbox）、福特、沃尔沃 Powershift、保时捷 PDK（Porsche Doppel Kupplungsgetribe）本质上都是 DCT。

1）优点

换挡平顺性好；换挡敏捷；换挡时动力损耗低于手动变速器；手动降挡时可以跳跃降挡；手动变速器的结构较自动变速器效率更高，能承受的扭矩也更大。

2）缺点

制造及维修成本高。由于没有液力变矩器的缓冲，换挡加速不如传统变速器柔和，因此适用于注重加速和操控的跑车，而不适用于注重舒适性的豪华房车。目前高、中、低挡轿车中都有广泛应用。

AMT 在欧系厂家中应用较多，如菲亚特、雪铁龙、欧宝旗下小车。AMT 也多应用在一些强调运动性能的高端跑车品牌，如：阿斯通马丁、法拉利、蓝博基尼和玛莎拉蒂。在强调舒适性的中、高端商务车中，AMT 应用较少。在北美以及日本市场，很难看见 AMT 变速器的身影。

国内 AMT 变速器应用车型：奇瑞 QQ 是第一款采用 AMT 的国产车型，由于换挡不及时、顿挫感严重，QQ AMT 市场反映不佳；2008 年 9 月，威志 AMT 上市，配备了马瑞利第三代 AMT 变速器；2009 年，国产迈腾搭配了基于 AMT 技术的 DSG 双离合器变速器；奇瑞在 2009 年有多款车型搭配 AMT 变速器。

❋ 第二节　双离合器式自动变速器 DCT（DSG）及故障原因

双离合器变速器简称 DCT（Double Clutch Transmission），大众对该技术应用较早，也比较广泛，而且把其称为 DSG（Direct Shift Gearbox）。三菱 SST、保时捷 PDK、宝马 DKG、福特沃尔沃的 Powershift、奥迪的 S – Tronic 等都是 DSG。

　　DCT 根据采用离合器片的形式可分为湿式和干式两种。湿式变速器油比较多，体积较大，可以承受较大的扭力；干式用的变速器油较少，体积更小，更紧凑，效率更高，适合小型车，但能承受的扭力不如湿式大。目前，无论是一汽大众还是上海大众，都采用了两种不同控制类型的 DSG 双离合变速器：湿式（6 挡）和干式（7 挡）。湿式控制的 DQ250（02E）型 DSG 变速器（6 速），和干式控制的 DQ200（0AM）型 DSG 变速器（7 速）。如图 10 – 2 所示为 02E 变速器结构、图 10 – 3 所示为 02E 变速器各轴之间关系和图10 – 4 所示为大众 02E 型 DSG 变速器 6 速结构示意图。

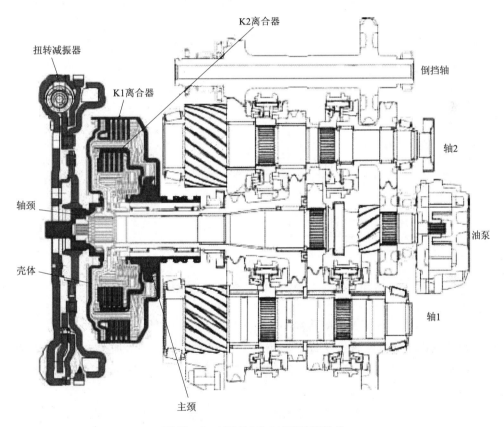

图 10 – 2　02E DSG 6 速变速器结构

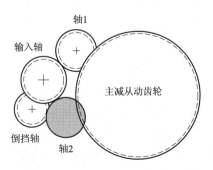

图 10 – 3　02E 变速器各轴之间关系

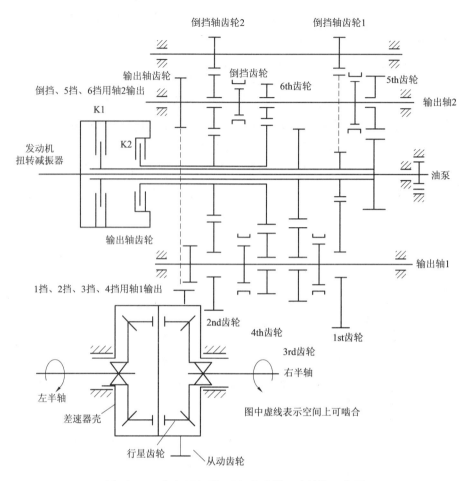

图 10－4　大众 02E 型 DSG 变速器 6 速结构示意图

1. 离合器在起步、制动停车时的控制

DSG 变速器本身就是在传统手动机械齿轮变速器的基础上，增加了电子液压控制，以实现自动控制功能，与传统电子液压控制自动变速器的区别在于 DSG 利用湿式摩擦片结构的离合器作为发动机的动力传送部件。

起动发动机，踩住刹车将挂挡杆挂入前进挡或倒挡，电脑根据离合器控制所需的参数以及发动机载荷信息等，计算并设定出离合器待传递扭矩所需的工作压力。首先是基础压力的供给过程，此时离合器处于半接合的状态；然后是快速充油，离合器完成了其接合过程。但由于施加制动力以及车速为零的原因，如果此时离合器无滑转地接合，将会导致发动机立即熄火，因此离合器完成第二次充油瞬间又回到第一次充油状态，为下一步的起步做好准备。

（1）当松开制动而未加速时，离合器传递的扭矩足以使车辆有一个爬行过程，此时离合器完全处于微量打滑状态，车辆行驶后就进入到彻底无滑转接合状态。

（2）行驶后的制动停车过程中，离合器也是由完全接合到微量打滑接合，再到完全打滑状态（此时保持在第一次充油状态上）。

离合器工作过程在整个起步和制动停车控制上要求是最高的。

（1）在安全控制方面，对离合器的要求是：第一，原地挂挡不能让发动机熄火；第二，紧急制动停车时更不能让发动机熄火。

（2）在舒适控制方面，要求离合器在接合与分离过程中，不能出现冲击、耸动和颤抖，因此其执行器控制电流与产生的控制压力之间的关系，必须符合控制逻辑及控制策略要求。

（3）在时间控制上离合器的某些控制参数总是在变化的，例如摩擦系数的变化以及机械元件在摩擦过程中磨损程度的变化等，电脑尽量在整个变速器使用寿命内都能够精准地完成其控制指令及控制要求。如图 10-5 所示为大众 02E 型 DSG 变速器双离合器结构和双离合器控制。一旦某一参数发生变化时，可能带来一些品质方面的改变。

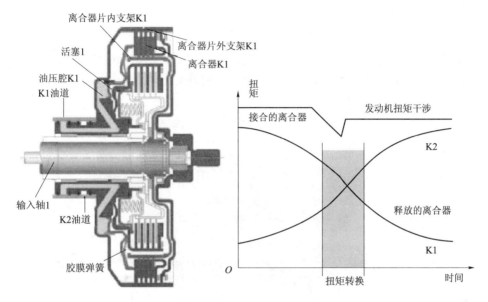

图 10-5　大众 02E 型 DSG 变速器双离合器结构和双离合器控制

在道路拥堵的城市里使用时，变速器会频繁地进行挡位切换，使得湿式双离合器频繁地接合与分离，并形成不同的摩擦过程，从而导致变速器的油液温度急剧升高。在极端情况下，电脑便起动了一些备用程序功能，可能会导致一些故障现象的出现。

2. 离合器在换挡中的控制

1）双离合器的切换控制

在 02E 变速器中，一个离合器可以完成 1、3、5、R 挡的动力传递，另一个离合器则可完成 2、4、6 挡的动力传递。因此，变速器在执行换挡时，两个离合器在切换控制时采用的是"重叠控制"。即一个降低接合压力，降低传递的扭矩，另一个增大接合压力，增大传递的扭矩。这样可以保证两者的合扭矩与一个离合器接合时相同，其目的是防止出现动力中断现象，避免发动机空转而引起离合器打滑。由于重叠时间短、重叠扭矩不高，因此对元件本身不会产生很大的危害。但重叠不足或过度重叠时，无论是对换挡品质还是对元件本身都会有很大的影响。

离合器的起步控制、制动停车控制，还是相互的切换控制，都会导致湿式离合器温度的升高，这直接会影响到对离合器的控制。因此，完全有必要对离合器采取温度控制。这样"离合器的冷却控制""离合器的过载保护控制""离合器的安全切断控制"等功能必须时时做好准备，以便对整个变速器及离合器起到保护作用。

2）换挡同步器（拨叉）的切换控制

从原理上来说，DSG采用了两个功能完整的手动齿轮箱的形式。它们并排连接，共用一个差速器（两个齿轮箱放在一个壳子里）。引擎扭矩由两个变速器通过两个离合器来分摊。一个齿轮箱选择偶数挡位，而另一个齿轮箱选择奇数挡位。每个挡位都配有一个传统的同步器和一个手动齿轮箱的挡位选择杆，这和普通的手动变速器中使用的相同。挡位选择杆可以互相独立地变换挡位，这意味着挡位可以不受限制地进行选择，这包括从偶数挡转换到偶数挡，以及从奇数挡换到奇数挡的操作。

如图10-6所示为大众02E型DSG变速器齿轮变速机构和换挡拨叉机构，图10-7所示为大众02E型DSG变速器输入轴和二轴齿轮机构。换挡拨叉机构的端部有钩，电液控制的执行器活塞通过端部有钩换挡拨叉机构控制拨叉的轴向运动。

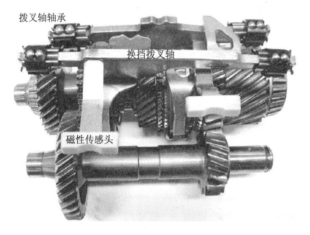

图10-6 大众02E型DSG变速器齿轮变速机构和换挡拨叉机构

图10-7 大众02E型DSG变速器输入轴和二轴齿轮机构

3. 电液控制单元

电液控制单元被集成在机电一体控制模块中。在这控制单元中，都是电磁阀、压力控制滑阀、液压选择阀以及多路转换器。此外，液压模块中还有一个压力释放阀，它防止油压升到足以损坏液压选择阀的程度。如图 10 - 8 所示为大众 02E 型 DSG 变速器滑阀箱电磁阀位置。

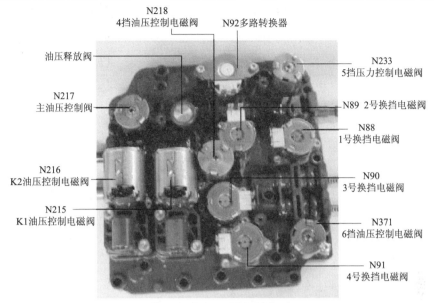

图 10 - 8 大众 02E 型 DSG 变速器滑阀箱电磁阀位置

如图 10 - 9 所示为大众 02E 型 6 速 DSG 变速器电控单元，表 10 - 1 所示为大众 02E 型 DSG 变速器电磁阀与挡位的关系表。电液系统的电磁阀作用如下所述。

N88 换挡电磁阀 1：常闭型开关电磁阀，大约 8 Ω 电阻，在 1 挡和 5 挡时传送油压；

N89 换挡电磁阀 2：常闭型开关电磁阀，大约 8 Ω 电阻，在 3 挡和空挡时传送油压；

N90 换挡电磁阀 3：常闭型开关电磁阀，大约 8 Ω 电阻，在 2 挡和 6 挡时传送油压；

N91 换挡电磁阀 4：常闭型开关电磁阀，大约 8 Ω 电阻，在 4 挡和倒挡时传送油压；

N92 5 号多路转换电磁阀：常闭型开关电磁阀，大约 1 520 Ω 电阻，用来推动阀体中的多路转换阀，使挡位执行元件选择不同的挡位；

N215 油压控制电磁阀 1（K1）：大约 5 Ω 电阻，调节 K1 离合器的油压。随引擎扭矩而变化。它的失效会导致离合器提前损坏。如在作用位置上失效，会在车辆刹车时导致引擎熄火；

N216 油压控制电磁阀 2（K2）：大约 5 Ω 电阻，调节 K2 离合器的油压。随引擎扭矩而变化。它的失效会导致离合器提前损坏。如在作用位置上失效，会在车辆刹车时导致引擎熄火；

N217 油压控制电磁阀 3（主油压）：5 Ω 电阻，调节系统主油压。根据引擎转速和引擎温度来调节主油压。如果失效，会进入关闭位置，主油压会维持在最高值；

图 10 - 9 大众 02E 型 6 速 DSG 变速器电控单元

表 10 -1　大众 02E 型 DSG 变速器电磁阀与挡位的关系表

电磁阀作用 Solenoid Activation Chart							
N88	N89	N90	N91	EPC N217	EPC N215 K1	EPC N216 K2	N92 Multiplexer
1st ○				*	○		
2nd	○			*		○	○
3nd		○		*	○		
4th			○	*		○	○
5th ○				*	○		○
6th	○			*	○		
Rev			○	*	○		
N	○			*			

N218 油压控制电磁阀4（冷却油）：5 Ω 电阻，调节 2 个离合器的冷却油压。离合器油温发送器 G509 作用在此电磁阀上。在最小流量位置上失效会使离合器过热。在最大流量位置上失效，则会在周边温度较低时产生入挡结合困难；

N233 油压控制电磁阀5（安全阀1）：5 Ω 电阻，用来隔离第 1 部分齿轮传动系的安全电磁阀，使这部分传动系无法得到挡位。如果失效，则只有 2 挡存在；

N371 油压控制电磁阀6（安全阀2）：5 Ω 电阻，用来隔离第 2 部分齿轮传动系的安全电磁阀，使这部分传动系无法得到挡位。如果失效，则只有 1 挡和 3 挡存在。

4. 干式离合器的 7 速 DSG 变速器

大众在 6 速湿式双离合器基础上，装配了 7 速干式双离合器 DSG 变速器，如图 10 - 10 所示为大众 7 速 DSG 变速器 K1、K2 离合器工作过程图。

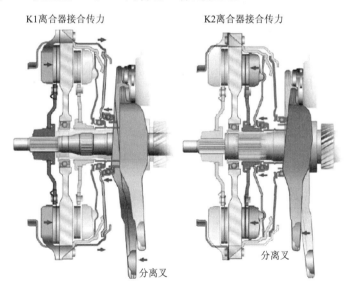

图 10 -10　大众 7 速 DSG 变速器 K1、K2 离合器工作过程图

为了精确确定离合器活塞的实际位置，在滑阀箱单元安装有离合器活塞位置传感器，传感器采用互感原理，在初级线圈里通入交流电，本应在次级线圈里能感生出固定幅值的电压，但由于永久磁铁的移动改变了磁路的磁阻，因此在次级线圈里能感生出不是固定幅值的电压，这种测量方法比霍尔测量精度要高。如图 10-11 所示为 7 速 DSG 变速器测量离合器位置的互感电路原理图。

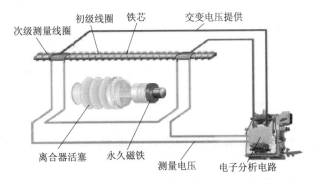

图 10-11 7 速 DSG 变速器测量离合器位置的互感电路原理图

由于采用了干式离合器，实际控制油压控制的仅是换挡过程，油压可降低。为节省能量，系统采用了三相永磁直流电动机带动油泵电动机（如图 10-12 所示）。三相永磁直流电动机由定子由永久磁铁构成，转子由电磁铁构成，是一个用 ECU 对直流 12 V 进行电子换向的直流电动机。

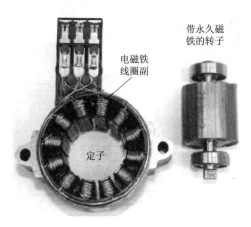

图 10-12 7 速 DSG 变速器驱动油泵的三相永磁直流电动机

第十一章

自动变速器电路图

❋ 第一节　新奥迪01V五速自动变速器电路图

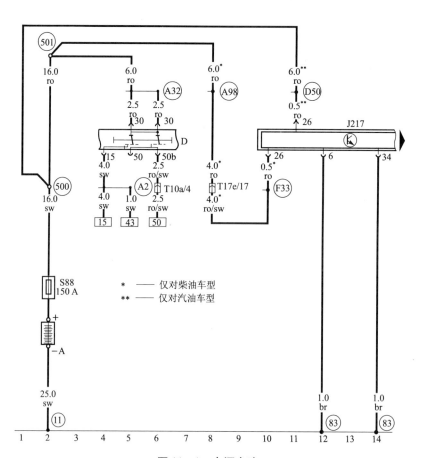

图 11 - 1　电源电路

A——电瓶

D——点火或起动有电

J217——自动变速器控制单元

S88——保险丝

T10a——10 针棕色插头

T17e——17 针白色插头

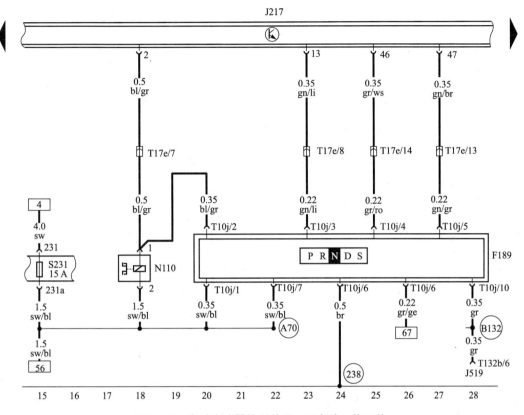

图 11－2　自动变速器控制单元，手自动一体开关

F189——点动电子开关

J217——变速器控制单元

J519——电压控制单元

N110——手柄锁止电磁阀

S231——保险丝

T10j——10 针黑色插头

T17e——17 针白色插头

T32b——32 针灰色插头

(238)——接地点（内饰线束内）

(A70)——内部连接（仪表线束内）

(B132)——内部连接（内饰线束）

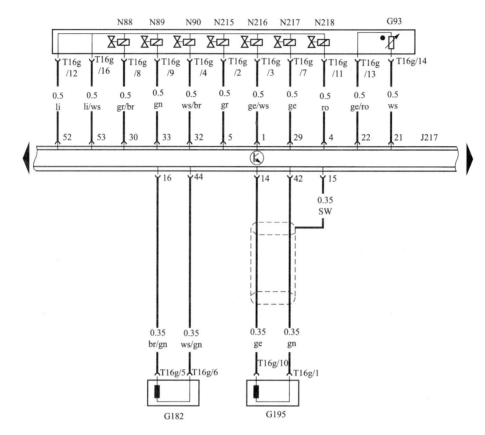

图 11 - 3　自动变速器控制单元，电磁阀

G93——油温传感器

G182——输入转速传感器

G195——输出转速传感器

J217——自动变速器控制单元

N88——电磁阀 1

N89——电磁阀 2

N90——电磁阀 3

N215——变速器压力控制电磁阀 1

N216——变速器压力控制电磁阀 2

N217——变速器压力控制电磁阀 3

N218——变速器压力控制电磁阀 4

T16g——16 针黑色插头

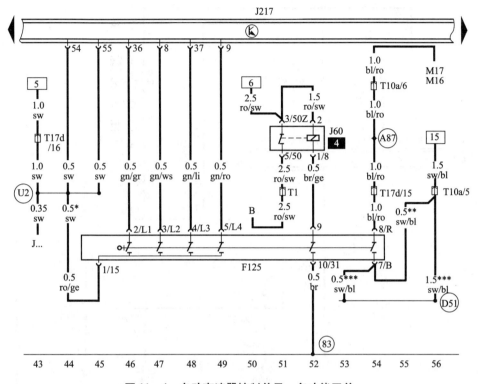

图 11－4 自动变速器控制单元，多功能开关

* ——修改中

* * ——仅对汽油车型

* * * ——仅对柴油车型

B——起动机

F125——多功能开关

J. . . ——发动机控制单元

J60——自动变速器继电器

J217——自动变速器控制单元

M16——左侧倒车灯

M17——右侧倒车灯

T1——单插头黑色　发动机舱右侧

T10a——10 针棕色插头

T17d——17 针红色插头

⑧③——接地点 1

Ⓐ87——内部连接

Ⓓ51——正极连接

Ⓤ2——内部连接

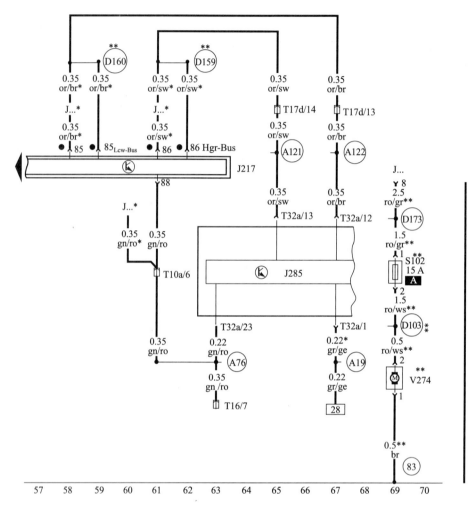

图 11－5　自动变速器控制单元，仪表板

J...　——发动机控制单元

J217——自动变速器控制单元

J285——仪表板控制单元

T10a——10 针棕色插头

T16——16 针黑色插头

T17d——17 针红色插头

T32a——32 针绿色插头

S102——发动机控制

V274——风扇控制单元

第二节 MAGOTAN（迈腾）6挡自动变速器09G电路图

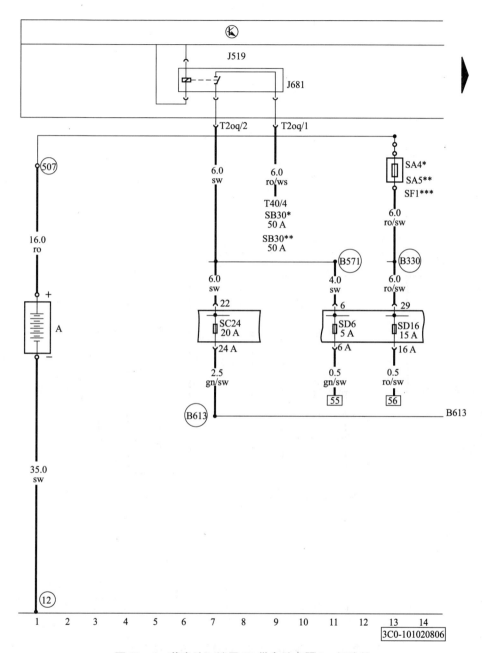

图11-6 蓄电池，端子15供电继电器2，保险丝

A：蓄电池；J519：车载电网控制单元；J681：端子15供电继电器2（460）；SA4：保险丝架A上的保险丝4；

SA5：保险丝架A上的保险丝5；SB30：保险丝架B上的保险丝30；SC24：保险丝架C上的保险丝24；

SD6：保险丝架D上的保险丝6；SD16：保险丝架D上的保险丝16；SF1：保险丝架F上的保险丝1；

T2cq：2芯插头连接；T40：40芯插头连接；12：发动机舱内左侧接地点；507：螺栓连接（30），在蓄电池保险丝架上；

B330：正极连接16（30a），在主线束中；B571：连接38，在主线束中；B613：连接41，在主线束中；

*：低端电控箱E-Box中的保险丝；**：高端电控箱E-Box中的保险丝；***：仅针对发动机代码为AXZ和BLV的汽车

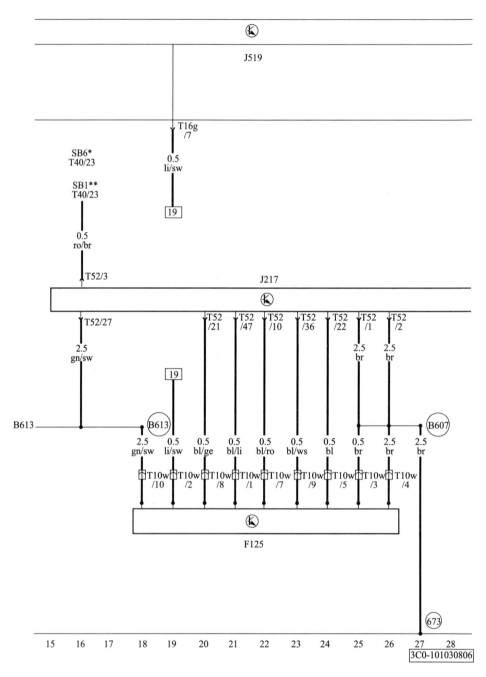

图 11-7 多功能开关，自动变速器控制单元

F125：多功能开关；J217：自动变速器控制单元；J519：车载电网控制单元；SB1：保险丝架 B 上的保险丝 1；

SB6：保险丝架 B 上的保险丝 6；T10w：10 芯插头连接，在变速器上；T16g：16 芯插头连接；T40：40 芯插头连接；

T52：52 芯插头连接；673：接地点 3，左前纵梁上；B607：连接 3，在车内线束中；B613：连接 41，在主线束中；

＊：低端电控箱 E-Box 中的保险丝；＊＊：高端电控箱 E-Box 中的保险丝

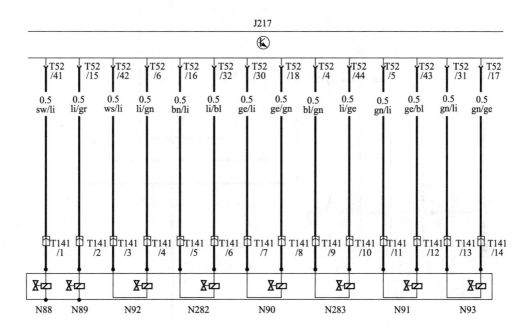

J519

J217

T52/41 T52/15 T52/42 T52/6 T52/16 T52/32 T52/30 T52/18 T52/4 T52/44 T52/5 T52/43 T52/31 T52/17

0.5 0.5 0.5 0.5 0.5 0.5 0.5 0.5 0.5 0.5 0.5 0.5 0.5 0.5
sw/li li/gr ws/li li/gn bn/li li/bl ge/li ge/gn bl/gn li/ge gn/li ge/bl gn/li gn/ge

T141/1 T141/2 T141/3 T141/4 T141/5 T141/6 T141/7 T141/8 T141/9 T141/10 T141/11 T141/12 T141/13 T141/14

N88 N89 N92 N282 N90 N283 N91 N93

29   30   31   32   33   34   35   36   37   38   39   40   41   42

3C0-101040806

图 11－8　自动变速器控制单元、电磁阀

J217：自动变速器控制单元；J519：车载电网控制单元；N88：电磁阀 1；N89：电磁阀 2；N90：电磁阀 3；
N91：电磁阀 4；N92：电磁阀 5；N93：电磁阀 6；N282：电磁阀 9；N283：电磁阀 10；
T14f：14 芯插头连接，在变速器上；T52：52 芯插头连接

第十一章　自动变速器电路图

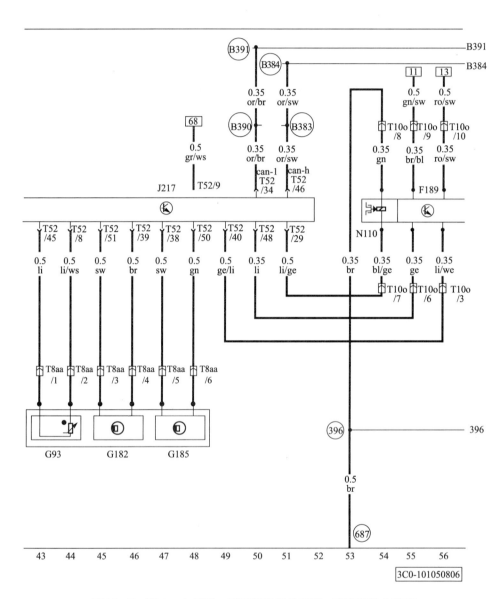

图 11-9 Tiptronic 开关，变速器油温传感器，变速器输入转速
传感器，变速器输出转速传感器，选挡杆锁止电磁铁

F189：Tiptronic 开关；G93：变速器油温传感器；G182：变速器输入转速传感器；G195：变速器输出转速传感器；
J217：自动变速器控制单元；J519：车载电网控制单元；N110：选挡杆锁止电磁铁；
T8aa：8 芯插头连接，变速器预接电缆的连接位置；T10o：10 芯插头连接，在变速器上；
T52：52 芯插头连接；396：接地连接 31，在主线束中；687：中间通道上的接地点 1；
B383：连接 1（驱动系统 CAN 总线 High），在主线束中；B384：连接 2（驱动系统 CAN 总线 High），在主线束中；
B390：连接 1（驱动系统 CAN 总线 Low），在主线束中；B391：连接 2（驱动系统 CAN 总线 Low），在主线束中

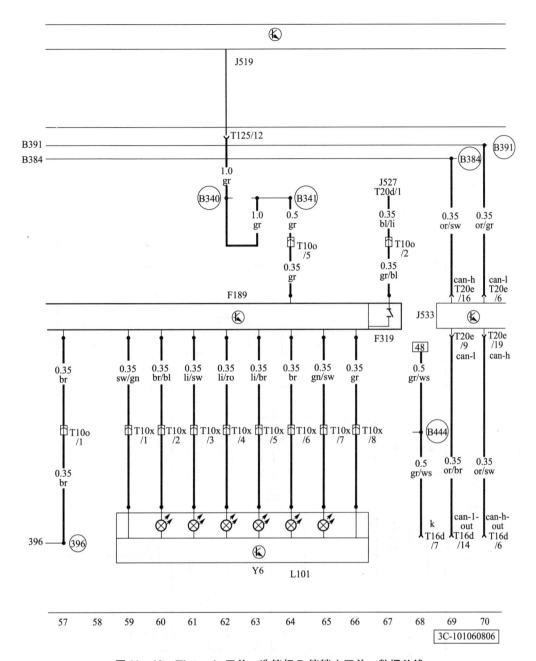

图 11-10 Tiptronic 开关，选挡杆 P 挡锁止开关，数据总线
诊断接口，选挡杆锁止电磁铁，选挡杆挡位指示

F189：Tiptronic 开关；F319：选挡杆 P 挡锁止开关；J519：车载电网控制单元；J527：转向柱电子装置控制单元；

J533：数据总线诊断接口；L101：选挡杆挡位指示照明灯泡；T16d：16 芯插头连接，自诊断插头；

T10o：10 芯插头连接，在变速器上；T10x：10 芯插头连接，靠近选挡杆；T12i：12 芯插头连接；T20d：20 芯插头连接；

T20e：20 芯插头连接；Y6：选挡杆挡位指示器；396：接地连接 31，在主线束中；B340：连接 1 (58d)，在主线束中；

B341：连接 2 (58d)，在主线束中；B444：连接 1 (诊断)，在主线束中；

B384：连接 2 (驱动系统 CAN 总线 High)，在主线束中；B391：连接 2 (驱动系统 CAN 总线 Low)，在主线束中

第三节　2001年捷达01M变速器电路图

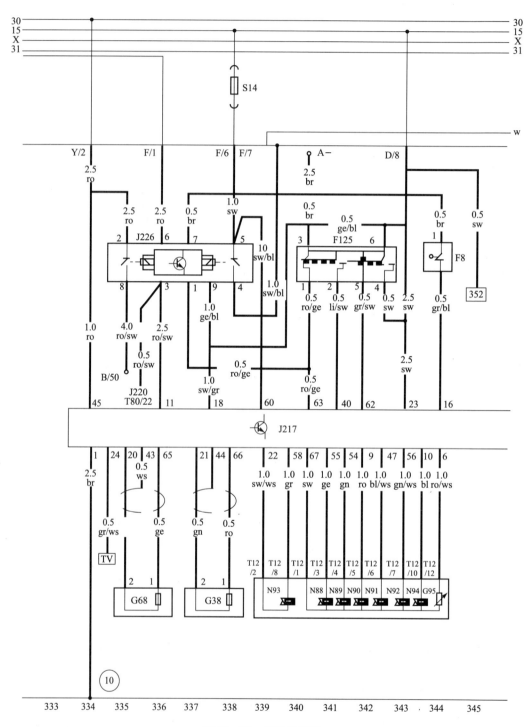

图 11 - 11　自动变速器

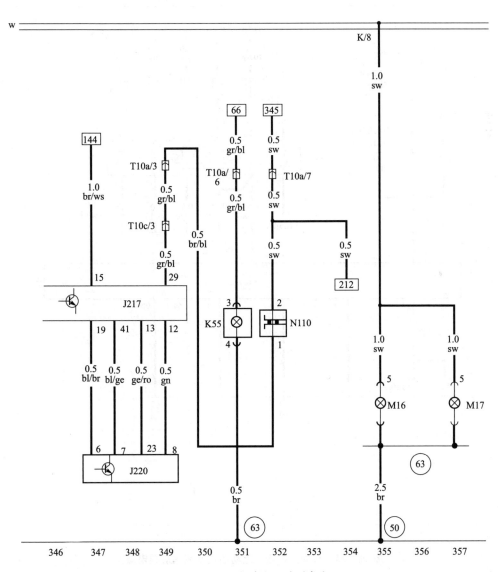

图 11－12　倒车灯、变速杆灯

第四节　捷达二次优化线束 01M 变速器电路图

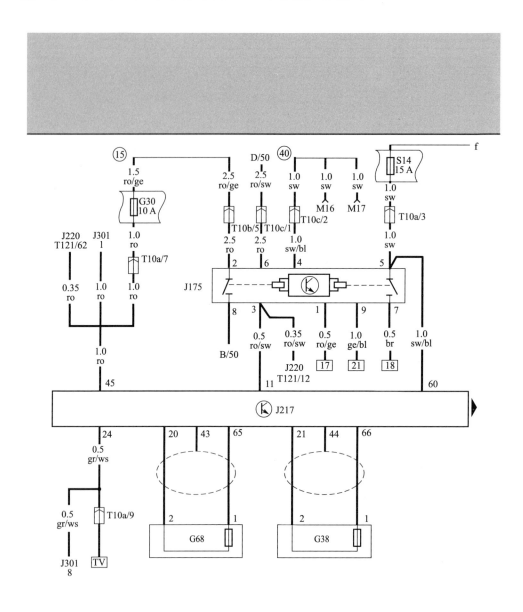

图 11－13　自动变速器、起动锁止及倒车灯继电器

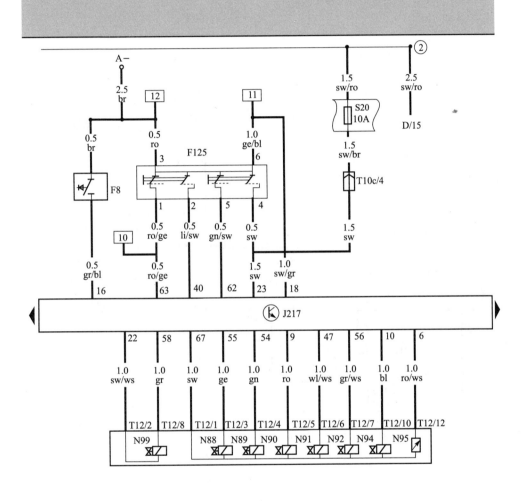

图 11 – 14　自动变速器

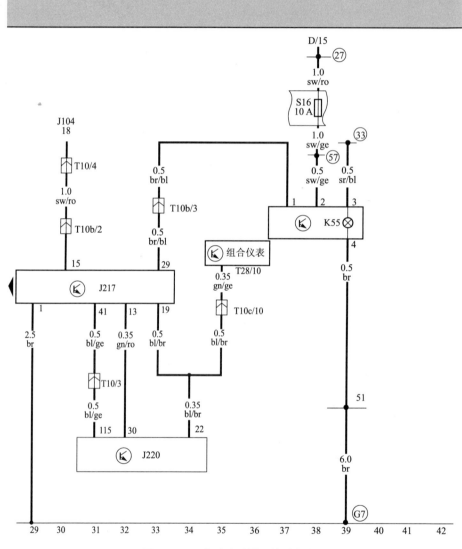

图 11 – 15 自动变速器、变速杆灯

第五节　2005 捷达 01M 变速器电路图

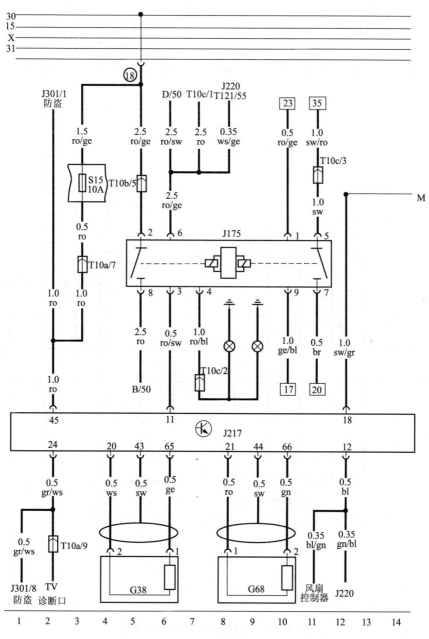

图 11 – 16　自动变速器、起动锁止和倒车灯继电器

第十一章　自动变速器电路图

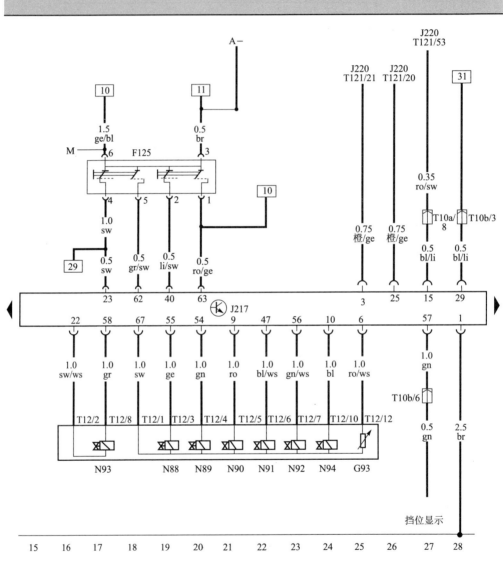

图 11-17 自动变速器、多功能开关

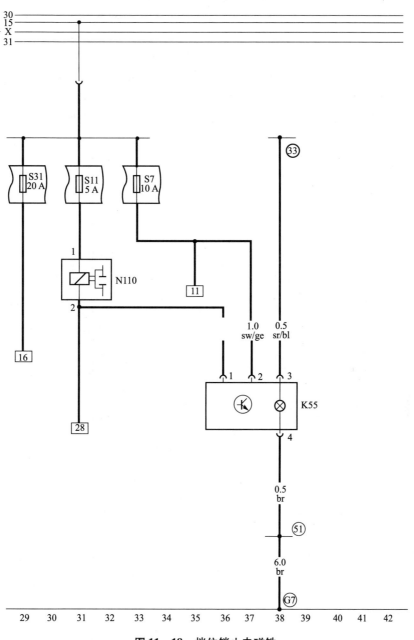

图 11－18　挡位锁止电磁铁

第十一章·自动变速器电路图

参 考 文 献

[1] 黄宗益. 现代汽车自动变速器原理与设计 [M]. 上海：同济大学出版社，2006.

[2] 肖超胜，陆华忠，云皓. 丰田汽车维修手册底盘新技术新结构 [M]. 北京：科学技术出版社，1996.

[3] 葛安林. 车辆自动变速理论与设计 [M]. 北京：机械工业出版社，1991.